KB188389

지명 유래 서울·경기도 편

지명이 품은 한국사

첫 번째 이야기

이은식 지음

지렁이 품은 한국사

초판 1쇄 인쇄 | 2010년 5월 17일
초판 1쇄 발행 | 2010년 5월 23일
초판 2쇄 발행 | 2010년 12월 4일
초판 3쇄 발행 | 2011년 5월 27일
초판 4쇄 발행 | 2012년 8월 6일
초판 5쇄 발행 | 2013년 11월 2일
초판 6쇄 발행 | 2014년 8월 7일
초판 7쇄 발행 | 2015년 4월 10일

지은이 | 이은식
사 진 | 이은식
펴낸이 | 최수자

주 간 | 고수형
인 쇄 · 제 본 | 우성아트피아

펴낸곳 | 도서출판 타오름
주 소 | 서울시 은평구 연서로 327 2층 (122-851)
전 화 | 02)383-4929
팩 스 | 02)356-6600
전자우편 | taoreum@naver.com
         http:// blog.naver.com/taoreum

값 | 19,800원
ISBN 978-89-94125-03-9 03900

이 도서의 국립중앙도서관 출판시도서목록(CIP)은 e-CIP 홈페이지(http://www.nl.go.kr/ecip)에
서 이용하실 수 있습니다.(CIP제어번호: CIP2010001541)

문화체육관광부 우수교양도서 · 올해의 청소년 도서 선정

지명 유래 서울 · 경기도 편

지명이 품은 한국사

첫 번째 이야기

 이은식 지음

타오름

차례

제2부 경기도 지역의 지명 유래

작가의 말

   세상 우주 만물은 존재하면서부터 이름을 갖게 되었다. 그중 사람은 물론 산천초목, 짐승에게까지 그 이름이 부여된 연유는 독특하리만큼 다양하며 기이하다. 특히 우리가 발붙이고 살고 있는 땅의 이름은 그냥 얻어진 것이 아니며 반드시 그 원인이 있었다.

   필자가 전국을 찾아다니며 얻은 바에 의하면 지명의 변천사를 꼭 밝혀야 되겠다는 깨달음이었다. 향후 전국을 대상으로 현지를 답사하면서 샅샅이 밝혀 보기로 하고 이번 그 첫 번째로 서울과 경기도의 일부를 책으로 엮어 낸다.

   서울과 경기도는 역사적으로 수도를 포용한 국토의 심장부로서 민족 문화의 찬란한 꽃을 피우며 발전해 온 지역이다. 기전畿甸이란 지명이 말해주듯, 한양과 경기도는 고려와 조선 두 왕조를 거치는 1천여 년의 긴 세월 동안 항상 역사의 현장이 되어 왔기 때문에 도처에 이곳만이 갖는 독특한 고유 지명을 보유하고 있다.

   역대 왕릉이 위치한 수려한 산하 곳곳에 자연 발생적으로 생성된 자연부락의 지명을 비롯하여 한 시대 역사의 단면을 상징적으로 설명해 주는 번동樊洞, 신문로新門路, 서울 성곽, 마포구麻浦區와 고양시高陽市의 여러 마을들 그리고 시흥시始興市와 효자동孝子洞 등이 지닌 지명의 특성은 바로 역사의 실상이기도 하다.

이와 같이 한 나라의 영토가 국민의 생활 무대라면 지명은 그 생활 무대에 붙여진 향토 문화유산의 종합체이며 고유 지명만이 갖고 있는 향취와 멋이라고도 하겠다.

역사적으로 지명은 한 고장의 생활상을 나타내는 특징이나 지리적, 역사적, 민속학적 특성에 의해 명명되어 왔기 때문에 오랜 역사의 흔적이 그대로 반영되어 있고 지질과 산업, 풍수지리에 이르기까지 지리학적 특성은 물론 유물이나 유적, 제도와 인물 등 지명에 얽힌 전설과 함께 한 시대의 역사가 숨 쉬고 있으며 사라진 풍속이나 생활 습관도 살필 수가 있다.

뿐만 아니라 지명에 담긴 이야기는 그대로 설화 문학의 모태가 되며, 또한 설화 자체만으로도 자신이 태어나고 자란 고향의 정신적 향수가 되고 있다. 또한 지명은 그 이름이 가지고 있는 향토적 배경과 강한 보수성으로 인하여 한번 생성되면 보통 새로운 지명으로 바뀌지 않는다. 때문에 그 안에 내재된 고어古語와 각 고장의 독특한 방언이 투영되어 있는 등 실로 고유 지명이 지닌 역사적 의의는 매우 크다고 하지 않을 수 없다.

    이처럼 지명은 소중한 우리 민족문화 유산의 체험적 근거임에도 불구하고 급격한 산업화 추세에 따른 도시 개발로 인하여 고유한 지명과 뜻이 인멸되고 있는 실정이다.

    이번에 펴내는 『지명이 품은 한국사』는 이제까지 전승되어 온 고유한 지명을 총체적으로 정리하여 전통 지명의 고유성을 유지하고 지명에 얽힌 선조들의 생활상과 애환을 비롯하여 내가 살고 있는 터전의 역사를 분리시켜 받아들이지 않게 되기를 바라는 마음에서 집필하게 되었다.

    덧붙여 각각의 지역이 갖고 있는 연혁, 역사, 언어, 민속, 산업, 자연 등 종합적인 지명 연구의 계기를 마련하고 지역 개발의 참고 자료로 전승되고 보존되었으면 하는 목적도 있음을 밝힌다.

    아무쪼록 이 책이 내 고장과 우리나라를 근원적으로 이해하고 내 고장 사랑의 길잡이가 되었으면 하는 바람이다.

2010년 4월

신선이 노니는 동네 삼선동에서

제1부

서울 지역의 지명 유래

이성계李成桂(태조)가 개경 수창궁에서 왕위에 오를 때 자신의 이름을 단旦(아침 해돋을 무렵)이라 고치고
국호도 조선이라 한 것은 나라 이름도, 태조 자신의 이름도 다같이
'아침 해가 솟아나는 것과 같은 새로운 시작' 을 뜻하고자 함으로 파악된다.
또한 백제 마지막 수도였던 부여의 별칭이 '소부리' 였고, 신라의 '서라벌',
김수로왕의 자손이 일본 규슈(九州구주)로 건너가 나라를 세웠다는 일본 천손天孫 신화의 터전도 '소호리' 이다.
결국 서울이란 단어의 의미는 〈하느님의 자손, 빛의 자손이 사는 곳〉이라는 의미의 단어가
소부리 → 셔부리 → 서울 → 서울로 음운 변화된 것이며,
우리 배달민족이 하느님의 자손이라는 천손天孫 사상에 근거한 말로서
단군 신앙에서부터 발원한 것으로 판단된다.
결국 우리 민족이 단군 이래의 천손 사상의 전통을 오늘날까지 이어오고 있는 셈인 것이다.

서울의 유래
- 빛의 자손이 사는 곳 -

　단군 신화를 보면 〈한인桓因의 서자庶子인 한웅이 무리 3천 명을 이끌고 백악산 아사달에 내려와 인간을 다스렸다〉는 기록이 있는데, 이때 서자라는 말의 의미는 하느님의 자손이라는 뜻을 가지고 있다. 즉 한桓(하늘, 태양) 서庶(빛, 밝음)를 의미하므로 '서, 소, 새, 수'라는 단어는 '빛, 밝음, 남쪽, 하느님 자손, 태양의 자손'이라는 의미가 담겨 있다. 이를 생각하면서 '서울'이라는 말의 의미를 살펴보도록 하자.

　지금의 서울이 국도國都가 되기 시작한 것은 백제百濟 온조왕溫祚王이 처음 도읍한 한성漢城이었고, 그 뒤 신라新羅 경덕왕景德王 때는 한

이성계 초상

양군漢陽君, 고려高麗 문종文宗 때는 남경南京, 충렬왕忠烈王 때는 한양부漢陽府, 조선朝鮮 태조太祖 때는 한성부漢城府 그리고 한일 합방 이후에는 경성부京城府라는 수모도 겪었으며, 광복 이후 비로소 '서울'이라는 수도의 명칭이 등장하였다. 그러나 훨씬 예로부터 도읍지에는 서울이라는 별칭이 전해 내려왔으며 공식 명칭 외에 같이 사용되었던 것 같다.

우리 동이족 고유의 말인 '수부리, 셔부리, 새부리, 새벌'은 같은 말이며 새(동東, 신新, 새날, 새아침)+부리(불화火, 벌야野)가 합쳐진 말로서 ①동천東天에 솟아오르는 해 ②아침 해가 밝게 비추는 불 ③아침 해에 비유한 나라님 ④그러한 나라님이 밝게 다스리는 나라 등의 의미가 담긴 단어이다. 따라서 조선(새 아침의 해가 아름답게 비치는 곳), 신라(새 아침의 해가 떠오르는 벌판) 등의 단어와 가야 김수로왕金首露王의 '수로', 임금의 식사인 '수라' 등의 단어 어원은 한桓(하늘, 태양) → 서庶(빛, 밝음)에서 파생된 '서, 소, 새, 수'임을 알 수 있다.

환桓을 '한'으로 읽어야 하는 이유가 있다. 앞서 언급했듯 우리 민족의 고유 신앙은 천손 사상이며, 우리는 하느님의 자손이라는 믿음을 가지고 있었다. 이에 하느님을 글자로 표기하는데 있어 하느님 → 한님 → 한이라고 하였으며 하느님을 뜻하는 '한'을 한문자로 표기할 때에 '환桓'이란 글자를 빌어 표기하였다.

따라서 환인桓因, 환웅桓雄을 읽을 때는 환인, 환웅이라고 읽지 말고 하느님을 지칭하는 의미를 생각해서 한인, 한웅으로 읽음이 타당하다고 하겠다.

이성계李成桂(태조)가 개경 수창궁에서 왕위에 오를 때 자신의 이름을 단旦(아침 해 돋을 무렵)이라 고치고 국호도 조선이라 한 것은 나라 이름도, 태조 자신의 이름도 다같이 '아침 해가 솟아나는 것과 같은 새로운 시작'을 뜻하고자 함으로 파악된다. 또한 백제 마지막 수도였던 부여의 별칭이 '소부리'였고, 신라의 '서라벌', 김수로왕의 자손이 일본 규슈(九州구주)로 건너가 나라를 세웠다는 일본 천손天孫 신화의 터전도 '소호리'이다. 일본의 역사학자 오카 마사오 교수도 일본의 건국 신화는 단군신화와 비슷하고, 소호리는 한국어의 도읍인 '서울'과 같은 뜻이라고 했다. 문학박사인 홍윤기 교수는

"'서울'이란 말의 뿌리는 고대 민족인 부여 시대부터 도읍지를 '소부리'라고 했던 것에서 연유한다."
라고 했다.

결국 서울이란 단어의 의미는 〈하느님의 자손, 빛의 자손이 사는 곳〉이라는 의미의 단어가 소부리 → 셔부리 → 셔울 → 서울로 음운 변화된 것이며, 우리 배달민족이 하느님의 자손이라는 천손天孫 사상에 근거한 말로서 단군 신앙에서부터 발원한 말인 것으로 판단된다. 결국 우리 민족이 단군 이래의 천손 사상의 전통을 오늘날까지 이어오고 있는 셈인 것이다.

서울이란 이름의 시원

사람의 이름에는 명분이 있고 지명의 뒤에는 그만한 연유가 있기 마련이다. 현재 한반도에 사는 7천만 국민들은 과연 서울이란 어원을 어떻게 풀이할 것인지 매우 궁금하다.

우리나라의 지명은 대부분 한자로 되어 있고 또한 방언을 포함하여 순수한 우리 말로 지은 이름도 있기는 하지만 그 단어의 어원은 한문에서 시작한 것이 대부분이다.

무학 대사 초상

여기 우리가 알고자 하는 서울은 현재는 한자로 표기하지 못하고 한글과 영문으로만 표기하고 있다.

그 시작은 태조 이성계가 좌左 정도전鄭道傳, 우右 무학無學 대사(자초自超)를 발판으로 많은 문무백관을 거느리고 개경에서 한양으로 천도하면서 제일 먼저 궁과 성역을 함께 건설한 것이다. 궁과 성을 건설하면서 정도전과 무학 대사는 종교적 사고와 유교적 바탕을 앞세워 서로 강한 주장을 내세웠다. 그 강한 주장은 성역에서도 예외가 아니었다. 청와대 뒷산 인왕산 북쪽에는 선禪 바위가 있는데, 이 선바위를

성 안쪽으로 하자는 무학 대사의 주장과 성 밖으로 하자는 정도전의 주장은 이태조李太祖가 민망스러우리만큼 팽배하였다. 도성을 모두 다 쌓고 그 부근만 미완성으로 남은 상태에서 태조가 결정을 내려주어야 해결이 될 수 있는 상황이었다.

두 사람의 의견 대립으로 공사가 중단되고 있던 중 하루는 첫눈이 한양 땅을 모두 덮었고, 이날 아침을 맞은 태조가 동쪽 낙산 쪽을 바라보니 이상하게도 성 안쪽에는 눈이 보이지 않고 바깥쪽에만 눈이 쌓여 있자 별감들을 보내 현장을 확인하도록 하였다. 다녀온 별감들은 아뢰기를

"성곽 밖으로만 눈이 쌓였으며 안쪽은 눈이 없었습니다."

말하였다. 태조는 다시 궁궐 뒤편의 인왕산 선바위를 보고 오라고 명하였다. 바삐 다녀온 별감들은 역시 바위를 중심으로 안쪽은 눈이 없고 바위를 포함한 쪽은 눈이 쌓였다고 말하였다.

그 순간 태조는 해결하지 못했던 문제가 해결되었구나 하면서 정도전과 무학 대사를 함께 입궐케 하여 이 사실을 말하였다. 이 내용을 듣고 있던 두 사람은 전하의 뜻대로 따른다고 복명하였고 그날 성곽을 경계 삼아 안쪽과 바깥이 마치 울타리를 연상케 하여 눈의 경계, 즉 설울雪鬱(눈과 울타리)이란 낱말이 생겼다. 그때부터 설울이란 이름을 쓰려 했으나 당시 이 땅은 이미 한성부라는 지명이 정해진 이후라 어찌할 수 없다가 1945년 해방 후로 서울이란 세련된 지명을 갖게 되었다 한다.

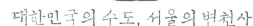

대한민국의 수도, 서울의 변천사

이태조가 왕도로 삼은 이래 서울은 우리나라 정치, 경제, 상공업, 군사, 문화, 교통의 중심지가 되었던 곳으로 서울이란 말은 신라 시대 이래 도읍都邑을 뜻하는 말이었으나, 해방 후 우리나라 수도의 고유명사로 사용하게 되었다. 그럼 여기서 서울의 변천사를 한 번 훑어보기로 하자.

서울을 중심으로 한 지역의 명칭 변천		비고
기원전 18년(백제 온조 1)	위례성慰禮城(백제 서울)	
기원전 5년(온조 14)	하북위례성河北慰禮城	
371년(근초고 26)	북한성北漢城(백제 서울) (한산漢山, 북한산北漢山)	* 서울의 별칭으로
475년 (고구려 장수 63/백제 문주 1)	남평양南平壤(고구려 서울)	· 경도京都
553년(신라 진흥 14)	신주新州	· 경사京師
557년(진흥 18)	북한산주北漢山州	· 경락京洛
568년(진흥 29)	남천주南川州	· 도성都城
604년(진평 26)	북한산주北漢山州	· 도읍都邑
757년(경덕 16)	한주漢州 한양군漢陽郡	· 장안長安
918년(고려 태조 1)	양주楊州	· 황성皇城
1067년(문종 21)	남경南京	· 경조京兆
1308년(충렬 34)	한양부漢陽府	· 광릉廣陵
1394년(조선 태조 3)	한성부漢城府	등이 있다.
1910년(융희 4)	경성부京城府	
1945년	서울시市	
1949년	서울특별시特別市	

서울이라는 역사의 시초, 삼국시대 이전

선사시대에 서울 지방에 어떤 이들이 살고 있었는지는 분명치 않으나 1925년 7월의 큰 홍수 때 광주군廣州郡 구천면九川面 암사리岩寺里 한강가에서 수많은 석기石器와 토기土器들이 드러남으로써 신석기 시대에 이미 서울 일대에 사람들이 살고 있었음이 증명되었다. 이밖에 고인돌을 비롯하여 선사시대의 유물이 발견되었다.

이후 중국 문화가 한반도에 퍼짐에 따라 차츰 그 영향을 받아 기원전 2백 년 내지 1백 년쯤부터 역사시대에 들어선 것으로 추측된다. 기원전 108년 한사군漢四郡이 설치되었을 때, 서울은 처음에는 진번군眞番郡에 속했던 것으로 추측되며, 4군의 변천과 또 민족 간 싸움으로 여러 번의 변동을 거쳐 진한辰韓 땅이 된 것으로 생각된다. 기원전 18년 경 고구려족의 일파가 비류沸流와 온조溫祚를 지도자로 하여 서울 근방에 내려와서 백제의 터전을 닦았으니 이것이 바로 서울이 역사에 나타나는 시초이다. 온조왕이 수도로 삼았다는 위례성慰禮城의 위치에 대해서는 여러 가지 설이 있으나 지금의 서울 근방이라는 설이 유력하다. 이로부터 얼마 안 되어 수도를 광주廣州로 옮겼으며, 이전의 수도를 하북위례성河北慰禮城, 광주로 옮겨간 새 수도를 하남위례성河南慰禮城이라 하여 구별한다.

나라의 변방에 불과했던 삼국시대의 서울

백제, 신라, 고구려 삼국의 기초가 굳어짐에 따라 접경지대인 서울 일대는 세 나라의 쟁탈의 대상이 되어 여러 번 전쟁이 벌어졌다. 392

년(광개토 2) 고구려의 광개토왕廣開土王은 백제를 정벌하고 서울 일대까지 점령하여 백제의 항복을 받고 돌아갔으며 475년(장수 63)에 고구려는 다시 백제를 쳐서 그 수도 한성(광성廣城)을 빼앗고 한강을 넘어 죽령竹嶺, 조령鳥嶺까지 진출하여 백제의 세력을 남쪽으로 몰아내고 한강 남북을 북한산주北漢山州라 하고 지금의 서울 근처를 남평양南平壤이라 불렀다. 이로부터 77년 동안 이 고장은 고구려의 영토가 되었다.

551년(고구려 양원 7/ 백제 성왕 29/ 신라 진흥 12) 백제의 성왕聖王은 신라와 협력하여 고구려군과 싸워 옛 수도 한성과 남평양을 회복하고, 77년 전에 잃었던 땅을 모두 찾았다. 그러나 이 땅을 에워싸고 신라와 백제 사이에 분쟁이 벌어져 진흥왕이 차지하고 신주新州를 두니 백제와 신라의 동맹이 무너지고 4년 후인 554년에는 진흥왕과 성왕 사이에 전쟁이 벌어져 성왕이 전사하고 이 지역은 완전히 신라의 땅이 되었다. 557년(진흥 18)년에는 신주를 폐하고 북한산주를 두었으며, 568년(진흥 29)에는 다시 북한산주를 폐하고 남천주南川州를 두었다. 남천주의 도읍은 이천利川이었다. 지금 서울 북방 비봉碑峰에 남아 있는 진흥왕순수비眞興王巡狩碑는 이 무렵에 세운 것으로 추측되고 있다.

그 후 고구려는 다시 한강 근처의 잃었던 땅을 다시 찾으려고 603년(고구려 영양 14/ 신라 진평 25)과 661년(고구려 보장 20/ 신라 문무 1) 2번에 걸쳐 대대적으로 공격하였으나 성공하지 못하고 말기까지 신라의 땅으로 존속하였다.

신라 통일 후 전국을 9주로 나눌 때 서울은 한산주漢山州에 편입되었고, 주의 도읍은 광주廣州였다. 경덕왕景德王 때에 한산주를 한주漢州로 고치고, 서울 부근을 한양군漢陽郡으로 하였다. 이때만 해도 서울은 수도 경주에서 멀리 떨어진 시골에 지나지 않았다. 진성眞聖 여왕 때부터 신라는 쇠약해지고 사방에서 반란을 일으키는 자가 생기자 서울 일대는 그 중 궁예弓裔가 세운 태봉국泰封國의 영토가 되었다가 고려 시대로 들어섰다. 삼국시대 이전에는 이 지방의 중심은 지금의 서울이 아니고 광주와 이천 지방이었다.

현재의 서울터로 자리 매김한 고려 시대

고려에서는 한양군을 양주楊州로 고쳤으나, 여전히 벽촌에 불과하였다. 다만 북한산北漢山(삼각산三角山)만은 삼국시대부터 명산이라 하여 많은 절을 세웠고, 제8대 현종顯宗은 거란의 침입으로 2번이나 태조의 관棺을 북한산의 향림사香林寺에 옮겨 모신 일이 있었으며, 그 후의 임금들도 가끔 북한산에 행차하여 절을 순시하였다. 1058년(문종 22) 문종文宗은 양주를 남경南京으로 삼아 새로 궁전을 짓고 부근의 백성들을 옮겨 살게 하니 서울이 미미한 시골로부터 사람들이 모여 사는 도시로 발전한 것은 이것이 그 시초이며, 이태조가 즉위한 1392년부터 따지면 324년 전의 일이 된다.

서울에 이렇게 궁전을 짓게 된 것은 신라 말기의 도선道詵이 남긴 도선비기道詵秘記의 풍수설에 의한 것이다. 그러나 이 궁전의 위치나 규모에 대해서는 알 길이 없다. 1096년(숙종 1)부터 서울에 수도를 옮기자는 주장이 강력하여 1099년에는 숙종肅宗이 왕비, 세자, 신하 및 고승高僧들을 데리고 친히 서울에 와서 북한산에 올라 지세를 보고 돌아갔으며, 2년 후인 1101년에 다시 북한산에 행차하였다. 이 해에 숙종은 마침내 남경개창도감南京開創都監을 설치하고 최사추崔思諏, 윤관尹瓘 등을 보내어 터전을 잡게 하였다. 이들의 보고에 따라 지금의 낙산駱山으로부터 무악毋嶽(안산鞍山)에 이르는 사이, 대체로 현재의 서울과 같은 위치에 새로 수도를 건설하기로 하였다.

궁궐을 지금의 청와대靑瓦臺(경무대景武臺) 자리에 짓는 등 건설을 촉진하여 1104년(숙종 9) 5월 공사를 완성하고 7월에 숙종은 신하들을 거느리고 개성開城을 떠나 그 달 27일에 서울에 도착하였다. 크게 잔치를 베풀고 북한산에 행차하여 기우제를 지냈으며, 8월 22일 서울을 떠나 도중의 여러 절을 순시하고, 10월 11일 개성에 도착하였다. 이것은 문종이 처음으로 서울에 궁궐을 지은 때부터 37년 후의 일이다. 그러나 숙종 때에도 남경 시내에는 호랑이가 들끓어서 사람을 잡아먹으므로 강감찬姜邯贊으로 하여금 호랑이 무리를 내몰게 할 정도로 숲이 울창하였다.

또 예로부터 내려오는 도참설圖讖說에 고려조 왕王씨의 뒤를 이을 자는 이李씨로, 한양에 도읍한다고 하여 윤관으로 하여금 남경에 오얏나무(李樹)를 심게 하여 무성하면 이를 잘라 기를 꺾었으므로 남경을 종리촌種李村이라고도 불렀다 한다. 숙종 이후 임금들은 자주 남경에 행차하고, 남경의 궁궐에는 임금의 옷을 모시기도 하였다.

1231년(고종 18) 이래 40년에 걸친 몽고의 침략을 통해서 수도를 강화江華로 옮긴 동안 남경은 이 땅을 남북으로 횡행하는 몽고군의 주둔지가 되었으나 큰 피해는 없었다. 1308년(충렬 34) 남경을 한양부라 개칭하였으니 서울에 부府라는 이름이 처음 생겼다.

충북 증평에 있는 배극렴 묘소

고려 말기의 가장 큰 골칫거리는 왜구의 침범으로 1357년(공민 6) 한양으로 수도를 옮기려고 이제현李齊賢에게 명령하여 궁궐을 짓게 하였는데, 이로 말미암아 백성들의 고통이 심하였고 수도를 옮길 단계까지는 이르지 못하였다. 이곳의 위치와 규모 또한 알 수 없으며 1381년(우왕 7)부터 다음해에 걸쳐 또 한양으로 수도를 옮기자는 논의가 빈번하였으나 이인임李仁任 등이 적극 반대하여 중지되었고, 1390년(공양 2) 6월 한양에 수도를 옮길 작정으로 배극렴裴克廉으로 하여금 궁궐을 수축케 하고 9월에 마침내 수도를 옮기고 말았다. 그러나 민심이 뒤숭숭하여 다음해 2월 한양을 떠나 다시 개성으로 돌아갔다.

서울이 크게 발전 된 조선 시대

조선 시대에 들어와서 수도로 결정됨으로써 서울은 크게 발전하게 되었다. 태조 이성계는 그 즉위한 해에 우선 한양의 궁궐을 수축하다가 중지하고 권중화權仲和 등을 전라도 방면에 보내서 수도로 적당한 땅을 물색케 하였던 바 계룡산鷄龍山이 좋다는 보고를 받았다. 이듬해

2월 8일 무학 대사와 함께 계룡산에 도착하여 현지를 답사하고 3월부터 공사에 착수하였으나 당시 풍수학의 권위자 하륜河崙이 적극 반대하여 12월에 계룡산의 공사를 중지하였다. 그 후로도 이론이 분분하였으나 1394년(태조 3) 마침내 한양으로 결정하고 9월 1일 신도궁궐조성도감新都宮闕造成都監을 설치하였다. 10월 25일에는 궁궐의 건설에 앞서 태조는 개성의 각 관청에 2명씩의 직원만 남겨놓고 백관을 거느리고 개성을 출발하여 28일 한양에 들어와서 이곳을 정식 수도로 삼았다.

이해에 한양부를 한성부로 고쳤다. 다음해 4월부터 공사에 착수하여 9월 종묘宗廟, 경복궁 및 광화문 앞의 관청들이 모두 완성되었다. 10월 5일 태조는 종묘에 고告하고 새 궁전에서 신하들에게 연회를 베풀었다. 그러나 신하들을 비롯하여 왕족 중에도 옛 수도 개성을 잊지 못하는 자가 많아 1399년(정종 1) 3월 7일 정종은 상왕上王(태조)을 모시고 서울을 떠나 9일 개성에 도착하여 다시 수도를 개성으로 옮겼다. 4년 6개월 만에 돌아간 것이다. 이로부터 6년 8개월 동안 개성을 수도로 하다가 1405년(태종 5) 10월 1일 개성 주민들의 반대를 물리치고 다시 서울로 돌아왔다. 다음해 1월부터 백성을 징발하여 다시금 궁성을 수축하고 하수도를 파고 제반 시설을 갖추었으니 이로부터 오늘에 이르기까지 그대로 우리나라 수도로 군림하고 있다.

한국의 수도 서울은 북위 37도 3분, 동경 127도 4분에 위치하며 북쪽에는 북한산, 서쪽에는 인왕산仁旺山과 모(무)악산母嶽山, 동북으로 낙타산駱駝山과 수락산水洛山, 남쪽은 관악산冠岳山이 각각 솟아 있고,

한강이 그 안을 돌아 서남을 흘러 서해(황해)로 들어간다. 현재 서울 특별시로 하고 있으며 창덕궁昌德宮, 경복궁景福宮, 덕수궁德壽宮을 비롯하여 창경궁昌慶宮 등 명승과 고적이 많다.

성동구 왕십리와 서대문구 무학재의 유래
- 무학 대사와 도선 대사의 비기 -

왕십리往十里라는 동명의 유래는 조선 초에 무학 대사가 도읍을 정하려고 이곳까지 와서 도선 대사의 현성顯聖인 이름 모를 촌로村老로부터 십 리를 더 가라는 가르침을 받았기 때문에 '왕십리' 라 했다고 널리 알려져 있다.

이태조가 등극하자 그는 곧 안변에 있는 무학 대사를 초청하여 왕사를 삼았고, 무학 대사에게 곧 새 도읍터를 잡으라고 명하였다. 왕명을 받은 무학 대사는 먼저 충청도 공주로 내려가 계룡산을 택한 다음 그곳을 신도新都라 이름 짓고 공사를 시작하였다. 그런데 태조의 꿈에 신령이 나타나서

"계룡산은 그대가 도읍할 자리가 아니니 새로 옮기도록 하라."
했으므로 태조는 즉시 무학 대사에게 공사를 중지하고 다시 다른 곳을 택하라 분부하였다.

때는 1393년(태조 2) 12월로 그 해를 전후해 왕사王師 무학은 태조의 명을 받들어 한산주 일대를 밟아 다녔다. 그 당시 한산주는 첩

첩산중이었고 뒤로는 험한 바위산이요, 앞으로는 푸른 한강이 흐르고 목멱산木覓山(남산南山)은 푸른 숲에 묻혀 험하기 짝이 없었고 북한산과 목멱산 사이에는 가시나무 등 잡목이 우거졌다. 그리고 배수가 잘 되지 않아 질퍽질퍽한 늪이었다. 그렇다보니 지형과 방향을 잘 잡을 수가 없어 어디가 어디인지 알 수 없어서 일단 무학 대사의 발길은 북한산 상봉을 향했는데 현재 성동구 왕십리 자리가 제일 눈에 들어왔다고 한다. 산 위에서 볼 때와는 달리 그곳을 찾기가 어려웠고, 겨우 부근에 다다랐을 무렵 무학 대사는 지치고 말았다.

힘겨움에 일행과 함께 잠시 동안 갈대밭에서 쉬기로 하고 앉았으나 궁터 자리 찾을 일에 걱정을 하고 있는데 어느 남루한 차림의 촌로가 누런 소를 타고 나타났다. 이상히 여긴 무학이 바라보고 있자 촌로는 조롱 섞인 말을 던졌다.

"세상에 자초라는 놈이 이렇게 어리석고 무식할 줄은 몰랐다."
하면서 무학 대사의 마음을 여지없이 건드렸다. 그래도 무학이 누구신지 공손하게 물으니

"이놈 자초야, 네가 그 능력으로 궁터를 얻으려 했느냐. 이곳은 구릉지인 관계로 도읍지 궁궐 자리가 되지 못하니 이곳에서 서북 방향으로 10리만 더 들어가 보아라. 네가 원하는 터가 있을 것이다."
하면서 유유히 사라졌다. 이상히 여긴 무학이 일행과 함께 서북 방향으로 걸음을 가늠하여 갈대숲을 헤치고 가 보았다. 그곳은 과연 자초가 찾던 터였고, 이 이상 더 좋은 터는 없다고 생각하여 그 길로 개경에 있는 태조에게 돌아가 고하였다. 그 자리가 현재의 경복궁이다.

그 후 무학은 남루한 차림으로 소를 타고 간 노인을 찾아보았으나 찾지 못했다 하며 노인이 일러준 자리에서 궁궐터까지는 정확히 10리라 하여 '갈왕往' 자를 넣어 왕십리라 했고, 무학 대사는 스스로가 무지無知하고 학식이 없다 하여 무학無學이라 지칭했다고 한다.

한편 다음과 같은 이야기도 전한다. 먼저 왕십리에 터를 잡고 또 역사의 시작을 위해 땅을 고르는데 홀연히 왕십리라고 돌에 새긴 도선 대사의 비기秘記가 나왔다. 도선은 고려 초기의 유명한 도사로서 몇 백 년 후에 무학이란 승려가 그곳에 와서 도읍터를 잡을 줄 알고 이 석비를 새겨 묻은 것이니, 그 뜻은 십 리를 더 가리는 뜻이었다. 무학은 크게 깨달은 바 있어 다시 무학재에 올라서서 도성을 쌓을 터전을 측량하고 공사를 시작하였다. 그리하여 왕십리와 무학재는 그때에 생겨난 이름이라 한다.

그러나 이곳은 경복궁과의 거리가 10리 지점에 있지 못하고 20여 리나 떨어진 곳이며, 도성으로부터 10여 리 떨어진 거리에 있기 때문에 그러한 전설은 사실과 거리가 있는 듯하다.

더구나 성현成俔이 지은 『용재총화慵齋叢話』에

〈동대문 밖 왕심평往審坪은 순무(무청蕪菁), 무(나복蘿葍), 배추(백채白菜) 등 야채류의 산지産地〉

라는 기록과 조선조 말에는 왕십리往十里 또는 왕심리枉尋里라고 불린 것을 보거나, 무학봉이 정말로 무학 대사와 연관이 있었다고 한다면 무학봉舞鶴峰을 한자로 무학봉無學峰이라고 전하지 않는 것도 이상한 일이다. 1992년 12월에 성동구에서 발간된 『성동구지城東區誌』

를 보면

〈무학봉 산성에는 태고종 청련사가 있는데 이 절은 1395년(태조 4)에 무학 대사가 중건하였다. …(중략)… 일설에는 태조와 무학 대사가 무학봉에 올라 경복궁터를 잡았다고 한다.〉

라고 되어 있다. 따라서 답십리踏十里와 같이 왕십리라는 동명이 생겨나게 된 것이라고 보는 것이 더 타당해 보인다. 실제로 왕십리 일대는 한성부 성저십리城底十里에 속하여 조선 5백 년간 한성부에 속하였다.

위와 같은 전설을 보면 한양 천도를 위해 실로 태조의 심신을 수고롭게 한 바가 많았다고 하겠다.

무학 대사의 지혜, 돼지상과 부처상

태조 이성계는 천도한 어려운 과업을 이루어 놓고 문무백관과 공신들을 모이게 한 자리에서 즐거운 주연을 열었다. 태조는 신하가 된 정도전, 남언南誾, 조준趙浚, 배극렴裵克廉, 하륜, 심덕부沈德符, 성석린成石璘, 조용趙庸, 이지란李之蘭 등에게 어주를 내리면서 신하들의 술을 받기도 하였다. 어주를 내릴 때마다 그 신하의 장점 등을 말해 주며 군신간의 의리를 확인하였고, 여러 순배 술잔이 오간 뒤 어주 잔이 무학 대사에게 오는 순번이 되었다.

심덕부 묘비. 경기도 연천군

태조는 호쾌한 웃음과 함께 과연 일등공신이로구려 하면서 무학 대사의 공적을 특별히 여러 신하들이 듣도록 큰소리로 말하면서 술을 내렸다. 그러다 무학 대사의 깊은 속마음이 한번 알고 싶어진 태조 이성계는 정색을 한 후 대사에게 한 말을 던졌다.

"대사는 심성이 부드럽고 지혜는 뛰어나며 불심은 식을 줄 모른 채 깊어만 가는데 어찌 외양은 곱지 못하고 검은 피부를 타고났으니 꼭 돼지의 생김새와 같구려."

하며 심할 정도로 면박을 주었다. 그럼에도 무학 대사는 얼굴 표정 하나 변하지 않았고 대답 역시 반박하지 않은 채

"예 그렇습니다."

하였다. 이에 태조는 무학 대사의 마음을 더욱 가늠하기 어려워졌다. 한참 뒤 무학 대사가 태조에게 술잔을 올리는 차례가 되었다. 공손하게 술을 채우고 이성계에게 올리면서 아무 말이 없자, 이상히 여긴 태조는 무슨 말이라도 좋으니 한 말씀하라고 일렀다. 그러자 무학 대사는 조심스레 말을 건네기를

"전하, 오늘에 와서 뵈오니 전하의 용안은 마치 석가세존의 얼굴 같나이다."

하며 조아렸다. 순간 태조는 무척 당황하면서

"짐은 대사를 보고 검고 못생긴 돼지라고 하였는데 어찌 대사께서는 짐을 보고 석가세존에 비유하는지 영문을 모르겠구려."

하면서도 과히 듣기 싫은 말은 아니니 표정 역시 밝았다. 무학 대사가 아무런 대답 없이 물러가려는 순간 태조 이성계는 과연 무학 대사가

무슨 속셈으로 그리 말을 했는지 궁금하여 다시 대답을 듣기로 하고 하문하였다. 무학 대사는 하는 수 없이 입을 열었다.

"전하, 오로지 사물은 보는 사람의 마음에 따라 다르게 보이는 것이나이다. 보는 사람의 마음이 돼지 같은 마음이면 상대가 돼지로 보이고, 부처와 같은 마음으로 상대를 보면 부처로 보이는 듯하나이다."

이 대화 광경은 태조가 반강제적으로 대답을 듣고자 하였으니 대신들도 함께 보고 있었다. 과연 순간적으로 태조 이성계는 심히 부끄럽고 그 지혜에 못 미침을 알고 당황하였으나 태조는 성냄 없이

"과연 대사입니다. 짐이 대사에게 그 지혜를 한번 시험해 보았습니다."

하며 승자도 패자도 없이 말끝을 맺었다. 이후 태조는 무학 대사를 상대로 깊은 농담을 하지 않았고 무학 대사는 조선 건국 역사에 더 많은 자문과 힘을 실었다. 그 한 예를 보면 태조가 함흥에 물러가 있을 적에 그 누구를 보내도 한양으로 모셔오지 못했지만 무학 대사는 태조의 마음을 돌려놓을 수 있었던 일화가 있다.

무학 대사의 속명은 박朴, 이름은 자초自初, 호는 무학으로 삼기군三岐郡에서 1327년(고려 충숙 14) 태어났다. 18세에 출가하여 소지小止 선사에게서 머리를 깎고 승려가 되었으며 용문산龍門山 혜명慧明 국사에게 불법佛法을 배운 후 묘향산 금강굴 등을 찾아 수도하였다. 1353년(고려 공민 2) 중국 연경에 가서 지공指空 대사를 찾고 이듬해에 법천사法天寺에 가 있는 나옹懶翁 선사를 찾았다. 오대산 등지를 순례한 후 서산西山 영암사靈巖寺에서 다시 나옹 선사를 만나 수년 간 머물다가

1356년(공민 5) 돌아왔다. 얼마 후 나옹 선사도 돌아와 왕사王師가 되어 무학 대사를 수좌首座로 앉히려 했으나 끝내 사양하였고, 나옹 국사가 죽은 후 공양왕이 다시 왕사로 모시려

회암사 내에 있는 나옹 선사 부도. 경기도 양주시

하였으나 성사시키지 못했다.

　무학 대사는 1392년(태조 1) 태조의 부름으로 송경松京에 가서 왕사가 되고 회암사檜巖寺에서 살았으며 이듬해에 수도를 옮기려고 지상地相을 보러 계룡산, 한양 등지를 태조를 따라 돌아다녔다. 1405년(태종 5) 금강산 금장암金藏庵에서 열반하였다.

서울 성곽의 축조

　태조는 서울을 수도로 하고 궁궐, 종묘, 관청 등을 건설한 다음 1395년(태조 4) 경복궁과 광화문 앞의 관청 등이 낙성되자 윤閏 9월 13일 도성 축조 도감을 설치하고 정도전에게 명령하여 성을 쌓기 위한 기초 측량을 명령하였다. 4개월 후 축조에 들어간 서울 성곽은 1396년(태조 5) 농번기를 피해 봄과 가을 2번에 걸쳐 역사를 마쳤다. 1396년 1월 9일부터 2월 28일까지 49일 동안 11만8천70여 명이 동원되었으며 담당자는 경상도, 전라도, 강원도, 서북면西北面(평안도平安

道 안주安州 이남), 동북면東北面(함경도咸鏡道 함흥咸興 이남)의 장정들이었다. 두 번째 공사는 같은 해 8월 6일부터 9월 24일까지 역시 49일 동안 7만9천4백 명이 동원되었으며 담당은 경상도, 전라도, 강원도의 장정들이 맡았다. 이 대공사에 징발된 수는 총 19만7천4백여 명이었다 하며, 소요된 일수는 통산 98일간이었다고 전한다.

성곽은 백악산白岳山(북악산北岳山) 꼭대기를 기점으로 동쪽으로부터 시내를 돌아 다시 백악 꼭대기에 이르는데, 전체 길이 5만9천5백 자를 97구區로 나누고, 각 구의 길이는 약 6백 자, 구마다 천자문千字文의 순서에 따라 번호를 매겼다. 천天~일日의 9구 백악~정북문正北門(숙청문肅淸門)은 동북면 담당, 월月~한寒의 8구 숙청문~동소문東小門은 강원도 담당, 내來~진珍의 41구 동소문~동대문東大門~수구문水口門~남산南山공원 근처는 경상도 담당, 이李~용龍의 15구 남산공원 부근~서울고등학교(경희궁慶熙宮, 경성중학교) 뒤는 전라도 담당, 사師~적吊의 24구 서울고등학교 뒤~백악 꼭대기는 서북면 담당이었다.

성은 북은 백악산, 동은 낙타산, 서는 인왕산, 남은 남산을 경계로 하여 험고한 곳은 석성石城, 그렇지 않은 곳은 토성土城으로 쌓아 전체 길이가 4만3백여 자(17킬로미터)에 달하였다.

성문은 사대문四大門과 사소문四小門의 여덟 문으로 되어 북은 숙정문, 동을 홍인문, 남을 숭례문, 서를 돈의문이라 하고 동북은 홍화문, 동남을 광화문, 서남을 조덕문, 서북을 창의문이라 하였다. 남대문의 현 건물은 1448년(세종 30)에 개축된 것으로 근세 초기의 가장 우수한 건축의 하나로 일컬어지고 있다.

한성부의 행정구역

성을 쌓은 후 한성부를 대체로 둘로 나누어 성안은 도성都城, 성 밖 10리까지의 지역을 성저城底라 하였는데 성저에서는 나무를 베거나 죽은 사람을 묻는 일은 금지되었으며 이를 어기는 자가 있으면 엄벌에 처하였다. 성저의 범위는 동쪽은 수유동水踰洞 고개로부터 중랑교中浪橋, 남쪽은 한강, 북쪽은 보현봉普賢峰 산으로부터 불광동佛光洞, 서쪽은 마포麻浦의 강까지였다. 이 외곽의 10리 선에는 군데군데 돌로 표지를 하였을 뿐 아니라 5리의 선에도 일정한 거리를 두고 돌로 표지를 하였다. 정릉貞陵의 청수장淸水莊 근처에서는 〈城底五里定界標성저 5리 정계표〉라는 석표石標가 발견되었는데 현재 발견된 것은 이것뿐이다. 도성은 5부部로 나누고, 부는 다시 방坊으로, 방은 동洞으로 나누었으며 정도전이 지었다고 하는 방의 이름은 다음 표와 같다.

동부 (12방)	숭신崇信, 연화煙花, 서운曙雲, 덕성德成, 숭교崇敎, 연희燕喜, 관덕觀德, 천달泉達, 흥성興盛, 창선彰善, 달덕達德, 인창仁昌
서부 (8방)	인달仁達, 적선積善, 여경餘慶, 황화皇華, 양생養生, 신화神化, 반송盤松, 반석盤石
중부 (8방)	징청澄淸, 서린瑞麟, 수진壽進, 견평堅平, 관인寬仁, 경달慶幸, 정선貞善, 장통長通
남부 (11방)	광통廣通, 호현好賢, 명례明禮, 태평太平, 훈도薰陶, 성명誠明, 낙선樂善, 정심貞心, 명철明哲, 성신誠身, 예성禮成
북부 (10방)	광화廣化, 양덕陽德, 가회嘉會, 안국安國, 관광觀光, 진장鎭長, 명통明通, 준수俊秀, 순화順化, 의통義通

한편 태조는 성내의 땅은 일체 사유를 금하고 국유로 한 다음 궁궐, 관청, 도로, 하수도, 시장 등의 위치를 정하고 나서 왕족과 고관을 비롯하여 서민에 이르기까지 신분에 따라 희망자에게 일정한 면적의 땅을 주되 사용권使用權만을 인정하였다.

임진왜란으로 폐허가 된 서울

태조 이래 2백 년의 세월이 흘러 1592년(선조 25) 발발한 임진왜란壬辰倭亂은 1598년(선조 31)까지 7년 동안 계속되었고, 일본군의 침략으로 서울의 거리는 대부분 불타 버리고 폐허가 되었다. 이 전란에서 남은 중요한 건축은 남대문, 돈화문敦化門(창덕궁 정문), 홍화문弘化門(창경궁 정문), 명정전明政殿(창경궁), 명정문明政門(창경궁)과 1907년(융희 1)에 헐어 버린 진선문眞善門(창덕궁) 정도로 이때 경복궁에서 남은 것은 경회루慶會樓의 돌기둥뿐이었다고 한다.

그런데 이것은 일본군의 소행이나 명나라군의 약탈보다도 당시 정치에 불만을 품었던 백성들의 울분이 폭발한 결과였다. 선조宣祖가 북으로 피난길을 떠난 뒤인 4월 29일 밤에 경복궁, 창덕궁, 창경궁의 일부와 형조刑曹, 장례원掌隷院, 선혜청宣惠廳, 임해군臨海君의 집 등이 난민의 분풀이의 대상이 되어 방화로 사라진 것이다.

임진왜란이 끝난 후 선조는 서울 성곽의 재건에 착수하여 약 18년에 걸쳐 1616년(광해 8)에 이르러 경복궁을 제외한 다른 곳은 대충 옛모습을 되찾을 수 있었다. 그러나 1619년(광해 11)에는 종로 어물전에서 불이 일어나 지금의 덕수궁 일대까지 타 버린 일이 있었고, 이어

1624년(인조 2) 이괄李适의 난, 1636년(인조 14) 병자호란丙子胡亂에 적지 않은 피해를 입었다. 1863년 고종高宗이 즉위하자 그의 아버지 흥선興宣 대원군이 정권을 잡고 임진왜란 이후 폐허로 남아 있던 경복궁을 재건하여 왕실의 위엄을 보였다.

1895년(고종 32) 5월에는 1413년(태종 13) 이래의 행정구역이었던 전국 8도를 전면적으로 개편하여 23부府, 336군郡을 두고 부에 관찰사觀察使를 두었다. 이때 한성부는 한성군이 되고 양주陽州, 광주廣州, 적성積城, 포천抱川, 영평永平, 가평加平, 연천漣川, 고양高陽, 파주坡州, 교하交河의 10군과 더불어 한성부 관찰사의 소관으로 들어갔다. 한성군의 구역 변동은 없이 5부部를 5서署로 이름만 바꾸었다가 1년 3개월 후인 다음해 8월 폐지되었다. 이후 일본이 조선에 대한 통치를 시작하면서 한성부는 경성부로 개칭되었다.

일제 강점기의 서울

1910년 8월 한일합방조약이 체결되고, 10월 1일 조선총독부朝鮮總督府가 설치되자 통감부는 총독부로, 한성 이사청理事廳은 경성부로 바뀌었다. 이때 수원水原에 있던 경기도청을 서울로 옮기고 경성부는 경기도 관할로 들어갔다.

1911년 경성부는 부部와 면面 제도를 실시하여 성내를 동, 서, 남, 북, 중中의 5부로 나누고 각 부에 부장部長을 두었으며, 성 밖을 용산龍山, 서강西江, 숭신崇信, 두모豆毛, 인창仁昌, 은평恩平, 연희延禧, 한지漢芝의 8면으로 나누고 각 면에 면장을 두었다. 1913년 총독부령 제

7호로 부제府制를 공포하고 다음 해 4월 1일부터 이를 실시하면서 경성부도 본격적인 기능을 발휘하였다. 부협의회府協議會 제도가 창설된 것도 이때였다.

이어 1914년 4월 1일부터 부部를 폐지하고 경성부에서 직접 관할하는 동시에 8면 중의 일부 지역을 경성부에 편입하고 나머지는 고양군에 이관하였다. 이와 아울러 경성부내의 동洞을 폐합하여 새로 구역을 정하고 동 이름에 정町이니 정목丁目이니 하는 일본식 이름이 많이 도입되었다.

1943년 4월에는 구제區制를 실시하여 중中, 종로鍾路, 동대문, 서대문, 성동, 영등포의 6구를 두었고, 다음해에는 고양군의 연희면延禧面을 편입하여 마포구麻浦區를 창설하였다.

1945년, 해방을 맞이한 서울

1945년 8월 주권을 되찾으면서 경성부는 서울시市로 개칭되었고, 1946년에는 특별시로 승격하여 경기도의 관할을 떠나 정부에 직속하였다. 같은 해 10월에는 일제 강점기의 일본식 정명町名을 일소하여 새로운 동명洞名을 실시하였다.

1949년 8월에는 행정구역을 대폭 확장하여 고양군의 독도면纛島面, 숭인면崇仁面, 은평면恩平面과 시흥군始興郡 중면中面의 도림리道林里, 번대방리番大方里, 구로리九老里를 편입하였고, 동대문구를 분할하여 성북구城北區를 창설하였다.

이듬해인 1950년에 일어난 한국전쟁으로 정부를 비롯한 여러 기관과 시민들은 대전大田, 이어서 대구大邱와 부산釜山으로 피난하였다가 휴전협정으로 다시 서울로 환도하여 오늘날 국제도시의 기반을 갖춰 가기 시작했다.

강북구 번동의 유래
- 이씨가 한양에 도읍을 정하리라 -

번동樊洞의 동명 유래는 고려 시대에 쓰여진 『운관비기雲觀秘記』라 는 책에 〈이씨가 한양에 도읍을 정하리라〉는 비기설이 있어, 이에 따 라 고려 말기의 역대 왕 및 중신들은 이 설에 신경을 쓰며 경계하였 다. 그러던 중 한양 북한산 아래 이곳에 오얏(자두)나무가 무성하다는 말을 듣고, 이씨가 흥할 징조라 여겨 벌리사伐李使를 보내서 오얏나무 를 베었기 때문에 붙여진 이름으로써 이때부터 이 마을을 벌리伐李라 고 칭하다가 번리樊里가 되었다고 한다.

이 동네에는 예부터 오얏나무가 많이 자생하여 집집마다 울타리로 삼을 정도였고, 봄이 되면 주변의 수려한 풍치 속에서 오얏나무 꽃이 만발하였다. 특히 오패산에서는 수정 등 보석이 많이 나오고 맞은편 초안산楚安山은 명당이라는 풍수지리설에 따라 고려 중신들도 자주 이곳을 다녀갔다. 그들은 목木씨 성을 오얏나무의 이씨를 연상하여 이 동 남쪽 명덕골에 벌리사를 배치하고 오얏나무를 벌채한데서 벌리라 고 마을 이름이 불리어지다가 번리가 된 것이다.

번동과 직접적인 관계는 없지만 오얏나무와 이태조의 건국과 관련하여 전해지는 또 하나의 이야기가 있다. 조선조 5백 년의 도읍지 서울은 고려 때 한양이라는 한 고을에 불과했는데 고려 제31대 공민왕恭愍王 말년에 지금의 경복궁과 창덕궁 자리에 홀연히 오얏나무가 나서 아주 무성하게 자랐다.

그때 술수를 할 줄 아는 사람이

"오얏나무가 무성한 자리에 이씨가 왕이 될 징조다."

하고 소문을 퍼뜨렸다. 공민왕은 그 말을 매우 꺼려 한양으로 벌목꾼을 보내어 베게 했으나 자꾸만 무성하게 싹터 오르는 오얏나무 둥치는 어찌할 수 없었다. 천지의 기운으로 무성하는 힘을 막을 수 없어 헛수고만 한 채 마침내 포기하였다고 한다.

그 뒤 이태조가 등극하기 얼마 전에 문득 꿈을 꾸었는데, 키가 9척이나 되고 눈이 회 등잔 같으며 입이 귀 뒤까지 찢어져서 모양이 몹시 흉칙하게 생긴 작자 하나가 웃통을 벗어젖히고 머리를 풀어 산발한 채 헐레벌떡 달려오더니 태조를 향하여 읍하고 말하기를

"나는 송악산 신령인데 삼각산의 신령이 나의 세력을 빼앗으려 하므로 더불어 싸우다가 패하여 쫓겨 오는 길이외다. 아이고, 목말라! 물이나 좀 먹읍시다."

하더니 송경松京(고려의 서울) 뒤에 있는 강물을 들이마시는데 그 후부터 강물이 차츰 줄어들어 얼마 안 가서 말라 버렸다 하니 태조의 꿈이 꼭 맞았다 할 것이다. 이 이야기는 태조가 등극한 뒤에 여러 신하들에게 말하여 세상에 널리 알려지게 되었다.

한편 번리의 변천 과정을 보면 18세기 중엽 정선이 그린 「도성대지
도都城大地圖」와 김정호가 제작한 「대동여지도大東輿地圖」에 벌리伐里
로 표시되어 있는데, 18세기 중엽에 그린 「사산금표도四山禁標圖」에는
상벌리와 하벌리로 표기되어 있다. 그 후 갑오개혁甲午改革 때는 동서
숭신방崇信坊(성외), 동소문외계東小門外契 번리樊里로 되었다. 이때에
벌리가 번리로 바뀐 것 같다. 번동의 자연 촌락은 위치에 따라 윗벌
리, 가운데벌리, 아랫벌리로 구분되어 있다.

그중 아랫벌리는 여러 이름을 가지고 있는데 우선 아랫벌리(하벌리
下樊里)는 벌리 아래쪽에 있던 마을인데서 붙여진 이름으로 조선 제16
대 임금 인조仁祖 때 신경진辛慶晉이 별장을 지었기 때문에 정자가 있
는데서 정자말, 이것이 와전되어 정주말, 경주말 등으로 불리었다.

신경진은 임진왜란 때 충주 탄금대彈琴臺에서 패전한 신립申砬의 아
들로서 어릴 때부터 기상이 걸출하여
동네 아이들과 놀이에서는 늘 대장 노
릇을 하였지만 글공부는 싫어했다. 장
성한 후 아버지의 전공으로 선전관의
벼슬을 받았는데 인조반정仁祖反正 때
공을 세워 병조 참의, 훈련원 대장 등
을 겸하였으며 후금의 군대가 대거 침
입하자 공을 세워 병조판서, 우의정을
거쳐 영의정이 되었다. 그 후 별장은
조선 제23대 순조純祖 때 이요헌李堯

중랑구 면목동에 있는 신경진 신도비

憲이 점유하여 삼반정三磐亭이라고 명명하였으며 현재 신경진의 묘와 신도비는 서울시 중랑구 면목1동 면목초등학교 입구에 위치하고 있다.

이곳은 궁말이라고도 하는데 이는 번동 산28번지에 조선 시대 순조의 딸 복온福溫 공주와 부마駙馬 김병주金炳疇의 묘가 있기 때문이며 속칭 '공주릉'이라고 부른다. 여기에는 공주와 부마의 묘와 재실을 만들고 연못을 판 다음 연당蓮堂을 지어 홍우관紅藕館이라 하였다. 그런데 궁말이나 궁동이라고 부르게 된 것은 이 묘소 남쪽 93번지에 창령위궁昌寧尉宮이란 재사齋舍가 있었기 때문에 유래된 것이다. 창령위궁 입구의 안내 표지판에는 다음과 같은 기록이 있다.

〈여기 서울특별시 강북구 번동 93번지에 위치한 창령위궁은 조선 왕조 제23대 순조 임금의 둘째 따님이신 복온 공주와 부마 김병주 선생 묘소의 재사이다. 이곳은 약칭 궁동 또는 정자말이라 일컬어지는데 궁동이란 창령위궁에서 유래된 것이다. 창령위와 공주가 살던 창령위궁은 1830년(순조 30)까지 종로구 재동 한국병원 자리에 있다가 종로구 송현동 한국일보사 앞 외인 주택 자리에 이전하여 갑오개혁 때까지 있었다. 이곳은 공주릉이라고 인근에 널리 알려져 유명하며 부근 일대가 주민들의 휴식 및 산책로로 사랑을 받고 있다. 창령위궁은 현재 6·25전쟁 시에 개축되었지만 조선 시대 건물로 독특하며, 현재 창문여자중·고등학교에서 관리하고 있다.〉

이성계 어머니 최씨 부인의 신기한 꿈 이야기

고려의 국운이 점차로 기울어갈 무렵 함길도 어느 마을에 이자춘李

子春이란 벼슬에 나가지 못한 젊은이가 살고 있었다.

하루는 이자춘이 낮잠을 곤히 자다가 꿈을 꾸었는데, 머리에 높은 관을 쓰고 도복을 입은 노인이 나타나서 그에게 이르기를

"나는 백두산의 신령인데 장차 그대의 집안에 길운이 있을 것이므로 와서 전갈하는 것이니 내 말을 범연히 듣지 말고 산천기도를 정성껏 드리게 하라. 그렇게 하면 필연코 귀동자를 얻게 되리라."

하는 것이었다. 깨고 보니 일장의 춘몽이었다.

그마저 낮 꿈이어서 이자춘은 이상히 여겨졌으나 마음이 내키는 바가 있어 부인 최씨에게 꿈 이야기를 소상히 하고 나서 함께 목욕재계한 다음 백두산에 올라가 정성껏 기도를 드렸다.

그들이 백일기도를 마치고 내려온 날 밤 이자춘이 또 꿈을 꾸었는데, 이번에는 한 선관이 오색구름을 타고 하늘에서 내려오더니 자춘을 향해 공손히 읍하고 나서 소매 속으로부터 황금으로 만든 침척(바느질할 때 쓰는 잣대) 하나를 꺼내어 주며

"이 물건은 옥황상제께서 그대의 집에 보내는 것이니 잘 보관하였다가 장차 동국 지방을 측량토록 하시오"

하고는 다시 하늘로 올라갔다.

그런데 그날부터 최씨 부인에게 태기가 있어서 꼭 열석 달 만에 옥동자를 낳았으니 이 아이가 바로 후일의 이태조이다. 그의 처음 이름은 성계, 자字는 중결仲潔이라 하였는데 등극하고 나서 이름은 단旦, 자는 군진君晉이라 고치고 별호는 송헌松軒이라 하였다. 그의 본관은 전주이며 부친인 이자춘은 고려의 서북면 경략에 내응 협조한 공이

있어서 이 방면의 지방관인 삭방도 만호 겸 서북면 병마사를 지낸 사람이다.

한편 이씨 왕조 5백 년 간에 설날을 '元旦원단'이라고 쓰고 '원조元朝'로 소리하였음은 이태조에게 촉휘觸諱되었기 때문에 피하기 위함이었을 것이다.

강북구 미아동의 유래
- 의정부로 넘어가는 마지막 고개 -

미아동彌阿洞은 1865년(고종 2)에 편찬한 『육전조례六典條例』에
〈한성부 동부 숭신방 미아리계〉

라는 공식 기록이 처음 나타나는데 그 유래는 확실하지 않다. 전해오는 이야기로는 되너미고개(돈암현敦岩峴)를 일명 미아리 고개라고 부르는 까닭에 동명이 유래되었다는 설이 있으며 또, 미아7동에 있는 불당골(불당곡佛堂谷)에 미아사彌阿寺가 오랫동안 있었으므로 이 절 이름에서 동명이 유래되었다는 설이 있다.

되너미 고개라는 명칭은 병자호란 때 되놈(호인胡人)이 이 고개를 넘어 침입해 왔으므로 붙여졌다는 설과 또 하나는 의정부로 넘어가는 고개의 끝이므로 마지막 고개라는 뜻으로 되었다는 설 그리고 돈암동쪽에서 길음동 쪽으로 오를 때 힘이 많이 들어 온몸의 기운이 모두 빠지므로 밥을 되로 먹은 고개라는 말이 변하여 되너미 고개가 되었다

는 설이 있다. 또 어떤 사람들은 정릉동 지역을 사을한리沙乙閑里라고 했으며 사을한리의 약칭인 사아리沙阿里가 미아리로 되었을 것으로 추측하기도 한다.

미아리는 한자 뜻 그대로 언덕에서 쉬어간다는 마을인 만큼 동명과 고개와는 불가분의 관계를 맺고 있다 하겠다. 미아동의 현 위치는 한국전쟁 이후 서울의 인구가 팽창하게 되자 이곳의 야산과 공동묘지가 주택지로 되면서 인구의 급증을 가져와 행정 동의 변천이 심했다.

미아동의 변천 과정을 살펴보면 『육전조례』에 한성부 동부 숭신방 미아리계라고 표기된 이후, 1911년 일제강점기에는 서울의 행정구역을 5부部 8면面제로 만들었기 때문에 이곳은 경성부 숭신면 미아리가 되었다. 1914년에는 경성부 숭신면 미아리와 불당동을 경기도 고양군 미아리로 변경하였다가 1949년 서울의 행정구역 확장에 따라 성북구가 신설되면서 미아리는 서울에 편입되었다. 이후 1950년에 서울특별시 동리 명칭 개정 조례에 따라 미아리를 미아동으로 고쳤으며 1973년 도봉구가 신설되면서 도봉구에 소속되고, 1995년 강북구가 신설되면서 이 구에 속하여 현재에 이르렀으며 여러 개의 자연 마을이 남아 있다.

강북구 수유동의 유래
- 빨래골의 개울이 넘쳐흐르다 -

수유동水踰洞은 북한산 골짜기에서 흘러내리는 물이 이 마을을 넘쳤기 때문에 '水물수' 자와 '踰넘칠유' 자를 합하여 불리게 된 이름이다. 그래서 물이 넘친다 하여 무너미(무네미)라고 부르게 되었다 하며, 또 옛날에 수유리와 인접해 있는 현재의 삼양동三陽洞 지역에 삼형제가 살았는데 맏형은 바보이고 둘째는 개구쟁이, 셋째는 두 형보다 머리가 좋은 편이었다. 이들 삼형제는 힘을 합쳐서 땅을 확보하고자 싸움을 일삼고 다니므로 이곳 주민들이 이들의 침입을 막기 위해 빨래골의 개울을 경계로 막았는데 그 개울물이 넘쳐흘러 수유리라 했다고 한다.

수유동은 조선 초인 1396년(태조 5)에 동부에 속했으며, 그 뒤 1751년(영조 27)에 간행된 수성守成 책자『도성 삼군 분계 총록都城三軍分界總錄』에 동부 숭신방 가오리계, 수유촌계, 우이계로 되어 어영청 전영에 소속되어 도성 방어에 일익이 되기도 하였다.

수유동의 변천 과정을 보면 1949년 서울시에 편입된 이후, 1952년 행정상 우이리와 수유리를 합하고 우이동으로 개명하여 동 행정을 보아 오다가 1955년 명칭 및 구역 제정에 따라 수유동, 우이동, 번동을 합하여 화계동으로 개칭하였다. 1973년에는 수유1동에서 수유3동이 분동되고 1975년에는 수유2동에서 수유4동이 분동되었으며, 1977년에는 계속되는 인구 증가로 수유1동에서 수유6동이 분동하였으며 2008년 6월 3일 우이4동은 우이동으로, 우이 5~6동은 인수동으로 바뀌어 현재는 수유1 · 2 · 3동으로 이루어져 있다.

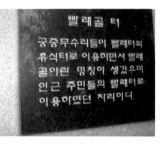

강북구 수유리의 빨래골터

조선 시대에는 이들 자연 마을이 군

데군데 10~30여 호 정도가 한 촌락을 이루고 있었으며 현재는 주택지로 밀집되어 있다. 당시는 벼농사를 주로 한 농촌으로서 북한산에서 흘러내리는 수원이 좋아 벼농사가 다른 지방에 비해 비교적 잘 되었으며 비탈진 곳에 보리, 조, 콩 등 일반 농작물이 주가 되었다고 한다.

조선 시대에도 의정부에서 서울로 오려면 장수원~다락원~서원내~쌍갈무늬(쌍문동)~아랫무너미~큰무너미~되너미 고개(미아리 고개)~동소문 고개로 이어졌다.

수유동은 북한산과 도봉산 등 기암괴석의 절경과 골짜기의 맑은 물이 좋아 1960년 이후부터 인구 집중 현상에 따라 농업은 점차 사라지고 도로변에 상가가 형성되었으며 그 밖의 지역은 대부분 주택가이다. 수유동은 북한산 기슭에 자리 잡고 있으며, 정릉동을 경계로 해서 선열의 묘역이 있다.

한편 가오리加五里는 옛날 미아리 고개에서 장사를 지내는 소리가 임금에게까지 들리자 번잡스러우니 5리를 더 가라고 하여 붙여진 이름으로 현재 수유동 우이초등학교, 중앙교육원 등이 있는 자리이다.

강북구 우이동의 유래
- 자신을 낮추는 군자의 기상 -

우이동牛耳洞은 마을 뒤에 있는 북한산 연봉 중에 우이牛耳 즉 소의 귀같이 보이는 봉우리가 있으므로 쇠귀봉 즉 우이봉 아래 있다고 하여 붙여진 이름이다. 우이동에서 경기도 양주군 장흥면으로 넘는 고개를 쇠귀고개라고도 한다.

그런데 조선 제21대 영조 시대의 문신으로 유명한 이계耳溪 홍양호洪良浩는 이 우이동에 살면서 소에게 있어서 귀보다 중요한 것은 뿔인데 삼각산 아래에 있는 이곳을 우각동이라 하지 않고 왜 뿔보다 중요하지 않은 귀의 뜻을 취하여 우이동이라 이름하였는가에 대하여 다음과 같이 설명하였다.

〈대저 뿔은 성질이 강하고 귀는 성질이 순하니, 강한 자는 꺾어지고 유한 자는 오래간다고 해서가 아닌가. 뿔은 형상이 위가 날카롭고 귀는 형상이 아래로 드리우니 위로 간 자는 버티고 아래로 간 자는 순함으로 해서가 아닌가. …(중략)… 동해 위에 산이 있는데 삼각이라 하고 삼각산 아래에 마을이 있으니 우이라고 한다. 산을 각角이라 하고 동을 이耳라 하니, 뿔은 위에 있고 귀는 아래에 있는 것이다. 산은 높이 솟아오르니 뿔 같은 위엄이요, 동은 비어서 수장收藏하니 저 같이 받아들인 위엄으로 먼 곳을 항복시키고 받아들여서 물건을 용납하니 군자의 기상이 아닌가.〉

우이동은 도성에서 꽤 먼 거리에 있었지만 오래 전부터 서울 성 밖에 있는 지역의 한 마을이었다. 『육전조례』에 한성부 동부 숭신방 우이동계가 있었고, 또 갑오개혁 당시의 문서에 동서 숭신방 동소문 외계에 우이리가 있다. 우이동은 본명이 아닌 수유2동의 행정동 명 아래에 들어있게 되었으며, 분동이 되었을 때도 수유2동에서 수유4동으로 분동이 되어 그 명칭은 계속해서 수유의 호칭을 벗어나지 못하였다. 그러다 1973년 성북구에서 도봉구로 분리되고, 1995년에는 도봉구에서 강북구로 분리되어 현재에 이르렀다.

행정동 명에서 우이동의 본명이 쓰이진 않지만 오랫동안 전해 내려오는 우이 또는 쇠귀의 이름은 지금도 그대로 남아 마을, 내, 다리 등의 이름으로 쓰여지고 있다. 즉, 우이동의 큰 마을을 지금도 지방민들은 쇠귀로 부르고 있으며, 우이동 골짜기에서 발원하여 한천으로 흘러가는 냇물을 소귀내 또는 우이천이라고 부른다. 그리고 우이천 하류에 놓인 다리로 서울에서 의정부로 나가는 큰 길 위에 있는 다리는 우이교로 호칭된다.

『삼국사기三國史記』에 의하면 백제의 시조 온조왕이 비류 및 오간烏干, 마려馬黎 등 10명의 신하들과 함께 부여에서 남쪽으로 나와 한산에 이르러 부아악負兒岳에 올라 정주할 곳을 살펴보고 건설한 하북위례성이 우이동 근처이다.

우이동에 남아있는 지명을 살펴보면, 긴골은 골짜기가 길게 생긴 데에서 유래했으며 너럭골은 늘어진 바위와 돌이 많다고 하여 붙여진 이름이다. 독골은 독바위가 있던 데에서 형성되었으며 맷골은 매바위가 있던 데에서 붙여진 이름이며, 물푸렛골은 물푸레나무가 많이 있던 데에서 생긴 것이다. 문골은 골짜기 어구가 문같이 생겼기 때문에, 새우 고개는 고개 모양이 새우 같다고 하여 붙여진 이름이며 소당바윗골은 소당바위가 있는 골짜기를 말하고, 쑥고개는 고개가 깊은 골짜기에 쑥 들어가 있다고 해서 붙여진 이름이다. 용개울은 개울에 용이 나와서 올라갔다는 큰 구멍이 있어 불리게 되었으며, 윷판바윗골

은 윷판 모양의 바위가 있는 골짜기이며 절골은 옛날에 절이 있었다
는 골짜기 그리고 휘드릿골은 골짜기가 좁고 험하여 휘돌아서 들어가
게 되어 붙여진 이름이다.

성북구 정릉동의 유래
- 태조를 특별히 며조한 신덕 왕후의 능이 있는 곳 -

정릉동貞陵洞의 동명 유래는 태조 이성계의 둘째 왕비 신덕神德 왕
후 강康씨의 정릉貞陵이 있으므로 붙여진 이름이다. 신덕 왕후의 정릉
은 처음엔 도성 안인 중구 정동에 있었으나 1409년(태종 9)에 이장하
여 현재 서울특별시 성북구 정릉동(산 87 16호, 사적 제1208호)에 소재
하고 있다.

처음 능지를 정한 곳은 성북구 안암동이었으나 산역을 시작할 때
물이 솟아 나와 현재 중구 정동 덕수궁의 정문 대한문大漢門 북서쪽에
능을 조성하였다.

신덕 왕후는 황해도 곡산부谷山府 출신 판삼사사 증 상산부원군 강
윤성康允成의 딸로 이성계와 만나 2남 1녀를 낳았고 태조 원년인
1392년 현비로 책봉되었으며 1398년(태조 7) 판내시부사 이득분李得
芬의 집에서 승하하였다.

말을 달리며 사냥을 하던 이성계가 목이 말라 물가에서 빨래하던
처녀 강씨에게 물을 청하니 바가지에 버들잎을 띄워 천천히 물을 마

시게 했다는 이야기의 주인공이 바로 신덕 왕후 강씨이다. 왕비 강씨는 어려서부터 비범한 자질로 집안에서 사랑을 받았으며, 장성하면서 정숙하고 지혜가 있어 인근 사람들을 놀라게 하였으며, 태조를 도와 국가에 공을 세우고 태조가 조선왕조를 창건할 때에도 내조의 공이 컸다. 태조는 남달리 신덕 왕후 강씨를 사랑해 왕비를 잃자 매우 슬퍼하여 조회와 시전을 10일 간 열지 않았으며 친히 흰 옷을 입고 능지를 찾아다녔다고 한다.

그리고 흥천사興天寺(현 신흥사, 서울 성북구 정릉동)를 왕후 능의 원찰로 삼아 자주 행행하였으며 경복궁에서 정릉의 아침 제를 올리는 흥천사의 종소리를 듣고서야 수라상을 받았다 한다. 이 흥천사 종은 후일 종루에 걸려 서울 장안의 시각을 알리기도 했으며 현재는 덕수궁에 옮겨져 있다.

그러나 정릉은 태종太宗(이방원李芳遠)이 조선 제3대 왕으로 즉위하면서 대접을 받지 못하게 되었다. 이는 조선 건국 후 이방원이 건국 공신으로 왕위를 계승하고자 하던 차에 신덕 왕후가 그의 소생 방석芳碩을 세자로 삼아 계모 신덕 왕후를 증오하게 되었기 때문이다. 그리하여 신덕 왕후가 승하한 지 2년 후인 1398년 왕자의 난을 일으킨 이방원은 이복동생 방번芳蕃과 방석을 죽이고 그의 형 방간芳幹과 싸워 왕위에 올랐다.

성북구 정릉동의 정릉 안내판

그 후 계속 정릉을 눈엣가시로 여기던 태종은 태조가 승하하자 9개월 만인 1409년(태종 9) 2월에 능을 현재 정릉의 자리인 동소문 밖 사을한리(현 정릉

성북구 정릉동에 있는 현 흥천사

동)로 이전하였다.

태종은 능을 옮기고 한 달 후에는 봉분을 깎아 버리고 정자각을 헐어 냈으며 석물들은 모두 땅에 묻도록 하였다. 그리고 그 해 여름 흙으로 만든 광교가 무너지자 병풍석, 문무인석, 12신상 등의 석물을 실어다 돌다리를 만들게 하고 그 밖의 석재나 목재들은 태평관을 건립할 때 부속재로 사용하였다 한다.

『세종실록』에 의하면 1409년 정릉을 사을한의 산록으로 옮길 때에는 왕명으로 각 관청 관원들의 반수로 백의白衣에 흑각대黑角帶 그리고 오사의 복장을 하고 영구靈柩를 지술地術하여 행상하게 하였다. 그러나 그 후 종묘에는 태조의 신위와 함께 신의 왕후 한씨의 신위만을 모시고, 능묘에 관원을 보내 제사드리기로 정해진 의례마저 폐지된 직계손이 없는 정릉에는 명절 때가 되면 뜻 있는 왕족의 부인들만 찾을 뿐 분묘에는 풀이 무성하고 석물은 무너져 일반 사람들로서는 그것이 누구의 묘소인지조차 알 수 없을 만큼 황폐한 지경에 이르렀다.

후에 돌보지 않은 지 오래된 묘소를 찾을 수가 없었는데 마침 변계량이 지은 『춘정집春亭集』 중 「정릉조천제문貞陵造遷祭文」을 발견하고 이에 따라 부근을 파서 지석을 확인하였다. 그러나 제후諸侯는 재취再娶를 하지 않는다는 원칙에 따라 능침陵寢을 수봉修封하고 한식寒食 때 제사를 드리는 것만으로 그치고 말았다.

그러다 170년이 지난 선조 때 신덕 왕후의 친정 후손인 강순일이 군역 면제의 혜택을 받고자 조정에 소청한 것을 계기로 정릉의 위치를 찾아내 능침을 수봉하고 한식에 제사를 지내게 되었다. 그리고 1669년(현종 10)에 우암尤庵 송시열宋時烈의 계청啓請으로 비로소 신덕 왕후를 종묘에 배향되고 능묘를 받들게 되었다. 이로 인해 사을한리 천릉 이후 260년이 지나서야 정릉은 비로소 본연의 면모와 예우를 갖추게 되었다.

이와 함께 봉릉설제封陵設祭가 있는 날에는 정릉 일대에 비가 흡족히 내리게 되었는데, 마을 백성들은 그 비를 세원洗寃하는 비라고 하여 억울한 원한을 씻는 비라 하였으며 이때 현종은 교서를 반포하고 과거를 특별히 설정하여 성대하게 경축하였다 한다.

그 뒤부터 서울시 중구 정동에 정릉이 있었으나 경기도 고양부에 속한 현재 위치로 이장되면서 정동에 있던 정릉을 묘호(묘의 이름)로 썼고 동네 이름도 자연스레 정릉동이라 부르게 되었다.

정릉동 일대의 처음 지명이 사을한리라 하는데 이 사을한리는 우리 말의 살한이를 한자음으로 옮긴 것이다. 사흘한리는 다시 사아리로 약칭되기도 하였으며 신덕 왕후의 정릉이 이곳에 옮겨짐으로 하여

'능말' 즉 능동이라는 지명이 생겼다. 그러나 선조 조에 정릉을 다시 찾을 때에도 이곳을 정릉의 소재지로 아는 사람이 없어 여러 곳을 찾아 헤매었다는 기록을 보면 이곳에 능이 있다는 것이 잘 알려지지 않았던 것을 알 수 있다. 따라서 '능말'이라는 지명은 현종조에 다시 정릉을 수봉하고, 봉사 수호의 절차를 공식적으로 거행한 후부터의 일인 것으로 보여진다.

정릉리는 이전 경성부 숭신면의 대정릉, 소정릉, 청수동, 손가정이었다고 하며 이전의 정릉이 있었던 지역에 소정동과 대정동이 있었던 것과도 같이 이곳 정릉동 또한 대소로 구별되어진 것으로 보인다.

그리고 능 부근에는 능의 주인인 고인을 추모하고 명복을 비는 절이 있었다. 여주의 세종대왕 영릉英陵은 신륵사神勒寺를 원찰로 삼았고, 조선 제7대왕 세조世祖의 광릉光陵은 봉선사奉先寺가 원찰이며, 제9대 왕 성종成宗과 계비 정현貞顯 왕후 윤씨의 선릉宣陵 및 제11대 중종中宗의 정릉靖陵 등은 봉은사奉恩寺가 원찰이다. 그리고 흥천사는 신덕 왕후의 원찰로 삼았는데, 정릉이 이장되고 난 후 현재 능 부근에 새롭게 원찰을 옮겨지었다고 하여 흥천사에서 신흥사新興寺로 바뀌었다.

그런데 몰지각한 사람들이 신흥사 바로 옆에 유흥업소를 차려놓고 회갑잔치나 돌잔치를 유치하면서부터 세인들은 신흥사라면 으레 유흥업소로만 생각하고 있다. 그러나 역사의 인고를 헤아렸을 때 중요한 장소인 만큼 다시 한 번 생각해 보아야 할 것이다.

성북구 장위동의 유래
- 명신이 살았던 마을 -

장위동長位洞 동명의 유래는 마을 뒤에 장위산獐位山이 있어 이 산의 이름을 따서 붙여진 것이 아닌가 싶다. 일설에는 조선 시대 말기 대신 윤용구尹容求가 이곳 남령재南寧齋에 은거했기 때문이라는 말도 있다. 그는 1895년에 발생한 을미개혁乙未改革 이후 법부, 탁지부, 내부의 대신으로 10여 회나 임명되었으나 모두 거절하고 장위산 밑에 은거하였으며 한일 합방 후에 일제가 남작男爵을 수여했으나 거절하였다. 윤용구는 1853년(철종 4)에 출생하여, 1936년에 타계한 조선 말 문신이며 서화가이다. 자는 주빈周賓이며 호는 석촌石村, 해관海觀 또는 장위산인獐位山人이라 했으며 본관은 해평海平으로 부사 윤회선尹會善의 아들로 태어나 남령위南寧尉 의선宜善에게 입양되었다. 1871년(고종 8)에 직장으로 정시 문과에 병과로 급제한 다음 검열을 지내고 여러 벼슬을 거쳐 예조·이조판서를 역임하였다. 그는 글씨와 그림에 모두 뛰어났는데 특히 해서와 행서 그리고 금석문을 많이 썼으며 죽란竹蘭을 잘 그렸다.

한편 장위동은 벼슬을 하면 오래한다고 하여 지어진 이름이라는 설도 있다. 이 마을은 조선 시대 초에도 장위리라고 불러온 것으로 보아 고려조 때 명신名臣이 이 마을에 있었기 때문에 장위리라고 하지 않았나 생각한다.

조선 시대 이곳 주민들은 대부분 농업에 종사하였으며 벼농사와 조, 수수, 고추 등 흔히 시골 농가에서 재배하는 곡식을 재배하였는데 특산물은 없었다고 한다. 당시 장위동의 농토는 대부분이 윤용구와 그 친척들의 땅이었는데 1960년경부터 윤씨가 매도하고 또 개척되어 현재 주택지로 변화되었다.

현 장위동 91번지 일대에 동구 다리가 있었고, 또 76번지 자리에는 징검다리가 놓여 있었으며 남령재 문 밖에 큰 섬돌이 하나 있었는데 이 다리는 당시 관직의 고하에 따라 하마下馬하는 곳이었다고 한다. 또 장위동 길을 따라 석관동을 통해 태강릉 쪽은 강원도江原道 사람들이 다니던 길목이라고 한다.

조선 시대 장위동의 자연 마을 웃말, 아랫말, 명덕굴, 간대마을, 활량(한량) 등 5개 마을이 합해져서 현재의 장위동이 형성되었다. 1930년대에는 약 250여 호가 살았다고 한다.

성북구 안암동의 유래
- 서울에서 가장 오래된 동명지 -

안암동安岩洞은 문헌상 나타나는 서울의 동명 중에 가장 오래된 것 가운데 하나이다. 『조선왕조실록』에 의하면 이성계는 한양 정도 이듬해인 1395년(태조 4)부터 수릉壽陵, 즉 자신의 만년유택을 정할 만한 산지를 찾아 과주果州(현 과천시果川市), 광주廣州 등 산수가 좋은 곳을 왕래하였는데 안암동에 거동하여 수릉을 정할 만한 곳을 구경하고, 또 인정人定을 만드는 주종소鑄鐘所를 거동하였다. 이는 이곳이 산수가 아름답고 풍수지리적으로 산릉터에 가합하게 여겨진 데에서 온 것이라고 볼 수 있으나 문헌상의 기록으로는 남아있지 않다.

다만 이 지역의 노인들에 의하면 안암동 3가에 있는 대광아파트 단지 가운데 큰 바위가 있어 20여 명이 앉아 편히 쉴 만하여 그 바위 이름을 '앉일바위'라 하였으며 이것을 한자로 고쳐서 '안암'이라 한데서 비롯되었다고 한다.

1955년에는 안암동이 동암, 남암, 서암 등 세 곳으로 구분되었는데 이는 앉일바위를 중심으로 그 동남서의 방위를 중심으로 붙인 이름이라고 말하는 사람도 있다. 그 후 1·2·3동으로 고쳐졌다가 안암동으로 조정 통합되었다.

안암동 3가의 궁말

그중에도 지금의 안암동 3가에 있는 마을은 세종의 제5자인 광평廣平 대군 및 그의 아들 영순군永順君이 대를 이어 살고 있던 마을로 제22대 왕 정조正祖의 후궁인 원빈元嬪 홍洪씨의 묘소 영명원永明園이 있었기 때문에 궁말로 불려졌으며 또한 광평 대군 일가의 사당이 있음으로 하여 사당말로도 불리어진다. 궁리宮里 또는 중리中里는 광평 대가의 세거지世居地였을 뿐만 아니라 태조의 제7자인 무안군撫安君 방번과 그의 부인 정양定陽 대군 우瑀의 딸 개성 왕王씨를 위시하여 광평 대군과 그 부인 신申씨 및 광평 대군의 아들 영순군과 그 부인 최

崔씨 등 3세를 봉사奉祀하는 사당이 있는 것으로도 유명하다. 원리園里는 정조의 후궁인 원빈 홍씨의 묘소인 영명원이 있던 데에서 붙여진 이름이다.

광평 대군 이여와 평산 신씨 쌍분. 강남구 수서동

『세종실록』에 보면 광평 대군은 1425년(세종 7)에 태어났는데, 1437년(세종 19)에 왕이 동교에 나가 농사 현황을 구경하고 거가車駕를 보제원普濟院 북쪽 광평 대군의 새 집에 멈추었다고 한다. 이때 대군은 13세요 대군이 무안군의 후사로 되던 해이다.

그 해 광평 대군은 이곳 안암동 궁말에서 양부養父인 무안 대군의 사당을 짓고, 그 후 7년간을 거처하였으며 또 동지중추부사 증 좌의정 신자수申自守의 딸과의 사이에서 아들 영순군 부溥를 두기도 하였다.

광평 대군은 20세의 나이로 일찍 세상을 떠났지만 그 아들 영순군 이후로 자손이 번창하여 이씨 왕족 중에서도 후손이 많기로 유명하였다. 광평 대군의 시호는 장의章懿요, 묘소는 처음 광주 서촌 학당현學堂峴(현 서울 강남구 삼성동) 선릉 부근에 있었는데, 51년 후인 1495년(연산 1)에 성종 왕릉을 그곳으로 정하면서 광주 대왕면大旺面 광수산光秀山(현 강남구 일원동)으로 이장하여 영산군 이하 후손들의 묘소가 대개 같은 산록에 있다. 묘하에는 세장비가 있으며 광평 대군 묘역은 지방문화재 제48호로 지정되어 있다.

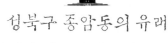

성북구 종암동의 유래
- 북처럼 생긴 바위가 있던 마을 -

종암동鍾岩洞의 동명 유래는 현 고려대학교 뒷산에 북처럼 생긴 커다란 바위가 있어 북바위로 불렸으며, 한자로 종암鍾岩 또는 고암鼓岩이라고 부른데서 연유되었다.

종암동은 야산의 능선을 끼고 있기 때문에 동 전체가 산비탈에 주택가를 형성하는 반월형을 이루고 있고, 이 중 종암1동은 면적의 3분의 1 이상이 임야 지역으로 다른 어느 동네보다 공기가 맑고 신선하다. 1945년 이전만 하더라도 종암동 일대의 야산은 산림이 울창하여 인근 마을에 사는 사람들은 휴식처로 이용하기도 하고 산에서 나오는 낙엽이나 나무의 잔가지들은 땔감으로 이용하기도 하였다.

그러나 광복과 함께 자유를 찾아 남하해 온 많은 사람들이 이곳 산비탈에 정착하면서부터 마구 남벌하였고 또한 한국전쟁 때 미아리와 종암동을 잇는 국군의 서울 방어 저지선이 바로 이 능선이었으므로 포격전에 의해 많은 나무가 불타서 한때는 민둥산이 되었다. 그 후 1960년대 말부터 조림 및 식수 사업으로 지금은 수령이 오래된 나무들이 자라고 있다.

종암로鍾岩路(고산로)를 사이에 둔 종암1동은 안말이라고도 하는데 옛날에는 경주慶州 김金씨와 경주 정鄭씨가 집단적으로 모여 살았던 촌락이었지만 사이가 원만치 않아 한 동리에 살면서도 서로 외면하고

해창위 오태주와 명안 공주 묘. 경기도 안산시

생활하여 통혼조차도 하지 않았다고 한다. 지금은 집촌적인 성격이 없어져 여러 성을 가진 사람들이 거주하고 있다. 안말은 다시 지금의 숭례초등학교를 중심으로 학교의 앞쪽은 큰 해창海昌, 뒤쪽을 중심으로는 작은 해창이라고 불렀다. 이 지역은 일반 주택단지로서 큰 공장 등은 없고 현재는 재개발 지역으로 약 2천 세대의 아파트 단지가 들어섰다.

해창이란 이름이 붙은 것은 조선조 18대 현종의 셋째 딸인 명안明安 공주와 남편인 해창위海昌尉 오태주吳泰周의 묘가 있다 하여 불리게 된 것이다. 명안 공주의 이름은 이온희李溫姬로 조선왕조 역대 공주 가운데 유일하게 본명이 남아 있다.

또한 종암2동은 모랫말 또는 모랫골로 불렸는데 이곳의 정릉천 주변은 상류에서 내려온 모래가 쌓여 불리게 된 이름이며, 정릉천은 물이 맑아 빨래터로 이용되었다고 한다.

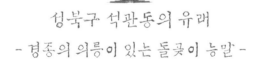

성북구 석관동의 유래
- 경종의 의릉이 있는 돌곶이 능말 -

성북구 석관동石串洞의 이름은 마을 동쪽에 있는 천장산의 한 맥에

검정 돌을 꽂아 놓은 수수팥떡이나 경단을 꼬치에 꿰어놓은 것과 같기 때문에 돌곶이 마을이라 부른 것을 한자로 석관동이라 하게 된 것이다. 조선왕조 제20대 경종景宗과 계비 선의宣懿 왕후의 능인 의릉懿陵이 이곳에 안치된 후 돌곶이에 능자를 붙여 돌곶이 능말이라고 불렀고, 돌곶이 이름을 한자로 표시해서 석관이라 하였다. 1950년 지도에는 석곶동이라 표기하기도 하였다.

석관동의 이름이 문헌상에 처음 보이는 것은 1661년(현종 2)으로 『조선왕조실록』에

〈왕이 영릉, 건원릉健元陵, 현릉顯陵, 목릉穆陵 등을 배알하고 돌아오는 길에 석관石串(동교의 지명)에 이르려 금군의 활솜씨를 시험하였다.〉

고 기록한 것이다. 1736년(영조 12)에 석관현石串峴에 이르렀다는 기록이 있고 1747년(영조 23)에도 지금의 동구릉과 경종의 능을 배알하고 돌아오다가 석관현에서 열병한 사실도 기록되어 있다.

조선 시대는 이 마을 주민들이 천장산 아래 살았는데 현재는 1·2동이 주택가이지만 당시는 벌판에서 벼농사를 주업으로 하였는데 물색이 좋아 살기가 좋았다고 하며, 산 밑은 전곡과 호박의 산지였다. 1960년 이후부터 인구 집중 현상에 따라 농업은 점차 사라지고 현재 도로 변에는 상가가 밀집되었고 그 밖의 지역은

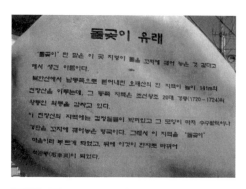

성북구 석관동에 있는 돌곶이 유래비

대부분 주택가가 형성되었으며, 현재는 지하철 1호선 석계역을 중심으로 시장이 발달되어 있으며 본래의 주택단지에는 큰 변화가 없다.

성북구 삼선동의 유래
- 하늘에서 내려온 신선이 노닐던 곳 -

삼선동三仙洞 동명의 유래는 혜화문惠化門(동소문) 밖의 평평한 들판을 삼선평三仙坪이라 한데서 이름을 따서 지어진 것이다. 조선 시대에 삼선평은 오늘날 동소문동東小門洞, 동선동東仙洞 일대와 삼선동을 일컬었다. 삼선평이란 이름은 이 마을 남쪽 옥녀봉 봉우리에서 하늘에서 내려온 세 신선과 함께 옥녀가 놀았다는 전설로 인해 붙여진 이름이다.

삼선이란 지명으로 보아 신라 때 화랑도들이 이곳에서 심신을 단련하지 않았을까 생각된다. 삼선평은 평평하고 넓어서 대한제국 시대까지 을지로6가의 훈련원과 함께 무예를 익히는 장소로서 살곶이들(전관평箭串坪)과 같이 열무장閱武場으로 쓰이기도 했다.

지하철 4호선 한성대 입구역을 삼선교역이라고 하는 이유는 옛날 이곳에 성북천을 건너 삼선교라는 다리가 있었기 때문이다. 삼선교는 서울은행(현 하나은행)과 나폴레옹 제과점 사이를 연결하고 있었는데 성북천이 복개되면서 그 흔적을 찾아볼 수가 없게 되었다. 40여 년 전만해도 이 다리 밑을 흐르는 성북천의 물이 깨끗해서 여인네들은 빨

종로구 혜화동의 혜화문. 일명 동소문

래터로 사용하고 아이들은 물장난을 치던 곳이다. 또한 다리 밑에는
무허가 움막집이 있어 장마 때 비가 많이 내리면 수해를 입곤 했었다.

　봉황동鳳凰洞은 이곳에 새의 폐해가 많았으므로 새의 왕인 봉황을
그려 혜화문 문루에 그렸으며, 이곳에 봉황정이라는 정자를 세운 데
에서 붙여진 이름이다.

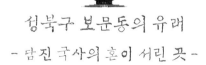

성북구 보문동의 유래
- 담진 국사의 혼이 서린 곳 -

보문동普門洞의 동명 유래는 보문동 3가 168번지에 있는 보문사의

이름을 따서 붙여졌다. 불가에 의하면 몸체에 온갖 덕을 갖춘 것을 '보普'라 하고, 쓰임이 나타나는 곳을 '문門'이라 하는 것으로서 '보문'이란 곧 보상이 일체의 성덕을 모두 갖춘 상태에서 기회와 시기를 따라 그 묘용妙用을 보임을 말하는 것이다. 따라서 관세음보살을 보문대사라고도 한다. 수도 여승들의 거주처인 이 절에 '보문종 보문사'의 간판이 붙은 것도 그 이유가 여기에 있는 것으로 보여진다.

보문사는 고려 1115년(예종 10) 담진曇眞 국사에 의해 창건되었으며, 현재 옛 건물로는 영조 때 건축된 대웅전이 남아 있다. 이 절은 비구니들이 수도하는 작고 조용한 암자로 탑동, 즉 탑골이었으므로 탑골승방이라고도 불렀다. 보문사와 담장 하나를 사이에 두고 또 하나 탑골승방의 역사를 말하는 여승방이 있다. 보문사 정문인 호지문護持門 앞에서 왼쪽으로 돌아가면 미타사彌陀寺가 있는데 이 절에 있는 『미타사기』에는 고려 광종 원년인 950년에 혜거慧居 국사가 처음 창건하여 미타사라는 이름을 지었다고 되어 있다. 그 후 문종 원년인 1047년에는 석탑을 조성하여 탑골승방이라고도 불리워졌으며 다시 충숙왕 원년인 1314년에는 혜감慧鑑 국사에 의해서 중건되었다. 조선 시대에는 제6대 단종端宗의 비인 정순定順 왕후 송宋씨에 의해 중수되어 제23대 순조와 제24대 헌종憲宗 때 각각 중수 중창되었다. 그러나 탑골은 이 마을에 탑이 있어 붙여진 이름이기 때문에 탑골승방의 유래가 보문사라는 사찰보다 이 미타사의 고탑에서 비롯되었다 해도 과언이 아닌 듯 싶다.

이 지역의 발전이 다른 곳에 비해 부진함은 대개 지리적인 조건에

서 그 연유를 찾을 수 있을 것이다. 보문동은 동쪽에는 안암동 산록, 서쪽으로는 삼선동 산록 사이에 있어서 지형이 긴 골짜기로 되어 있고 큰 도로도 신설동에서 돈암교로 나가는 난계로蘭溪路가 있을 뿐 사통팔달의 시가지로서의 교통 조건은 갖추어져 있지 않아 큰 변화 없이 주택지로 현재에 이르렀다. 산곡이나 산릉을 의지하여 민가들이 밀집하여 있는 데 탑골, 우산동의 마을 이름 또한 그러한 지리적 상황의 일면을 말하여 주는 것으로 볼 수 있다.

성북구 돈암동의 유래
- 침략자들의 서울 입성 머리 -

돈암동敦岩洞 동명의 유래는 현재 미아리 고개를 전에는 되너미 고개라고 불렀는데 이 고개 이름이 한자로 돈암현敦岩峴으로서 이 고개 이름에서 돈암동이 생성되었다.

병자호란 때 오랑캐가 이곳을 넘어 서울에 침입할 때 이 고개를 넘어왔으므로 되너미재, 되너미고개 또는 한자명으로 적유령狄逾嶺이라 하였다 한다.

이 고개는 여러 차례 깎여져 낮아지고 그 폭도 넓어졌지만 예전에는 몹시 험준했다. 한국전쟁 당시 공산군이 탱크를 앞세워 이곳에서 아군과 치열한 공방전을 벌였으나 결국은 서울을 빼앗기고 말았다. 그 후 서울 수복 때 쫓겨 가던 공산군이 이 고개를 넘어 퇴각하면서 많은 애국 인사를 북으로 끌고 간 후 돌아오지 않게 되자 '한 많은 미아리고개'라는 이름이 붙기도 했다. 또한 공산군들은 많은 애국 시민들을 모두 북쪽으로 납치해 가지 못하자 이 고개 남쪽인 현 성신여자대학교 자리에서 학살의 만행을 저지르기도 하였다.

돈암동은 동소문동, 삼선동, 동선동과 돈암동으로 분리되었는데 이 중 동선동과 동소문동은 남쪽에, 동쪽으로는 종암동과 안암동이, 서쪽으로는 성북동이, 북쪽으로는 정릉동과 길음동, 하월곡동으로 연결된다.

서울의 행정구역 축소로 경기도 관할 구역이었지만 돈암리 일대는 일제강점기에 새로운 주택단지로 부상하여 인구 증가가 급속히 이루어졌다. 이때 토막민의 유입이 크게 작용하였고, 이는 한일 합방 후에 실시된 조선 토지조사사업의 시행 과정에서 농토를 빼앗기고 농촌으로 쫓겨 난 농민들이 도시로 유입하며 형성된 것으로써 이 지역에 인구가 대규모로 분포하여 급증한 이유이다. 또한 1936년에 서울의 최초 구획 정리 사업 지구로 영등포와 더불어 돈암 지구가 선정되면서 돈암동 일대는 서울의 신시가지로 주목을 받았고 한국전쟁 이후에 이지역에 인구가 급증하면서 동소문동, 삼선동, 동선동과 돈암동으로 분리되면서 현재는 대폭 축소된 것이다.

동대문구 신설동의 유래
- 정승 유관의 혼이 머무르는 곳 -

우산각雨傘閣골(우산각리雨傘閣里)은 지금의 신설동新設洞 109-4번지에 위치한 동대문시립도서관을 중심으로 신설동 로타리에서 성북구 보문동 입구 사이에 타원형으로 걸쳐 있는 일대를 이르며, 이후 음이 변하여 우선동遇仙洞이라 하였다.

우산각골의 유래는 조선 세종 때 청렴결백하기로 유명한 정승 하정夏亭 유관柳寬과 관련이 있다. 그는 1346년(고려 충목 2) 태어나 고려 공민왕 때 문과에 급제하여 성균사예成均司藝 내사사인內史舍人을 지내고 조선이 건국된 후에는 개국원종공신開國原從功臣이 되어 대사성, 형조와 이조의 전서典書를 지내고 조선 제2대 정종定宗 때에는 강원도와 전라도全羅道 관찰사를 역임했으며 태종 때에는 예문관 대제학으로 지춘추관사를 겸임하고, 세종이 즉위하자 좌빈객左賓客을 겸임하였으며 궤장几杖을 하사받고 곧 이어 우의정이 되었다. 초명은 관觀이며 자는 몽사夢思, 경부敬夫이고 시호는 문간文簡이다. 본관은 문화文化로 고려의 정당문학 유공권柳公權의 7세손이며 삼사판관三司判官 유안택柳安澤의 아들이다.

유관 묘비. 경기도 양평군

유관은 정승이라는 높은 지위에 있으면서도 현재의 신설동에 해당하는 동대문 근처에서 울타리도 없는 두어 칸 오막살이에 살았는데, 이 말을 들은 태종은 선공감繕工監을 불러

"내 들으니 유정승은 동대문 밖에서 울타리도 없는 오막살이에 살고 있다고 하니 유 정승 몰래 야음을 틈타 울타리를 치도록 하라."

고 분부한 일이 있었다고 한다. 그 뒤에도 태종은 유관에게 궁중의 음식을 하사하기도 하였다.

또한 『한경지략漢京識略』에는 다음과 같은 일화가 전한다. 어느 해 여름 지루한 장마가 계속되자 유정승의 집 부엌에서 빗물이 새어 들어 빗줄기가 주룩주룩 흘러 내렸다. 유관은 방안에서 우산으로 빗물을 받으면서

"우리는 우산이라도 있어 새는 비를 피할 수 있지만 우산도 없는 집은 어떻게 견디겠소?"

하고 부인에게 말하자 부인은

"우산이 없는 집은 다른 준비가 있겠지요."

하니 유관이 빙그레 웃었다고 한다.

그 뒤부터 마을 사람들이 유관의 집을 가리켜 우산각이라 불렀으며 이 마을을 우산각리라 하였는데 뒷날 음이 변해서 우선동이 되었다고 한다.

유관은 사람이 방문하면 짚신을 끌고 나와 기쁘게 맞아 들였고 손수 항아리에 술을 떠서 섬돌 위에 놓으면 하녀가 사발로 술을 따라 받쳐 올렸다고 하며, 쉬는 날이면 호미를 들고 밭에 나가 김을 매는 등 고관高官답지 않았다고 한다.

정승으로 있으면서도 제자를 가르쳐, 배우러 오는 사람이 많았는데 배우는 사람이 찾아와 인사를 하면 그 가계家系를 묻지 않았다고 한다. 이는 누구나 차별을 두지 않기 위해서였다.

비우당 옛터. 종로구 창신동

또한 유관은

"항상 친구 사이에는 재물을 나누어 쓰는 의리가 있다고 하나 요구는 하지 않는 것이 옳다."

고 하며, 일생을 청렴하게 보냈다. 이렇듯 그는 청빈하고 소탈한 생활 속에 평생 학문을 버리지 않아 경사經史에 밝고 시문에 능하였으며 세종 때 청백리淸白吏에 녹선되고 1433년(세종 15) 하세하였다.

유관의 외현손인 지봉芝峰 이수광李睟光은 유관의 정신을 기리기 위해 비우당庇雨堂을 세운바 있다.

동대문구 이문동의 유래
- 이문을 설치해 도둑을 지키다 -

이문동의 동명 유래는 『한경지략』에 나타나 있다. 조선 시대에는 서울에 마을 어귀에 세우던 이문里門이 많이 있었는데, 이 마을에 이문이 있으므로 이문리라고 붙여진 것이며 우리말로는 이문골, 이문안, 이뭇 골이라고 불리던 것을 한자로 고친 것이 이문동里門洞이라고 한다.

『한경지략』 권2의 각 동조를 보면 쌍이문雙里門, 난정이문蘭亭里門 과 『성종실록』 성종 6년(1475) 7월 계축일에 〈재생원동 이문〉이라는 구절이 보이고, 『연산군일기』 연산 10년(1504) 7월 신축일조에 〈사담 사 이문〉이 있었으며, 뚝섬 지역에도 일제강점기까지는 이문리가 존 재해 있었던 것으로 조사되고 있는 등 이문이란 동명이 여러 곳에서 보이고 있어 이문 또는 이문이 있으므로 얻어진 동명이 이미 오래전 부터 서울의 여러 곳에 있어 왔음을 알 수 있다.

서울에 이문이 설치되기 시작한 것은 1456년(세조 2) 5월 갑오조에 경연에서 시강원 양성지梁誠之가

"중국에서는 이문을 설치하여 도적을 방지하였습니다. 도성에 이 문을 설치하게 하소서."

라고 상주한 일 이후부터였다. 당시 서울에는 도적들의 작당하는 일 이 자주 일어났기 때문이었다.

그러나 이문이 곧 설치된 것은 아니었다. 1465년(세조 11) 11월 한성 부에 명하여 경성 각여항各閭巷에 이문을 짓게 하되 이문을 지을 기지 基地를 한성부는 병조·형조·도총부와 더불어 자세히 조사하여 정하 고, 우선 형문衡門[1]을 설치하라고 하였다. 이때부터 서울에 있는 대부 분의 마을은 도적을 막아 마을을 지키기 위한 이문을 설치하였다.

---

1) 형문衡門 : 두 기둥에다 1개의 가로 막대를 질러 만든 허술한 대문이라는 뜻으로 은자隱者가 사 는 곳을 비유적으로 이르는 말이기도 하다.

노원구 월계동의 유래
- 녹천이 살던 마을, 사슴이 내려온 동네 -

노원구蘆原區의 법정 동 중 가장 오랜 동명을 지닌 월계동月溪洞은 지형이 반달처럼 생긴데다가 우이천과 중랑천(한천漢川)이 동서로 흐르는 지형으로서 이곳에서 만나기 때문에 월계동이란 명칭이 붙었다. 시내의 위치에 따라 상계上溪, 중계中溪, 하계下溪의 동명이 붙여졌으므로 월계리月溪里도 그와 같은 연유에서 붙여진 마을 이름일 것이다.

월계동은 조선 후기까지 경기도 양주군 노원면으로 있다가 일제강점기 때인 1911년 노원면 월계리란 동명이 생긴 이래 성북구, 도봉구, 노원구로 각기 편제되면서 지금까지 전해지는 동명이다. 월계동은 현재 월계 1 · 2 · 3 · 4동의 4개 행정동으로 되어 있으며 이곳의 자연 마을로는 녹천鹿川, 연천(여불렬), 각심절, 능골(능리陵里) 등이 있다.

녹천 이유가 낙향해 살았던 녹천 마을

녹천 마을은 역시 양주군 노원면에 속했던 마을인데 1914년 노해면蘆海面 월계리에 통합되면서 공식 명칭은 사라졌다. 월계동의 중심인 녹천(월계2동 683번지, 685번지 일대) 지역은 1백 미터 내외의 야산으로 그 사이로 계곡이 형성되어 서쪽의 우이천이나 동쪽의 중랑천으로 유입되는데 이곳 767번지 근방에서 하나로 합쳐진다. 이 모습이 마치 사슴 머리에서 난 뿔과 같다고 하여 녹천이라 불렀다.

이곳 녹천 마을 이름의 유래는 크게 두 가지가 전한다. 조선 시대 중랑천이 범람해서 우이천까지 흘러드는 큰 홍수로 인해 근방의 마을은 모두 폐허가 되었다. 이에 마련된 회의에서 마을 촌주 한 사람이

"지난밤 꿈에 신선을 만났는데, 내일 정오에 중랑천가에 푸른 사슴 한 마리가 내려와 목욕을 할 것이니 제물을 준비해 두었다가 사슴에게 바치고, 마을에서 가장 예쁘고 정숙한 처녀 한 사람을 사슴에게 시집보내면 좋은 일이 있을 것이다라는 답을 해주고는 사라졌다."

는 이야기를 하였다. 회의 결과 염廉씨 집의 15세 난 딸을 사슴에게 시집보내기로 하였다.

이러한 결정이 있은 지 며칠 후 신선이 시킨 대로 산 정상에 제물을 준비하고 염씨 처녀를 곱게 단장시키고는 사슴을 기다리는데, 정말 사슴 한 마리가 산에서 내려와 중랑천에서 목욕을 한 후 처녀를 태우고 동네를 한 바퀴 돌아 766번지쯤에서 잠시 멈추었다가 지금의 하천이 생긴 방향으로 사라졌다고 한다.

마을 사람들이 사슴이 떠난 방향을 바라보자 멀리서 물줄기 2개가 나뭇가지 모양으로 흐르기 시작하더니 중간쯤에서 합쳐져 한 줄기로 되면서 황토 흙으로 뒤덮였던 마을 앞 전답이 기름진 검은 색으로 바뀌었다. 사람들이 이 신기한 일에 대해 놀라워하자 그중 한사람이

"이건 사슴과 결혼한 염씨 처녀의 눈물이니 냇물 이름을 녹천이라 하자."

고 제의하여 마을 이름도 녹촌이라 하였는데, 이때부터 녹촌鹿村 혹은 녹천鹿川이라고 마을 이름을 녹천 시내와 혼용하여 썼다. 이후 녹천은

염씨 처녀가 이곳에서 사슴과 결혼했다는 뜻을 가지고 있는데 이날 이후부터 마을이 번성하기 시작했다고 한다.

한편 다른 유래로 조선 세종의 6대손이 되는 영의정 이유李濡가 이곳에 낙향하여 살 때, 조선 제19대 왕 숙종이 주안산에서 눈으로 보이는 땅을 하사하였는데 당시 안개가 많아 이 지역을 받았으므로 이유의 호인 녹천을 따라 녹천 대감이라 부르게 되었다는 것이다. 주변이 모두 이유의 사지였으므로 많은 사람이 이곳에서 소작인 노릇도 하여 그분을 기리는 치성을 행하였다. 음력 2월 1일, 음력 6월 1일, 음력 10월 1일이 치성재를 행하는 날인데 특이한 점은 커다란 볏짚항아리가 있다는 것으로, 이 항아리 속에는 볍씨가 들어 있어 풍년이 들면 씨앗을 보관하였다가 흉년에 꺼내어 사용했다고 한다. 이때 볏짚은 동네 사람들이 모여서 만들고 소를 잡아 제단 모양의 계단 위에 지금도 볏짚 항아리를 보관 중인데 오늘날까지도 마을 사람들은 이 전통을 소중히 여기고 있다.

헌화형 지세로 지기를 다스려야 했던 능골

녹천의 남쪽에 있는 능골은 좌의정을 지낸 청백리 정간貞簡 이명李冀의 묘와 신도비 등이 마치 왕릉처럼 크게 조성되어 있어 능골이란 명칭이 나왔다고 한다. 능골은 현 월계2동 750번지 또는 760~780번지로 추정된다.

그런데 녹천 마을 아래 마을 여성들의 기氣가 세어져 음란한 부녀자들이 생겨나기 시작하자, 이곳 사람들은 사람을 사슴에게 시집보낸 해괴한 일을 한 녹천 사람들 때문이라고 하여 녹천 마을과 왕래조차 하지 않고 등을 지고 살게 되었다. 원래 능골에 이명의 무덤을 만들 때 지나가던 승려가 말하기를

"이곳은 헌화형獻花形이어서 자손은 번창하지만 음란한 지형이니 앞으로 많은 사람들이 땅을 밟아서 지기地氣를 다스려야 하는 곳으로 될 땅이오."

하였다. 왜냐하면 헌화형은 양다리를 벌려서 중간 구덩이를 연 것과 같은 지세인데 이는 여인이 다리를 벌린 형태이므로 음란하여 풍수지리설로 보아 주택지나 음택陰宅(묘지)으로 별 환영을 받지 못하는 곳이기 때문이다. 그러자 마을 사람들은 동네 재앙을 막을 수 있는 비법에 대해 물었고 승려는 녹천 지역 사람과 혼인을 금하고, 등을 지는 형태로 집을 짓고 마을의 동쪽에 절을 세우면 동네 화근이 사라질 것이라 말한 것이다.

사람들의 마음을 다스린 절이 있던 각심 마을

녹천 마을과 능골 사람들의 마을을 다스린다는 뜻에서 절의 이름을 각심사覺心寺라 한데서 이곳을 각심 마을이라 하였다. 이는 녹천 사람을 원수로 여기지 말고 자신의 마을에 액운이 깃들어 그러니 남을 원망하지 말라는 뜻으로 지어준 것이었다. 이 말을 듣고 그대고 행했는데 이때부터 각심사에서 조석으로 두 마을 사람이 공양을 하였다고 한다.

헌화형의 중심이 되는 곳은 월계2동 600번지 주공 1·2단지 일대인데 염광여자중·고등학교, 신창중·고등학교, 월계중·고등학교, 인덕예술공과전문학교(현 인덕대학)가 들어서 땅의 억센 기운이 뻗지

못하도록 했다고 볼 수 있다.

특히 1410년부터 시작되어 지금까지 이
어져 오고 있는 각심제覺心祭는 옛날 질병
과 흉년을 막으려던 각심사 고승의 가르
침을 이어받아 이후에는 이곳 주민의 안
녕과 발전을 위한 대동제 행사로 자리 잡

노원구 월계동에 있는 각심재.
1994년 현 장소로 이전하였다.

았다. 이명의 신도비를 모시는 재실이 각심재恪心齋(월계동 766번지)이
고, 그곳 마을 제사로 지켜지는 것이 각심제이다.

노원구 상계동의 유래
- 병조의 직할 역참이 있던 곳 -

서울의 동북부를 남북으로 흐르고 있는 중랑천의 가장 상류 부분에
위치한다 하여 상계동上溪洞이란 명칭이 유래되었는데 노원구 면적의
28퍼센트(1천6제곱킬로미터)나 되어 가장 광대한 지역을 차지한다. 원
래 경기도 양주목 노원면에 있다가 갑오개혁甲午改革 당시 23부제府制
를 실시할 때에는 한성부 양주군 노원면에, 1896년 13도제道制에 의해
다시 경기도 양주군 노원면으로, 1911년 면面·동리洞里를 실시할 때
는 노원면 19개 리 중 간촌리間村里가 되었다. 1914년 4월 1일에는 일
제가 우리나라의 부府, 군郡, 면을 자의로 폐지하고 분합하였는데 이
때 노해면 상계리가 되어 처음 상계동이라는 명칭이 등장하게 되었다.

특히 상계동이 오늘날 노원구에 포함되는 것은 고래로 육상 교통의 유일한 수단인 역참驛站으로서 노원역이 이곳에 있었기 때문이다. 한편 당시 상계리로 통합된 동리는 간촌리間村里, 온수리溫水里, 갈월동葛月洞, 원터(원기동院基洞), 당현堂峴 등이 있다. 당시 노원역은 상계2동과 상계10동 일대에 자리 잡았는데 양주도호부楊州都護府의 관할 구역이나 노원역은 그 중요성으로 병조兵曹의 직할 역에 해당되었으며 대로에 속하여 20결結의 공수전公須田을 지급 받았다. 원래 20리마다 도로변에 설치한 것이 역인데 노원역은 흥인문 밖 4리에 위치하여 동북 방면의 여러 역로驛路와 연결되었다. 이 역을 관리키 위해 관료들이 이용하는 곳이 역驛과 원院의 기능이었다.

작은 돌을 쌓으며 소원을 빌던 당고개

지하철 4호선의 종점인 당고개는 노원구 상계3동에 있는 고개이면서 동네 이름이기도 하다. 물론 용산구 신계동의 천주교 순교 성지인 당고개와는 별개이다. 용산구에 있는 당고개는 옛날 고개 마루터에 당집이 있었기에 붙은 지명으로 이곳 당고개 형장에서 10명이 순교당하여 서소문 밖 네거리, 절두산, 새남터와 더불어 서울의 4대 천주교 성지 중 하나로 기념탑이 세워져 있는 곳이다.

상계동의 당고개는 지금은 완만해지고 당고개역 쪽으로 많은 주민들이 살고 있지만 예전에는 숲이 울창한 꽤 높은 고개였다. 이곳을 지나면 수락산 자락 남양주시 별내면 덕릉 고개와 연결된다.

상계동 천주교회를 지나 5백 미터 떨어진 상계3동 앞 도로변에 표

석이 설치되었는데

〈옛날 산짐승으로부터 보호하기 위해 돌을 들고 넘었던 고개로서 그 돌을 쌓아둔 서낭당터가 있던 곳이며 매년 음력 1월 15일 서낭제를 지내던 곳〉

이란 글이 있어 자취를 알 수 있다.

이곳에는 원래 미륵당이 있어 당현當峴으로 부르던 곳으로 사람들이 이곳을 넘나들며 작은 돌을 쌓고 소원을 빌던 성황당城隍堂(서낭당)으로 변하면서 당고개라 한 것이다.

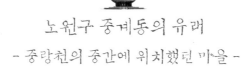

노원구 중계동의 유래
- 중랑천의 중간에 위치했던 마을 -

중랑천의 중간에 위치했다 하여 생긴 지명으로 조선 시대에는 경기도 양주군 노원면의 일부 지역이었다. 서울의 동북쪽 끄트머리에 위치한 중계동中溪洞은 불암산 아래 학도암鶴到庵 등 많은 사찰이 곳곳에 들어서 있었던 지역이기도 한다. 1911년에는 양주군 노원면 광석리로 되었다가 1914년에 노해면 중계리로 되었는데 특히 중계본동에는 은행마을, 광석마을, 납대울 등의 마을이 있었다.

조정에 바치는 조공을 모아 놓은 납대울 마을
납대울은 불암산 아래 서남쪽 중턱에 학이 와서 놀 정도로 풍경이 아름다운 곳에 지은 학도암鶴到庵(중계동 1번지) 바로 아래 있는 마을이다. 조선 선조 때 영의정을 지낸 오음梧陰 윤두수尹斗壽가 살았던 곳으로 조정에 바치는 조공을 모아놓은 곳이라는 뜻에서 붙여진 명칭이다. 연로한 어른들의 기억에 의하면 오늘날 원암유치원 터가 바로 윤두수의 공관이었다고 한다. 그러나 지금은 연립주택이나 아파트들이 들어서 있어 옛 정취를 찾기는 쉽지 않다.

그나마 윤두수의 공관이란 곳에 한옥이 잘 보존되어 경주 김씨가 대대로 살아 왔다. 그리고 현재 중계동 75-95번지 일대의 마을 입구에 '납대울마을'이란 표석標石이 1백 미터 떨어진 동네 슈퍼 앞에 세워져 있지만 물건에 싸여 눈에 띄지 않을 정도이다. 하지만 원암유치원 맞은편 쪽은 커다란 바위가 그 위용을 드러내고 있다.

노원구 하계동의 유래
- 충절의 징표, 최초의 한글 비석 -

중랑천의 제일 아래쪽에 위치한 하계동下溪洞은 조선 시대까지 경기도 양주군 노원면 가좌동佳左洞 용동리龍洞里, 상곡上谷, 상곡리, 오목리 일대에 해당된다. 하계동은 한천 변에 위치하고 있어서 예로부터 들판이 넓은 개울이 많은 곳으로 유명하다. 이러한 자연 환경을 지닌 하계동은 대부분 농경지로 이용되었고 산촌散村 형태의 자연 촌락 몇 곳으로 이루어졌을 뿐이다.

특히 하계동 산12번지에는 이문건李文
楗이 가문을 찬양하며 부모의 유덕을 추
모하여 1536년(중종 31)에 세운 최초의
한글 고비古碑의 주인공인 성주星州 이李
씨 이원탁李元濯의 묘와 그 아래로 병자
호란 당시 청나라에게 굴복하자 이에 반
대하여 강화도에서 자결한 이상길李尙吉
의 묘와 신도비가 있어 효와 충절의 징
표가 많은 마을이기도 하다.

이상길 묘비. 노원구 하계동

자연 마을로 가재울 마을이 있았는데
이곳은 하계동 12번지 일대로 가좌동加佐洞, 가재동佳才洞, 개잘리 등
의 명칭으로 부르던 곳이다. 하천이 맑고 깨끗해서 가재가 많이 잡히
는 마을이라 하여 붙여진 명칭으로 가재울에서 잡히는 가재는 크고
살이 통통하게 배겨서 일품으로 인정해 주었다. 지금은 한글 고비에
서 아래쪽에 있는 '가재울 꽃농원'이란 상호에서 당시 아름다운 마을
이름을 엿볼 수 있을 뿐이다.

노원구 공릉동의 유래
- 왕의 능이 있는 능골 마을 -

공릉동孔陵洞은 자연 마을인 공덕리孔德里와 태릉泰陵(문정文定 왕후

의 능), 강릉康陵(명종明宗과 인순仁順 왕후의 능)의 능골에서 유래되었다. 즉 1963년 1월 서울시로 편입될 때 태릉동이라 하여 먼저 형성되었던 공덕리의 주민들이 반발하자 양쪽 마을의 첫 글자를 각각 따서 공릉동이라 부르게 된 것이다. 공릉동에는 예로부터 많은 자연 마을들이 있었는데 비실골, 신주막 마을(새술막), 달랑지 마을, 무수동無愁洞, 묘동리廟洞里, 능골(능리陵里) 등이 있었다.

왕릉을 경비하던 하마비가 있던 비실골

서울여자대학교 근방을 비실골 혹은 비선골, 비스리골이라고 하는데 이는 왕릉인 태릉과 강릉에 대한 경비 관계로 하마비下馬碑가 세워져 있었기 때문이다. 하마비 앞에서 시키는 대로 하지 않으면 당장 관할 관청으로 끌려가 물고를 당하였기 때문에 비선골 사람들의 말은 당시 대단한 위력을 가졌었다. 하마비는 오늘날 원자력병원에서 이어지는 노원길과 화랑로와 만나는 근처에 세워져 있었다.

비실골은 오늘날 8차선 도로로 확대되어 신내동을 거쳐 중부고속도로로 연결되는 주요 도로로 확장되었다.

왕릉에 행차하던 길손을 맞이하던 신주막

또 태릉과 강릉이 조성되자 생긴 마을이 신주막(새술막) 마을로서, 한적한 이곳에 왕릉을 만들 때 동원된 인부들과 관리들이 드나들면서 생긴 마을이다. 특히 왕 일행이 가까운 동구릉으로 행차할 때 일손이 바빴던 마을이었는데 왕릉이 일반인에게 개방되면서 행락객을 상대로 한 음식점이 등장하여 새술막의 전통을 잇게 되었다. 특히 태릉 부근에 소나무 밭이 많아 솔밭으로 유명해 돼지 갈비를 재료로 하는 갈비집이 문을 열게 되면서 태릉갈비라는 이름이 회자되었다.

태릉갈비가 즐비하던 곳은 재개발이 진행되어 아파트와 주거지 촌으로 변모하였다.

용이 되어 승천하려는 미꾸라지가 살던 용동 마을

용동龍洞이란 지명은 1911년 노원면 용동리라는 기록이 나오는데 1914년 노해면 하계리 이전의 지명이다. 하계동 산34-1로 되룡굴(골)이라고도 하는데 조선 개국 직후 이곳에 살던 미꾸라지가 용이 되어 하늘로 올라갔다 하여 붙여진 마을이다.

커다란 미꾸라지는 매번 승천할 기회를 보던 중 어느 날 하늘에서 내려온 천관天官이 마을 뒷산에 내려와 잠시 사람의 모습으로 변해서 동정을 살피러 간 사이 그 천관의 옷을 가지고 숨었다. 천관은 옷을 찾던 중 개울 바위 밑에 숨어있는 미꾸라지의 소행임을 알고 크게 꾸짖었다. 이에 미꾸라지는

"천 년을 채우면 용이 될 수 있으나 아직 2백 년을 더 기다려야 하니 그 동안 죽을지도 모르는 일이라, 그래서 옷을 훔쳤다. 용서해 주고 하늘로 올라갈 수 있도록 도와주지 않으면 영원히 옷을 주지 않겠다."

하였고, 하늘로 올라가는 문의 열쇠가 미꾸라지가 가지고 있는 옷자락에 있었기에 할 수 없이 소원을 들어주었다. 천관이 옷을 갈아입고 먼저 하늘나라로 올라갔고 뒤이어 용이 된 미꾸라지가 하늘로 올라갔

는데 하늘 문에 도달한 미꾸라지의 나이가 모자라 다시 땅으로 떨어진 곳이 바로 되룡굴이다.

용에서 다시 미꾸라지로 되돌아 온 미꾸라지는 굴 앞 바위로 떨어져 죽으면서 거품을 내뱉었는데 이 거품이 마을을 덮었고 미꾸라지의 몸에서 나온 미끈거리는 액체가 근처 바위를 덮어서 이곳의 산은 나무가 자라지 않는다는 전설이 있다.

또한 용동 앞에 있는 들을 방아다리와 웅개(용동 앞에 있는 들)라 했는데, 방아다리는 개울 2개가 합해져 방아다리처럼 지형을 만들어 놓았기 때문에 붙여졌고, 웅개 북쪽의 들은 무더미라 했는데 미꾸라지가 떨어져 죽자 불쌍하게 여긴 천관이 묻어 준 땅이라 해서 붙여진 이름이다.

중랑구 망우동의 유래
- 이성계가 근심을 잊은 고개 -

망우동忘憂洞의 동명은 구리시와 서울특별시의 경계가 되는 곳에 망우리고개가 있기 때문에 동명이 붙여졌다.

망우리고개는 조선 초에 태조 이성계가 한양에 도읍을 정하고 사직의 기초를 세웠으나 사후 명당을 찾지 못하다가 전국에 지관을 보내어 동구릉의 건원릉터를 유택幽宅으로 정하였다. 그 뒤 중신, 지관 등과 함께 검안산儉岩山 밑 능의 터를 살펴보고 명당임을 확인한 태조가

환궁하는 길에 망우산 고개 위에 이르러 건원릉터를 바라보면서 신하들에게

"이제 나의 근심을 잊었노라."

말하였다고 하여 이 고개를 망우리고개라 하였으며 이 근처의 마을을 망우리라 하였다.

일설에는 태조가 개국공신 남재南在 등을 대동하고 명당을 찾던 중 현재 건원릉 부근에서 삼혈三穴을 얻었으나 이곳은 남재가 이미 묘의 터를 잡아 놓은 곳이었다고 한다. 이에 태조는 다른 곳과 바꿀 것을 남재에게 제의했으나 남재는

"왕릉 예정지였던 곳에 어찌 제가 뒷날 묻힐 수 있습니까? 이것은 불경일 뿐 아니라 후손에게도 중죄가 돌아가게 될 것이나 불가합니다."

하고 거절하자 태조는

"내가 불망기不忘記를 써 줄 터이니 이것으로 증빙 자료로 삼아라."

하고 친히 불망기를 써 주었다.

『동국여지비고東國輿地備攷』에 의하면 〈망우리는 서울 동남쪽으로 20리부터 50리까지〉로 되어 있다. 이를 보아 망우리의 명칭은 이미 오래 전부터 불리어 왔고 또한 그 범위도 30리에 달하고 있다는 것을 알 수 있다.

망우동은 경기도와 강원도 방면에서 서울로 들어오는 관문으로서 망우리고개와 망우리 공동묘지가 있는 험준한 지형 때문에 예부터 수도 방어의 요충지였다. 전에는 공동묘지와 고개로 널리 알려졌지만 구획 정리 사업의 실시로 신흥 주택가와 교육촌으로 변모하였다.

망우리고개는 높이를 낮추고 도로를 넓히면서 거의 직선으로 되었지만 1970년대까지도 해발 1백 미터의 험한 고개로서 구불구불 S자형으로 되어 있었다. 그런데 망우리고개가 확장 되고 낮아져 서울과 춘천 간의 교통은 편리해졌지만 확장 공사로 인해 선사시대의 유적인 고인돌 등이 훼손되어 안타깝다.

망우리고개는 역사적인 사실과도 관계가 깊다. 1882년(고종 19) 임오군란壬午軍亂이 일어나자 격분한 구식 군인들과 민간인들을 피해 궁녀 옷으로 변장한 명성 황후가 간신히 궁궐을 빠져나와 중랑천을 건너 이곳 망우리고개를 넘어 충주 장호원으로 피신한 일이 있다. 또한 이 고개 위에서 화정전晝停奠을 지낸 일도 들 수 있다. 대한제국의 마지막 황제인 순종이 승하하자 먼저 세상을 떠난 순종의 비인 순명왕후 민씨의 관을 편히 옮기기(재궁梓宮 이안移安) 위해 금곡으로 가던 길에 송정리 길거리에서 제사를 지내고 망우리 고개에 이르러 화정전을 지냈으며 순종을 금곡릉으로 모시기 위해 이곳 망우리 고개를 지난 일이 있다.

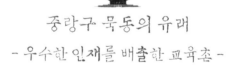

중랑구 묵동의 유래
- 우수한 인재를 배출한 교육촌 -

묵동墨洞은 먹골 또는 먹굴이라는 지명으로 더 잘 알려져 있다. 묵동은 과거에 먹을 제조하였기 때문에 붙여진 동명이라는 설과 문방사

우 중에 하나인 먹을 마을 이름으로 붙여야 마을의 학문이 발달한다고 하는 비기설에 의해 이름을 붙였다는 설이 있다.

현재 노원구 월계동은 예전 마을 가운데 있던 연못의 모양이 마치 연적硯滴과 같아 연촌 또는 벼루말이라고 하였고, 성북역은 이전에는 연촌역이라고 불렸다. 또한 하계동은 필동 또는 붓골이라고 불렸다. 한편 월계동, 하계동, 묵동을 연결하면 삼각형이 되는데 이 안에서 훌륭한 인재가 배출될 것이라는 예언이 있었다. 일제강점기 때 이 삼각형 내 공릉동에 경성제국대학 이공학부(서울대학교 이과대학의 전신)가 세워져 우수한 인재를 길러내게 되자 일대 주민들은 이곳 동명을 묵동이라 정했기 때문에 교육촌이 된 것이라고 생각하고 그 예언을 믿었다고 한다.

또한 묵동의 명물로 먹골배를 빼어 놓을 수가 없다. 달고 맛이 유달리 좋은 배의 대명사처럼 되어 있는 이곳 배는 1930년대부터 재배되기 시작하였다. 처음에는 일본인들이 사과나무를 심었으나 실패하고 배나무를 심었는데 봉화산 기슭, 즉 동일로 동쪽 일대가 배밭이었으며 지금은 모두 주택지로 변해서 일부 지역만이 배 밭으로 남았으며 태릉과 구리시 쪽으로 재배지가 옮겨진 상태이다.

묵동은 신내동, 상봉동, 중화동과 분리해서 도당굿과 산제를 지내고 있는데 매년 음력 2월 초순에 도당굿을 하며, 묵동은 산신 할머니를 모시고 있다.

현재 묵1동을 중심으로 마을이 형성되어 있으며 예전에는 가운데말, 큰말(넘말), 안골(뒷먹굴)이라 불리는 자연 마을이 존재했다. 묵2동은 과거에는 농지로 사용되다가 주택지로 변화하였다. 묵동리에는 현재 태릉중학교와 묵1동 사무소 북쪽 언덕진 곳으로 이 먹골 안의 대리, 중리, 후동이라고 부르는 마을이 합하여져 묵동이 되었다.

옹주 묘를 지킨 전주 이씨가 살던 큰말

큰말은 묵동 가운데 가장 큰 마을인데서 붙여진 이름으로 큰말 또는 대리大里라 하였다. 이곳에는 옹주 묘를 지키고 있는 전주 이씨가 5호 살고 있었으며, 중리와 함께 예부터 내시가 살던 곳으로 큰 기와집이 남아 있었으나 현재는 모두 없어졌다. 이 부근의 토지는 내시들의 소유였으며 그들은 지위가 높아 옛날 포졸들이 함부로 들어오지 못했다고 한다.

큰말과 뒷말 사이 중간말

중간말은 큰말과 뒷말의 중간에 있어서 붙여진 이름이다. 이 마을에는 김해 김씨 약 50호 정도가 약 350년 전부터 모여 살았으며 그 외에는 1950년대 이후에 전씨와 길씨가 4~5호 거주하였다.

최씨와 길씨의 거주지 뒷굴

뒷굴(후동)은 뒤쪽 마을인데서 붙여진 이름이다. 신내동으로 넘어가는 부분에 최씨와 길씨가 주로 거주하였으며 이 지역은 오랫동안 개발제한구역이었다가 해제되어 아파트 단지가 들어선 곳이다.

충신 왕방연이 은거하고 묻힌 왕방골

왕방골은 신내동 접경지대에 있던 마을로, 조선 시대 사육신의 모의가 탄로된 뒤 세조가 조카 단종을 강원도 영월로 귀양 보낼 때 단종을 호송한 금부도사禁府都事 왕방연王邦衍이 이곳에 묻혔기 때문에 이름하였다.

1930년대 이후에 이 지역 주민들은 논농사와 밭농사로 생계를 유지하였으며 특히 배나무가 풍성하였다. 현재는 주택지로 변모되었으며 배나무의 흔적은 봉화산 밑에 조금 있을 뿐 화려했던 과거를 찾아보기 힘들다.

은평구 불광동의 유래
- 부처님의 서광이 어린 마을 -

불광동佛光洞 근처에는 바위와 절이 많았는데 그중 부처님의 서광이 어린 불광사가 위치한데서 마을 이름이 유래되었으며 지금도 북한산 자락인 동 인근에는 여러 개의 사찰이 있다.

장희빈의 입궁으로 관가 인물들이 왕래한 관터고개

관동館洞은 현재 은평구 불광2동 331번지 은혜초등학교 부근 아미산 기슭에 있던 동네의 이름으로 이곳에서 숙종의 계비였던 장희빈張禧嬪이 태어났다.

어느 날 미복 차림으로 서오릉의 선왕 참배 길에 올랐던 숙종이 갈증을 느끼던 차에 마침 우물가를 지나가게 되었다. 빨래하던 처녀에게 마실 물을 청하자 그 처녀는 물을 떠서 근처에 있던 버드나무 잎을

띄워 바쳤다. 괴이하게 생각한 숙종이 그 연유를 물으니

"물에 체하면 약도 없다 하는데 선비께서 갈증에 물을 급히 드실까 저어되어 버들잎을 띄워 천천히 드시게 했습니다."

말하였다. 이에 크게 감격한 숙종이 훗날 궁으로 맞아들이니 이가 곧 숱한 화제를 낳게 한 장희빈이라고 전해 온다. 숙종이 이곳 우물에서 물을 드셨다 하여 어수정御水井이라 전하여 왔으나, 장희빈이 떠주는 물을 받아 드실 때 처녀인 장희빈의 고운 손을 잡았기 때문에 어수정이라 하고, 마을 이름을 어수우물골이라 하였다는 이야기도 있다.

장희빈이 입궁한 뒤로부터 이곳에 관가의 사람들이 자주 왕래하여 관동官洞이라는 이름이 붙었으나 한편 관동館洞이라는 지명은 이곳에 역驛이 있었기 때문에 생겨난 이름으로 여겨지기도 한다. 경기도 고양시高陽市 벽제에 있던 벽제관碧蹄館의 경우처럼 관館은 예전에는 교통을 위한 숙박시설을 가리키는 용어로 생각되기 때문이다.

또한 장희빈의 당숙인 장현張炫을 통하여 자신의 벼슬을 매관매직하려는 수많은 관리들이 내왕하던 고개를 관터 고개(관기현館基峴)라고 하였는데 지금의 불광동 시외버스 터미널에서 연신내로 넘어가는 야트막한 고개를 말한다.

그 시절에

"관터 고개를 넘었느냐?"

는 물음은 세력가와 손이 닿았느냐는 뜻이었다고 한다. 묘한 것은 장희빈의 연적이나 다름없는 숙종의 후궁 최崔 숙빈(영조의 생모)의 생부 최효일崔孝一과 조부 최태일崔泰日의 묘소가 이곳 관동의 건너편 산에

모셔져 있다는 것이다. 담양이 고향인 그들이 어떤 경로로 이곳에 묻히게 되었는지 생각할수록 알 수 없는 것이 역사의 안팎이다.

불광2동 105번지 일대에는 장희빈의 생가터와 장희빈의 부친 옥산부원군玉山府院君 장경張炯의 묘 등이 인동 장씨의 후손에 의해 잘 보전되어 있었으나, 장씨 일가의 묘소와 신도비 등의 유적은 1970년대에 경기도 고양시 일산동 산39-1호로 옮겼다. 장희빈 생가터와 처음 부친의 묘 일대에는 주택이 밀집되어 있다.

인조반정을 모의한 원두표 장군이 거했던 독박골

불광동 독박골에는 1623년 인조반정 당시 큰 공을 세운 원두표元斗杓 장군과 관련된 옛 이야기가 전해진다.

인조반정 직전, 즉 조선 제15대 왕 광해군光海君 때 지금의 은평구 불광동 산42번지와 280번지 일대의 바위굴 근처(현 각황사 절터)에서 낯선 젊은이가 자주 배회하였다. 나무하러 간 동네 사람들이 그 모습을 보고

"당신은 무엇하러 온 사람이오?"

하고 물으면 그 젊은이는

"나는 염병이 걸려 공기 좋고, 물 좋은 곳으로 병을 고치러 왔소."

하였다. 이에 사람들은 염병이 옮을까 염려하여 이 근처에는 얼씬거리지 않게 되었다.

이 젊은이가 바로 원두표 장군이었으며, 반정을 모의하였던 사람들이 남의 눈에 띄지 않도록 하기 위해 염병이 걸렸다고 둘러댄 것이었

경기도 여주군에 있는 원두표 묘소

다. 이에 당시 인조반정 모의에 참가한 사람들이 이를 모방하여

"이제 병 고치러 가세."

라는 말로 거사의 암호를 대신하였다고 한다. 또 반정이 성공한 뒤에
인조가 원두표의 공을 치하하면서

"내가 그대의 덕을 입었다."

하였으므로 그가 은거했던 바위골을 '덕이 있는 바위골'이라는 뜻에
서 덕바위골이라고 부르게 되었는데, 이것이 지금 독바위골 또는 독
박골로 변하였다. 한편 독박골로 불리게 된 데에는 산에 있던 바위가
독(항아리)처럼 생겼다 해서, 돌이 많고 숨어 지내기 좋아 인조반정을
성공하게 됐으므로 그 덕을 기리기 위하여 '덕바위굴'로 불리다가 독
바위골로 불리게 되었다고도 한다.

원두표는 1593년(선조 26) 태어난 조선 중기의 문신으로 본관은 원
주原州, 자는 자건子建, 호는 탄수灘叟이며 탄옹灘翁이다. 박지계朴知
誠의 문인으로 광해군의 정치가 점점 문란해지자 의사義士들과 인조
반정 모의에 협찬하였고, 반정이 성공한 뒤에는 그 공으로 정사공신靖

社功臣 2등에 책록되고 원평부원군原平府院君에 봉하여졌다. 또한 1624년(인조 2) 이괄의 난을 평정하는 데 공을 세워 전주 부윤이 되고, 나주 목사를 거쳐 전라도 관찰사 등을 지냈다. 1636년(인조 14)에 일어난 병자호란 당시 어영 부사로서 남한산성을 지키고, 1642년(인조 20) 형조판서로 승진되었으며 뒤이어 강화부 유수와 경상도 관찰사를 역임하였다. 이 동안에 서인西人 중 공서功西에 속하여 청서淸西를 탄압하다가 같은 파에 속한 김자점金自點과의 정권 다툼으로 분당하여 원당原黨의 영수가 되었다. 1649년(효종 즉위) 호조판서로 있다가 한때 파직당하였으며 1651년(효종 2)에는 좌참찬, 좌찬성을 지내고 1654년 병조판서가 되어 김육金堉이 적극 추진하려는 대동법大同法의 실시를 반대하는 동시에, 역시 김육에 의하여 추진된 동전 유통 보급 방법을 논의하는데 참여하였다. 1656년(효종 7) 우의정을 거쳐 1662년(현종 3)에는 좌의정에 올라 내의원과 군기시의 도제조를 겸직하였다. 1664년(현종 5) 세상을 떠났으며 시호는 충익忠翼이다.

부산과 의주 사이 1천 리, 양천리

현재의 국립보건원 맞은편에 있는 불광시장 일대를 예전에는 양천리兩千里, 혹은 돌산리로 불렀다. 양천리로 부르게 된 이유는 이곳을 기점으로 하여 남쪽으로는 부산, 북쪽으로는 의주까지 각각

은평구 녹번동에 있는 양천리 유래

1천 리가 된다고 하여 붙어진 지명이다. 한편 돌과 바위가 많기로 돌산리로 불리기도 하였는데 논밭과 개천이 있었으며 현재는 상업지대와 주택가로 변모하였다.

은평구 녹번동의 유래
- 가난한 이들을 위한 녹봉 -

녹번동磻磻洞이라는 이름의 유래는 통일로에 위치한 녹번리 고개에 얽힌 2가지의 유래에서 비롯되었다. 하나는 조선 시대 조정의 관리들이 설이나 추석 명절 때가 되면 가난한 이들을 위하여 조정에서 받은 녹봉의 일부를 여기에 가져다 놓았다는 데서 유래되고, 그 두 번째는 녹번현綠磻峴에서 연유된다.

『동국여지비고』산천조山川條에 의하면

〈綠礬峴 在追慕峴北 石壁産自然銅 折骨者多採用

唐將軍過此 謂以萬夫莫開云

녹번현 재추모현북 석벽산자연동 절골자다채용

당장군과차 위이만부막개운〉

이라 기록되어 있다. 즉

〈녹반현은 추모현 북쪽에 있다. 석벽에서 자연동이 나오는데 뼈가 부러진 이들이 많이 캐어 약으로 사용한다. 당나라 장군이 이곳을 지나다가 "한 사람이 지키면 1만 사람이 있어도 열지 못한다"고 했다.〉

는 말이다.

녹번동 고개 마루터기 산1번지 일대 석벽에는 골절이나 뼈가 약한 사람에게 특효가 있는 속칭 산골山骨(일종의 자연동)이 산출되어 산골 고개라고 한 것이다. 지금은 의약의 발달로 이용 가치가 떨어지기도 했지만 예전에는 음력 3월 3일이나 9월 9일이면 많은 사람이 찾아 유명했다. 당시를 돌이켜보니, 정부에 채광 허가를 받아 합법적으로 채굴하던 광산이 서울 한복판에 있었다는 사실을 아는 시민이 얼마나 될까 하는 생각이 든다.

이곳은 통일로 대로변으로 길이 확장됨에 따라 입구가 협소해져 요즘은 별로 눈에 뜨이지 않게 되었다. 한편 녹번동은 은평구의 행정 중심지로서 은평구청, 서부경찰서, 서부소방서, 국립보건원, 은평문화예술회관 등이 있다.

은평구 연신내의 유래
- 인조가 친히 마중을 나오다-

동쪽에 있는 불광사 쪽에서 녹번동과 대조동 쪽으로 흘러내리는 연서천延曙川의 뜻이 우리말로 풀이되어 연신내가 되었다. 35년 전만 해도 여름밤이면 횃불을 밝혀 게를 잡고 비 온 뒤면 물고기를 잡을 수 있는 맑고 맑은 물이 흘러내렸다.

이곳에는 예전에 연서역延曙驛이 있었는데 그에 얽힌 고사가 흥미롭다. 조선조 인조반정 때에 장단長湍(현 경기도의 군) 부사府使 이서李曙가 반정 거사 약속 시간보다 늦게 도착하니 인조가 친히 군대를 이끌고 마중을 나와 영서역迎曙驛으로 불리웠다. 이에 사람들은 이서의 연착과 이서를 만날 것을 미리 알기라도 하였다는 듯하다 하여 기이한 참지讖地라 하였는데 훗날 영서역의 지명이 연서延曙로 바뀌었다. 연신내가 복개되고 연신내 사거리를 중심으로 지하철 3호선과 6호선이 개통됨에 따라 활발한 상권이 형성되었으며 연서시장과 공원 등이 있다.

은평구 갈현동의 유래
- 지맥으로 물이 양쪽으로 흐르는 마을 -

갈현동葛峴洞은 가루개 고개 밑에 있는 마을이어서 가루개 또는 갈고개로 불리었으며, 갈현이란 이름도 본토박이 땅 이름에서 유래한다. '갈'은 갈림(分분 또는 支지)을 뜻하는데, 관악산과 청계산을 잇는 지맥에 의해 물이 양쪽으로 나뉘어 흐르기 때문에 생겨난 것으로 보인다. 그러나 이곳에 칡이 많아 생긴 이름이라는 말도 있다.

약속을 어기어 벌을 받은 벌이 고개

벌이 고개 또는 벌고개는 은평구 갈현동의 서쪽 끝 궁말에서 서오릉西五陵으로 넘어가는 고개를 이르는데 여기에는 2가지의 유래가 있다. 조선조 제19대 왕 숙종이 별세하자 서오릉으로 묘소(명릉明陵)를

정하고 고개(현 갈현동 308번지)를 넘어 하관을 하라고 '지관새님'이
'하관새님'에게 명하였다. 그러나 하관새님이 이를 어기고 고개를 넘
기 전에 하관을 하자 하늘이 노하여 천둥과 번개를 치고 무수한 벌떼
가 나타나서 하관새님을 쏘아 죽였다고 해서 그 이후로 이곳을 벌고
개라고 하였다.

한편 용의 좌측 어깨 부분에 해당되는 서오릉의 땅을 일반 백성들
은 밟지 못하게 하였는데, 이를 어길 때에는 상당한 벌을 주었다고 하
여 벌이고개라고도 하였다는 설이 전한다.

은평구 응암동의 유래
- 매가 바위에 웅크려 앉은 형상 -

응암동鷹岩洞은 마을 뒷산에 있는 바위에 마치 매가 웅크리고 앉아
있는 듯하다 하여 이와 같은 동명이 유래하였다.

응암동은 해방 이후 여름에 장마로 한강이 넘쳐 수재민이 발생할
때마다 서울시가 수재민을 임시로 이주시켰던 곳이다. 그 후 실제로
용산구 이촌동의 수재민들이 처음으로 이곳에 정착하게 되었다.

응암동은 동쪽으로는 녹번동의 일부와 백련사白蓮寺를 사이에 두고
서대문구와 경계를 이루고 있다. 서쪽으로는 증산로繪山路를 사이에
두고 신사동과 증산동, 북쪽으로는 역촌동과 불광동, 남쪽으로는 서
대문구와 경계를 이루고 있다.

은평구 대조동의 유래
- 큰 마을 대촌말 -

대조동大棗洞을 한글로 옮기면 대추말이 되고 대추말은 대촌大村, 즉 큰 마을이란 뜻에서 유래되었음을 알 수가 있다. 옛날 장안에서 부자가 내려와 이곳에 두 집을 이루며 살았는데 이 집들 부근에 사람들이 많이 몰려들어 큰 마을(대촌말)을 이루게 되었으며 오랜 세월을 거치면서 대추말(대조동)로 변하였다.

대조동은 연신내역의 서남쪽에 위치한 법정 동명으로 동쪽으로는 불광동과 녹번동, 서쪽으로는 갈현동, 남쪽으로는 역촌동과 녹번동, 북쪽으로는 불광동이 있다. 관내에는 은평전화국, 동명여자고등학교, 대조초등학교, 서부 시외버스터미널 등이 있다.

은평구 구파발동의 유래
-벽제관으로 통하는 길목 파발 역참 -

구파발동舊把撥洞은 옛 파발 역에서 유래된 동명이다. 구파발동은 예전에는 경기도 고양군 신도면 구파발리로 면사무소 소재지였다. 신도면 구파발리는 한일 합방 직후인 1914년 3월 대폭적인 행정구역 개편을 하기 전에는 고양군 신혈면神穴面 구파발리舊把撥里였다. 그러나

은평구 진관외동 구파발터

신혈면이 이웃 하도면下道面의 일부와 은평면의 일부를 흡수하여 신도면神道面으로 되었다.

이곳은 조선 시대 초기부터 한양의 관문으로서 중국의 사신과 상인들의 왕래가 빈번했던 만큼 항상 주막과 대장간 등이 번성하였다. 벽제관으로 통하는 길목으로 덕수원德水院이 있었으며 발동은 옛 덕수원 지역으로서 지난 1973년 7월 서울시에 편입되었다.

구파발동은 동쪽으로는 진관외동津寬外洞과 접하고 서쪽으로는 경기도 고양시 산간 지역을 경계로 남쪽으로는 갈현동, 북쪽으로는 진관내동津寬內洞과 접해 있는 작은 동이다.

진관사 사찰의 유래
- 현종을 보호한 진관 대사에 대한 보답 -

서울특별시 은평구 진관외동 북한산 기슭에 있는 사찰인 진관사津寬寺의 이름은 1745년(영조 21) 편찬된 『북한지北漢誌』에 의하면 신라 진덕眞德 여왕 때 원효元曉 대사가 신혈사神穴寺와 삼천사三川寺를 창건했다고 하는데 그 가운데 신혈사를 고려 제8대 왕 현종顯宗(대량大良 원군) 때 중창하고 진관사라 한 것으로 흔히 알려져 있다. 신혈사에 대해

서는 『신증동국여지승람新增東國輿地勝覽』 한성부 고적조古蹟條에

〈삼각산에 있다. 고려 현종이 일찍이 머리를 깎고 이 절에 거처하고 있었는데, 천추 태후千秋太后가 여러 번 사람을 보내 해치려 하였다. 절의 늙은 승려가 방에 굴을 파서 숨긴 다음 그 위에 눕는 탑을 두어서 불측한 화를 막았다.〉

라고 기록되어 있다. 그런데 이 책에서 신혈사가 불우조佛宇條에 수록되지 않고 고적조에 실린 것은 조선 전기에 이미 폐사廢寺가 되어 없어졌다는 것을 의미한다. 또한 『신증동국여지승람』의 한성부 불우조에는 진관사가 따로 수록되어 있어 신혈사와 진관사가 사실은 별개의 절인 것이 확실하다.

신혈사터는 불교학자이며 1963년부터 4년 동안 삼천리골에 서재를 짓고 생활하였던 이종익李鍾益 박사의 현지답사에 따르면, 현재 진관사의 백호 등을 싸안고 흐르는 시냇물이 약 5백~6백 미터 정도 되는 지점에서 삼천리골로부터 흘러내리는 시냇물과 합류하는데 그 합류된 시내를 건너 삼천리골로 들어가는 입구쯤이 된다고 한다. 이종익 박사는 시냇가에 수천 평의 평지가 있고 두어 채의 민가가 있으며, 그 민가 앞으로

은평구 진관외동의 진관사

4백~5백 평의 밭이 있는데 그 근처에 가공된 주춧돌들이 열을 지어 있다고 기록하였다.

신혈사는 1006년(고려 목종 9)에 대량 원군이 이곳에 유폐되면서 『고려사高麗史』 등의 기록에 나타나기 시작하며, 1090년(선종 7) 왕이 친히 이 절에 와 오백나한재五百羅漢齋를 거행하였고, 1096년(숙종 원년)과 1107년(예종 2)에도 국왕이 다녀가는 등 고려 중기까지도 북한산의 중요한 사찰 가운데 하나였다. 한편, 진관사는 신혈사에 유폐되었던 대량 원군이 임금이 된 뒤에 신혈사의 진관 스님을 위해 지어준 절이다. 대량 원군의 유폐로부터 시작되는 이 절의 내력은 다음과 같다.

고려를 건국한 태조 왕건王建에게 29명의 부인이 있었던 것은 널리 알려진 사실이다. 이것은 왕건이 유별나게 호색해서가 아니라 후삼국을 통일하는 과정에서 각 지방에 있는 유력자들의 딸과 정략적으로 결혼하였기 때문이었다. 왕건은 29명의 부인들로부터 아들 25명, 딸 9명 등 모두 34명의 자녀를 두었다. 그러나 어찌된 일인지 왕건의 후손들은 번성하지 못하여 왕건의 손자대가 되면 벌써 왕위 계승이 순조롭게 이루어지기 어려울 정도가 되었다.

981년 경종이 승하하자 하나뿐이던 왕태자 송誦(목종穆宗)은 겨우 두 살이었으므로 어쩔 수 없이 당제堂弟인 성종에게 왕위를 물려줄 수밖에 없었고, 997년 성종이 승하했을 때는 아들이 없어 경종의 아들인 송에게 왕위를 되돌리게 되었던 것이다. 그리고 목종의 후사가 없었으므로 태조의 여덟 번째 아들인 안종安宗 욱郁의 아들 대량 원군이 고려 왕실에서 유일하게 왕위를 계승할 수 있는 사람으로 남게 되었다.

목종이 즉위하자 목종의 생모이자 경종의 비인 헌애왕태후獻哀王太后, 곧 천추 태후가 정치에 간여하기 시작하였다. 그런데 천추 태후는 성종과 함께 대종戴宗 욱旭의 소생으로 천추 태후와 경종의 혼인은 4촌간의 족내혼인 셈이었다. 이 같은 족내혼은 적어도 고려 시대의 왕실 안에서는 하등 문제가 되지 않았고 오히려 당연한 것으로 여겨졌다. 예를 들어 태조의 아들로 제4대 국왕인 광종光宗은 이복 남매와 결혼하였고, 제6대 성종은 고모의 딸과 결혼하였는데 이 역시 4촌간의 족내혼이었다. 고려 초기 뿐 아니라 고려 후기까지도 이러한 전통은 계속되어 고려 왕실에서 태어난 공주와 옹주들은 거의 예외 없이 왕실의 남자인 국왕이나 종친과 혼인하였다. 그러므로 천추 태후의 혼인 역시 당시의 관례를 따른 것이라고 할 수 있겠는데, 문제는 천추 태후가 김치양金致陽이란 사람과 사통한데 있었다.

김치양에 대해서는 알려진 것이 거의 없다. 다만 그가 동주洞州, 지금의 황해도 서흥瑞興 사람으로 천추 태후의 외족外族이라고 되어 있는데, 동주는 천추 태후의 외가인 황해도 황주黃州와 지리적으로 매우 가까우므로 두 집안 사이에 인척 관계가 있었던 것으로 보인다.

경종이 승하한 뒤 태후는 천추궁千秋宮에 거처하고 있었는데 김치양이 승려가 되어 천추궁에 자유로이 출입하면서 추문이 일게 되었다. 결국 성종이 알게 되어 김치양을 곤장 쳐서 먼 곳으로 귀양보냈는데, 아들인 목종이 즉위하자 천추 태후가 그를 다시 불러들여 관직을 주었고 시간이 지날수록 그의 권세가 온 나라를 좌우할 정도로 번성하였다.

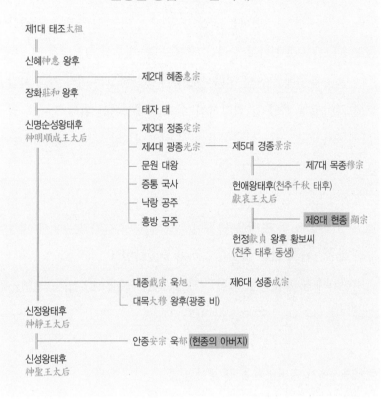

현종을 중심으로 한 가계도

제1대 태조太祖

신혜神惠 왕후 ─── 제2대 혜종惠宗

장화莊和 왕후

신명순성왕태후
神明順成王太后
── 태자 태
── 제3대 정종定宗
── 제4대 광종光宗 ─── 제5대 경종景宗
── 문원 대왕   ─── 제7대 목종穆宗
── 증통 국사   헌애왕태후(천추千秋 태후)
── 낙랑 공주   獻哀王太后
── 흥방 공주   ─── 제8대 현종 顯宗

                      헌정獻貞 왕후 황보씨
                      (천추 태후 동생)

── 대종戴宗 욱旭 ─── 제6대 성종成宗
└ 대목大穆 왕후(광종 비)

신정왕태후
神靜王太后
─── 안종安宗 욱郁 (현종의 아버지)

신성왕태후
神聖王太后

그러던 1003년(목종 6), 천추 태후와 김치양 사이에 아들이 태어나
면서 두 사람은 그 아들을 다음 왕으로 세우기 위한 계책을 세우기 시
작한다. 이 두 사람이 가장 먼저 한 일은 태조의 자손 가운데 유일하
게 남아 있던 대량 원군을 없애는 것이었다. 두 사람 사이에 아들이
태어나자마자 목종에게 참소하여 대량 원군의 머리를 깎아 동승童僧
을 만들고는 개경開京(현 개성) 숭교사崇敎寺에 가두고 죽일 틈을 엿보
았다.

그 때 숭교사의 한 승려가 큰 별 하나가 절 마당에 떨어져 용이 되었다가 곧 사람으로 변하는 꿈을 꾸었는데, 이 때문에 많은 사람들이 대량 원군을 보호했다고 한다. 그러자 천추 태후와 김치양은 3년 뒤인 1006년(목종 9)에 북한산 신혈사로 옮기도록 하고는 여러 차례 사람을 보내 죽이고자 하였다. 삼각산이 수도인 개경에서 멀리 떨어져 있고 또 신혈사가 큰 절이 아니어서 자신들이 의도한 대로 실행하기가 쉬울 것이라고 생각했던 것이다.

그러나 당시 신혈사에 있던 진관이라는 노승은 그러한 사실을 눈치채고 땅에 굴을 파고 방을 만들어 대량 원군을 숨기고는 위에 평상을 놓아 숨김으로써 대량 원군을 끝까지 보호하였다.

신혈사에 몸을 숨기고 살던 어느 날 대량 원군은 계수溪水(시냇물)란 제목으로 다음과 같은 시를 읊었다.

백운봉에서 흘러내리는 한 줄기의 물,
만경창파 멀고 먼 바다로 향하누나.
바위 밑을 스며 흐르는 물 적다고 하지 말라.
용궁에 도달할 날 그리 멀지 않으리.

또 소사小蛇(작은 뱀)란 제목으로 다음과 같은 시를 읊었다.

약포에 도사리고 앉은 작고 작은 저 뱀,
온 몸에 붉은 무늬 찬란히 번쩍이네.

언제나 꽃밭에만 있다고 말하지 말라.

하루아침 용 되기란 어렵지 않으리니.

또 어느 날은 닭 우는 소리와 다듬이 소리가 들려오는 꿈을 꾸고 술
사術士에게 물었더니, 술사가 속담으로 해몽하기를

"닭 울음은 꼬끼오하고(계명고귀위鷄鳴高貴位), 다듬이 소리는 어근
당하니(침향어근당砧響御近當) 이 꿈은 왕위에 오를 징조입니다."
하였다.

한편, 천추 태후와 김치양은 1009년(목종 12)에 이르러 마침내 국왕
인 목종을 폐위하고 자신들의 소생자를 추대하고자 하였다. 이들은
천추 태후의 거처인 천추궁 옆에 있는 대부유고大府油庫에 방화하여
천추궁을 불태우고, 그 혼란을 틈타 군대를 일으켜 목종을 폐위하려
하였다. 그러나 목종이 이러한 낌새를 먼저 알아채고는 병을 핑계로
외부와의 접촉을 끊고 궁궐의 문을 모두 폐쇄함에 따라 이들의 기도
는 실패로 끝나게 되었다. 목종은 더 나아가 신혈사에 있던 대량 원군
을 불러들이도록 하고, 동시에 서북면 도순검사西北面都巡檢使 강조康
兆에게 명하여 군사를 이끌고 궁궐을 지키도록 하였다.

왕명을 받고 서경西京(현 평양)을 출발하여 개경으로 향하던 강조는
도중에 뜻밖에도 왕이 이미 시해당했으며, 김치양 일파가 정권을 장
악했다는 소식을 접하게 된다. 이것은 사실이 아니었지만 당시 궁중
의 암투를 지켜보면서 많은 사람들이 그렇게 생각하고 있었고, 개경
에 있던 강조의 아버지도 노비를 시켜 강조에게

"왕은 이미 세상을 떠났고 간신이 국정을 잡고 있다. 군사를 거느리고 와서 국난을 안정시켜라."

하는 편지를 보냈을 정도였다. 일단 서경으로 돌아갔던 강조가 김치양 일파를 제거할 목적으로 다시 군사를 일으켜 개경으로 향하다가 이번에는 왕이 아직 살아있고 난이 평정되었다는 소식을 접하게 되는데, 기뻐하기는커녕 권력 장악의 기회를 놓친 것을 아쉬워하는 태도가 역력했다. 그러자 부하 장수들이 이 기회에 새 국왕을 세우고 권력을 장악하자는 주장을 하였고, 강조 또한 그에 동의하여 신혈사에 사람을 보내 대량 원군을 모셔오게 하고 또 국왕 목종에게는 따로 글을 보내 금번 사태의 책임이 국왕에게 있음을 밝혔다. 계속해서 군사를 몰아 개경에 입성한 다음 목종을 폐위하고, 대량 원군을 맞이하여 왕으로 세웠다. 이어 김치양 부자를 죽이고 목종을 적성현積城縣(현 경기도 파주)으로 내쫓았다가 독약을 먹여 살해하였다.

이것으로 강조의 정변은 성공으로 끝이 났고 신혈사에 머물던 대량 원군이 즉위하여 현종이 되었다. 그리고 현종은 즉위한 뒤에 자신을 보살펴 주었던 신혈사 진관 대사의 은혜에 보답하고자 북한산에 대가람大伽藍을 세우게 하고 대사의 이름을 따서 진관사라 하였다.

진관사는 이렇게 해서 창건되었고, 고려 시대 내내 북한산의 중요한 사찰로서

경기도 파주에 있는 고려 목종 비

대우를 받았을 것이다. 그러나 『고려사』 등 관찬官撰 사서에는 별다른 기록이 보이지 않다가 조선이 건국되고 한양으로 천도한 뒤인 1397년(태조 6) 태조 이성계가 진관사를 중창하고 수륙재水陸齋를 베풂으로써 다시 유명해지게 된다. 수륙재란 사찰에서 지내는 불교 의식의 하나로, 물과 육지에서 헤매는 외로운 영혼과 아귀餓鬼를 달래기 위해 불법을 강설하고 음식을 베푸는 것을 말한다.

일설에 의하면 고려 말 위화도 회군 이후 이성계 일파가 권력을 장악하는 과정에서부터 조선 건국에 이르기까지 반대파들을 죽이고, 조선을 건국한 뒤에도 옛 고려 왕족들을 몰살시키는 등으로 번민하던 태조 이성계가 자신에게 죽임을 당한 고혼들을 달래기 위해 수륙재를 지내게 되었다고 한다.

태조는 건국 직후에도 남해군 우두산牛頭山의 견암사見岩寺와 낙산洛山의 관음굴觀音窟, 삼척三陟의 삼화사三和寺 등에서 수륙재를 지낸바 있었다. 그러나 한양으로 천도한 뒤에는 한양 근교에 국가에서 대대적으로 여는 국행國行 수륙재를 계획하고 사람을 시켜 북한산과 도봉산 일대에서 수륙재를 열 만한 사찰을 찾아보도록 하였는데, 진관사가 최적지로 추천되었고 태조가 친히 진관사에 행차하여 사찰의 중창을 명하였다.

태조가 진관사를 처음 답사한 것이 1397년(태조 6) 정월 28일의 일이었으며, 다음 날부터 진관사 중창을 위한 공사가 시작되었다. 2월 8일에 태조가 다시 진관사에 행차하여 상중하 삼단의 위치를 친히 정하였으며 3월 6일에도 친히 행차하여 관심을 보였다. 그리고 이 해 9

월에 수륙사水陸寺가 준공되었는데 법전法殿과 승당僧堂이 모두 59간이었고, 삼단 가운데 중단과 하단에는 혼령의 관욕灌浴을 위해 각각 욕실浴室 3간씩을 두었고, 상단에는 따로 8간의 조정영실祖定靈室을 설치하였다. 9월 24일에는 낙성식을 겸하여 제1회 수륙재를 거행하고 이날 양촌陽村 권근權近을 시켜 이 사실을 기록하게 하였는데 권근이 지은 『수륙사조성기水陸寺造成記』가 지금 남아 있다.

그리고 이로부터 매년 봄과 가을이면 수륙재를 국가적인 행사로 치렀으며 태종도 1413년(태종 13) 이 절에서 성녕誠寧 대군을 위한 수륙재를 열고 향과 제교서祭敎書를 내렸으며, 수륙재 위전位田 1백 결(1결은 3천 평)을 하사하여 재를 계속하게 하였다. 이같이 진관사는 조선 초기 억불숭유抑佛崇儒 정책 아래서도 조상의 영혼을 위로하기 위해 왕실에서 특별히 관리하던 곳이었다.

또한 조선 시대에 진관사는 수륙사 설치와 아울러 세종 때에는 젊은 학자들을 사가독서賜暇讀書 시키는 장소로도 이용되었다. 세종은 집현전集賢殿의 학사들 가운데 총명한 사람들을 뽑아 조용한 곳에 가서 학문 연구에 전념하도록 하였고 그곳을 독서당讀書堂이라 하였는데, 자하문 밖의 장의사壯義寺와 북한산의 승가사와 더불어 진관사도 독서당이 되었던 것이다.

1442년(세종 24)에는 뒷날 사육신으로 유명해지는 성삼문成三問, 박팽년朴彭年, 하위지河緯地 등이 이 절에서 사가독서를 하였는데 성현成俔의 『용재총화』를 보면 다음과 같은 기사가 있다.

〈세종이 비로소 집현전을 설치하고 문학사들을 불러 모아 조석으로 상대하여 토의하면서 오히려 공부가 미진할까 염려하여 다시 그 가운데 나이 젊고 총민한 자를 가리어 절에 가서 글을 읽게 하고 그 식찬을 매우 풍부하게 하였다. 세종 24년에 평양 박인수朴仁叟, 박팽년, 고령 신범옹申泛翁(신숙주申叔舟), 한산 이청보李淸甫(이개李塏), 창령 성근보成謹甫(성삼문), 적촌赤村 하중장河仲章(하위지), 연안 이백옥李伯玉(이석형李石亨) 등에게 명하여 삼각산 진관사에 가서 글을 읽게 하였다.〉

그 뒤 1463년(세조 9) 화재로 소실된 것을 1470년(성종 1) 벽운碧雲이 중건하였으며, 조선 후기에 들어 1707년(숙종 33)에 빈궁嬪宮 유소의劉昭儀의 묘를 절 안 백호 등에 봉하고 원찰願刹을 정하였다. 1854년(철종 5)에 주지 관월寬月과 화주 화월華月이 대웅전을 중창하였고, 1858년(철종 9)에는 명부전冥府殿을 창건하였다. 그리고 1876년(고종 16)에 주지 한월漢月과 화주 경운慶雲이 대승당 33간을 중건하고, 1907년(융희 원년/ 순종 즉위)에는 경운이 독성각을 창건하였으며, 1909년(융희 2)에는 송암松庵 화상이 절 서쪽에 5층 석탑을, 1911년(융희 4)에는 경운이 재차 옥산玉山과 함께 명부전을 중건하였다. 1910년 한일합방 후 1911년 사찰령寺刹令에 의해 전국에 31본산이 실시되자 진관사는 대본산 봉은사奉恩寺에 말사로 편입되었다.

1945년 해방 이후, 1950년 한국전쟁이 일어나자 다음 해에 국군과 유엔군에게 패배하여 쫓겨 가는 공비를 소탕할 적에, 이 절이 공비의 잠복한 소굴이 되었다 하여 유엔군 측에서 폭격하여 천년고찰이 나한전羅漢殿 등 3동만을 남기고 잿더미가 되고 말았다.

1955년 5월 사찰 정화시에 영천靈泉 화상이 이 빈터에 들어와서 북한산의 폐사인 부황사扶皇寺의 낡은 승당僧堂 약 10칸을 옮겨 세우고 거주하였으나 대웅전 등을 중창할 힘이 없었다.

8년이 지난 1963년 봄에야 강원도 월정사月精寺에 본적을 둔 최진관崔眞觀 비구니가 진관사 주지로 부임하여 빈터만 남은 사찰의 복구를 발원하고 1965년에는 대웅전 중창 불사에 착수하여 이듬해 가을에 30평의 건물을 중건하였다. 계속해서 1970년에 동승당 겸 노전 23평을 건축하고, 이듬해에는 앞서 부황사를 옮겨 세웠던 서승당을 철거하고 새 재목으로 56평의 대승당을 중창하였다. 이어서 주방, 창고 2층 50평을 건립하고 1974년에는 3백 관 범종을 조성하고 종각 8평을 신축 안치하였으며, 일주문도 새로 세웠다. 1977년에는 홍제루 27평을 중건하였는데 이 누각은 예로부터 수륙재 법회의 장소로서 매우 중요한 건물이다.

또 절 경내에 범접하였던 일제 시대의 요정을 1년 간 법정 투쟁까지 벌여 철거하고 사찰 경내 2백 미터 안에 연결되었던 요정, 식당, 매점 등을 다 없애 경내를 정화하였다.

이로써 진관사는 '동東 불암사佛巖寺, 서西 진관사眞寬寺, 남南 삼막사三幕寺, 북北 승가사僧伽寺'라 하여 서울 근교의 4대 명찰로서의 품격을 되찾았다.

현재는 대웅전을 비롯해서 명부전, 나한전, 독성각獨聖閣, 칠성각七星閣, 홍제루弘濟樓, 종각鐘閣, 일주문一柱門, 선원禪院, 대방大房 등을 갖추었으며 비구니의 수도 도량으로 이용하고 있다. 특기할 만한 문화재는 없으나 대웅전에 봉안된 본존불은 고려 현종을 구해준 불상이라 전하며, 홍제루弘濟樓와 대웅전 등의 고색이 깃든 초석이나 축대, 대웅전 후면의 축대나 석불 등은 이 절의 연륜을 말해주고 있다. 최근 진관사에서 상당 기간 단절되었던 수륙재를 다시 재현하기도 하였다. 대웅전에는 석가모니불 및 좌우 보

영산군 전의 묘비. 은평구 진관내동

처와 아미타불 및 좌우 보처, 명부전에 못 미쳐 성황당 고래 아래에 있는 마을을 제말이라고 하는데, 여기에는 조선 성종의 13번째 왕자인 영산군寧山君 전悛의 묘소가 있다.

또 이 진관사를 중심으로 한 깊은 계곡, 울창한 숲은 일찍부터 시인과 묵객들이 즐겨 찾는 곳으로서 『동국여지승람東國輿地勝覽』 3권을 보면 조선 초기의 문인 교은郊隱 정이오鄭以吾가 남긴 다음과 같은 시가 있다.

青青松柏擁池臺 청청송백옹지대
地僻天深洞府開 지벽천심동부개
溪似玉圍流屈曲 계사옥위유굴곡
山如雲湧勢崔嵬 산여운용세최외
汰乘元魏猶供笑 태승원위유공소
惑佛蒲梁不滿哀 혹불포양불만애

無是無非心自正 무시무비심자정

執爲緣覺孰如來 숙위연각숙여래

푸르고 푸른 소나무와 잣나무, 연못 누대 둘렀는데

하늘과 땅 그윽한 곳에 동네가 열려 있구나.

시내는 옥으로 두른 듯 굽이굽이 흐르고

산봉우리는 구름이 솟은 듯 높기도 하구나.

불법 밀어낸 원씨 위나라, 웃음만 자아낸 것이

불도에 빠진 포씨 양나라도, 슬픈 것이 아니라네.

옳음도 그름도 없으며 마음이 자연히 바른 것이

누가 있어 신선의 인연 깨닫고 그 누가 여래부처가 되나.

은평구 연신내와 연서의 유래
- 신하가 늦게 도착한 개천 -

은평구의 연신내(연신천延臣川) 또는 연서延曙의 유래를 알기 위해서는 우선 인조별서유기비仁祖別墅遺基碑에 대한 설명을 해야 할 것 같다.

인조별서유기비는 서울특별시 은평구 역촌동 8번지 10·11호에 위치한 조선 시대 사적비로 1972년 8월 30일 서울특별시 유형문화재 제14호로 지정되었다. 이는 인조가 즉위하기 전에 머물렀던 별서別墅(별장)가 있던 곳임을 나타낸 비석으로 1695년(숙종 21)에 세운 것이다.

비의 귀부龜趺는 8각 기단과 12각 기단의 이중 기단 위에 놓여 있으며, 비신碑身 위에 지붕을 얹은 옥개석屋蓋石이 있다. 비를 보호하기 위해 비각碑閣을 세웠는데 비각의 면적은 약 6평으로 정면 3칸, 측면 3칸에 공포栱包 형식을 갖춘 팔작집으로 되어 있다. 비각은 사면을 축대로 쌓아 올린 위에 위치해 있으며, 중앙에 올라가는 계단이 있다.

본래 이곳에는 선조의 아들이며 인조의 생부인 정원군定遠君의 별서가 있었다고 하며, 뒤에 인조가 되는 능양군綾陽君이 머물다가 반정에 성공하여 왕위에 오른 것으로서 이곳은 인조반정의 중심 무대가 되었던 셈이다.

선조에 이어 즉위한 광해군은 임진왜란으로 인한 피해를 복구하는 데 힘쓰는 한편, 마침 중국에서 명나라와 여진족이 세운 후금의 대결이 시작되자 국익을 최우선으로 하는 실리 외교를 전개하였다.

그러나 정비의 소생이 아니었기 때문에 혈통상으로 이복동생인 영창永昌 대군에 비해 불리한 위치에 있었고, 명나라와 후금에 대한 중

은평구 응암동 연서역터

립 외교는 임진왜란 당시 명나라가 조선에 은혜를 베풀었으므로 보답해야 한다고 주장하는 성리학자들의 명분론에 위배되는 요소가 있었다. 게다가 광해군을 지원하여 왕위에 오르게 하고 광해군이 즉

위하자 정권을 장악한 북인北人들은, 학문적인 정통성에 있어서 퇴계退溪 이황李滉의 문인들로 이루어진 남인南人이나 율곡栗谷 이이李珥의 문인들로 구성된 서인西人에 비해 취약점을 가지고 있었다.

광해군은 즉위하자마자 자신과 왕위를 다투었던 친형 임해군臨海君을 불궤不軌를 꾀하였다는 죄목으로 진도로 유배보냈다가 다시 교동으로 옮기고 정인홍鄭仁弘, 이이첨李爾瞻 등 북인 관료들의 주장에 따라 처형하였다.

1611년(광해군 3)에는 정인홍의 주장에 따라 남인들의 추앙을 받던 이언적李彦迪과 이황을 문묘 제사에서 삭제하고 이를 반대하는 성균관 유생들을 축출하는 사건이 일어났는데, 이를 계기로 남인뿐 아니라 서인까지도 광해군과 북인 정권에 등을 돌리게 되었다. 이에 자극을 받은 광해군은 왕위에 대한 집착을 더욱 강하게 보이기 시작하였고 결국 이복동생인 영창 대군을 왕으로 옹립할 것을 두려워하여 살해하고, 정원군의 아들로 능양군의 친동생인 능창군綾昌君을 교동도에 금고하였다가 역시 살해하였다. 또 영창 대군의 생모인 인목仁穆 대비에 대해서도 압박을 가하여 대비의 존호를 폐하고 서궁西宮이라 부르게 하였으며, 대비가 거처하던 경운궁慶運宮(덕수궁)에 사람을 보내 대비를 시해하려고까지 하였다.

이러한 광해군의 '폐모살제廢母殺弟'는 대부분의 성리학자들에게 패륜으로 인식되었고, 이것은 곧 광해군과 북인에 눌려지내던 서인들에게 반정의 구실이 되었다. 마침내 1623년 3월 13일 밤 평산 부사로 있던 이귀李貴가 중심이 되어 효성령曉星嶺 별장 신경진申景禛과 유생

경기도 남양주시에 있는 임해군 묘(좌)와 경기도 포천시에 있는 능창군 묘(우)

심기원沈器遠, 김자점金自點, 최명길崔鳴吉 등이 당시 인망을 얻고 있던 김류金瑬 를 대장으로 삼아 6백~7백 명의 병력으로 홍제원弘濟院에 집결하였다.

한편, 능양군은 광해군이 인목 대비를 폐하고 영창 대군을 살해하는 등 정치가 극도로 혼란해지자 이곳 별서에 머물며 겉으로는 허송세월을 하는 척 하면서 몸을 보전하고 있었다. 그러다가 이귀 등의 거병이 있자 친병親兵을 거느리고 연서역延曙驛으로 가서 장단 부사 이서의 병사 7백여 명을 맞이하여 도합 1천4백여 명의 반정군을 모으게 되었다. 이 때 이서가 약속한 시간에 홍제원에 도착하지 않으므로 능양군이 몸소 연서역까지 나와 이서를 기다렸고, 그 때문에 뒷날 이 곳을 '이서가 지각한 곳'이라는 뜻에서 연서라고 하였다거나 '신하를 늦게 만난 개천'이란 뜻에서 연신내라고 하였다는 이야기가 전해 온다.

1천4백 명의 반정군은 먼저 창의문彰義門을 돌파하고 창덕궁으로 향하였다. 마침 연회가 한창이던 광해군은 반정군이 대궐에 들어간

은평구 역촌동에 있는 인조별서유기비

뒤에야 간신히 피신하여 의관醫官 안국신安國臣의 집에 숨었지만 곧 붙잡혔다. 그리고 능양군이 옥새를 거두어 경운궁에 유폐 중이던 대비 김씨에게 바치니, 대비는 광해군을 폐하고 능양군을 즉위시켰는데 이가 바로 인조이다.

인조별서유기비는 이와 같은 역사적 사실을 기록한 것으로 다음과 같은 내용이다.

〈인조 대왕이 아직 왕위에 오르기 전 머무르던 별장은 한성 10리 안에 있는 가까운 곳이다. 광해군의 혼란이 이미 극에 달하여 국가의 위태로움이 목전에 있었다. 우리 인조 대왕은 하늘과 백성과 함께 응하여 나라의 혼란을 진정시키고, 정도正道로 돌리고자 하셨다. 나라를 중흥시킨 모든 선조들의 덕과 하늘의 인도함을 받아 계해癸亥년 3월 11일, 즉 옥새를 바꿔 받기 전 날 두세 사람의 심복 신하들과 함께 이 정자에 머물러 쉬었다.〉

한편 당시 반정군들은 현 종로구 청운동의 창의문 밖 정자에서 광해군 폐위를 결의한 다음 세검정 개울가에서 칼을 씻었다. 이곳에서 칼을 씻고 칼집에 넣은 곳이라고 해 정자의 이름이 세검정洗劍亭이 되었으며 또한 인조반정군들은 칼날을 세워 궁으로 진입하여 피를 흘리지 않고 혁명을 성사시켰다.

창의문

철종의 잉태지 마포구 상암동의 유래
- 치마를 두른 여인과 같다 -

상암동上岩洞은 조선 시대 한성부 소속 연은방延恩坊 성외인 홍제원
계, 홍제외동, 답동畓洞, 백련동白蓮洞 지역 일대로 홍제천(사천沙川)
북쪽의 홍은산과 백련산을 끼고 남동향으로 자리 잡고 있는 산세와
풍치가 수려한 곳이다.

특히 논굴 마을에는 예로부터 이름난 약수가 있으며, 조선 후기 제
25대 왕 철종哲宗의 생모 묘가 있었다고 한다. 강화에 귀향해서 살던
전계대원군全溪大院君 이광李壙이 1830년(순조 30) 9월, 고양군에 사
는 친구의 장례식에 들렀다 오는 길에 홍제원 부근을 지나는데 소낙
비가 내리자 비를 피하기 위하여 염과수 주막집에서 머물렀다. 쉬는

동안 그 집 과부의 딸과 정분을 나누어 생긴 옥동자를 최 부인이 집에 데려다 키우고 이름을 원범元範이라 불렀는데, 이 아이가 훗날 철종이 되었다는 전설이 전해오고 있다.

또한 홍제원골의 인절미는 맛있기로 유명하였으며 주변 일대에는 주막과 여염집이 즐비하였다.

홍제천 개울가에서 논굴로 들어서는 어구에 집채만 한 아름드리 큰 바위가

전계대원군 묘비. 경기도 포천시

마치 여인이 치마를 두른 것 같이 보인다고 하여 이 바위를 상암裳岩 또는 상암바위, 치마바위라 하고 이 고을을 상암동, 상암바윗골, 치맛골, 치마바윗골로 불러 왔다. 그러나 지금은 전혀 그런 모습을 찾아볼 수 없어 치마를 두른 듯한 바위의 모습을 어렴풋이 상상할 수밖에 없다.

서대문구에 있는 안산鞍山(길마재)은 말의 안장인 길마와 같이 생겼다 하여 이와 같은 이름이 붙었는데, 이괄이 난을 일으켜 진을 친 곳으로 잘 알려져 있다. 『동국여지비고』에 의하면,

〈인조 갑자년 2월 도원수 장만張晩, 부원수 이수일李守一, 방어사 정충신鄭忠信 등이 이곳 무악 길마재에 진을 치고, 도성을 점거한 반란군 수괴 이괄과 싸워 적을 크게 무찔렀다.〉

이수일 영정. 충북 충주시

고 하였으며, 『연려실기술燃藜室記述』에서는

〈이확李廓은 방어사 정충신으로부터 포수 2백 명을 거느리고 무악
북쪽 상암곡裳岩谷 뒤에 매복해 있다가, 창의문 길을 지키게 하였다.〉
라는 문제의 장소가 당시의 상암바윗골을 가리킨 것으로 볼 수 있다.
무악 정상에 있는 봉수대를 관군이 먼저 점거함으로써 전세를 승리로
이끈 전략적인 곳으로 크게 한몫을 했다고 본다.

마포구 난지도의 유래
- 난초와 영지가 자라던 아름다운 섬 -

서울시의 쓰레기 매립장인 난지도蘭芝島는 조선 시대에는 원래 왕
실의 소유였는데, 조선 말 친일파 이완용李完用이 불하拂下받아 소유
하다가 1929년에 2분의 1을 일본계 암촌巖村주식회사에 매도하였고,
나머지 2분의 1은 홍종관洪種觀(종로구 삼청동 5번지 거주)이 그 이듬해
에 구입하였다. 광복 후에는 농지 개혁으로 소작을 하던 사람들에게
소유권이 넘어가 농지 대금을 분할 납부하였다고 한다.

난지도는 마포구 상암동 482번지 일대로서 망원정에서 행주산성으
로 가는 강변대로의 북쪽 편에 보이는 낮은 산이다. 현재는 섬이 아니
지만 1978년 이전에는 한강 지류가 홍제천과 합류하여 샛강이 되어
북동쪽 수색水色 방면 매봉산 기슭의 마을 어귀를 안고 서쪽으로 흘러
서 행주산성 부근에서 한강 본류와 합류하여 섬을 이루었으며, 홍수

때에는 한강 물에 잠기곤 하였다.

이 섬은 편마암으로 구성된 한강 하류의 삼각주로 예전에는 철따라 꽃이 피며 갈대가 무성하여 수만 마리의 겨울 철새가 즐겨 찾던 광활한 초원이 있던 섬이었다.

따라서 이 섬을 조선 시대 기록이나 옛 지도에 보면 중초도中草島라고 칭하고, 또한 오리가 물에 떠 있는 형상의 섬이라 하여 오리섬 또는 압도鴨島로 불렀다.『동국여지승람』을 보면

〈중초도는 주위가 22리로서 갈대(가노葭蘆)가 많이 나서 선공감繕工監에서 이를 베어다 국가의 조달품으로 사용하였다.〉

라고 소개하고 있다. 조선 말까지 중초도라고 불리던 이 섬은 이후 난지도로 불리게 되었는데, 아마도 샛강에는 맑은 물이 흐르고 수양버들이 늘어서서 낭만적인 분위기를 자아내기 때문에 난초와 지초가 어우러진 아름다운 섬이어서 난지도라고 명명했던 것이 아닐까 싶다.

조선 시대에는 이 섬에 기장과 조(서속黍粟)가 잘 자라서 수색 쪽의 매봉산 부근 사람들이 늘 샛강을 건너다니며 농사를 짓다가 점차 뱃사람들이 이 섬에 들어가 살면서 삼남 지방에서 곡식을 사 오기도 하고, 중국을 오가며 무역을 했다고 전한다. 불과 몇 십 년 전까지만 해도 난지도에는 수많은 오리 떼가 찾아왔으며, 약 70여 세대의 주민들이 수수와 땅콩, 채소를 가꾸거나 젖소 등의 가축을 기르며 살았다. 또한 섬의 갈대숲이 아름다워 젊은이들이 산책을 즐기거나 영화의 야외 촬영 장소로도 이용되었으며, 광복 후에는 서울의 대학생들이 여름철 야영을 하던 곳이기도 했다. 이 당시에는 주민들이 샛강을 식수

로 사용하고 채소를 씻었으며, 목욕을 하거나 민물고기를 잡아 매운 탕을 끓여 먹는 등 추억을 간직한 곳이다.

임진왜란 때는 난지도가 두 가지 역할을 하였는데, 서쪽에 위치한 행주산성에서 일본군과 접전이 벌어졌을 때 조선군이 마포·서강나루에서 몰래 화살을 싣고 배의 돛을 내려 난지도 갈대숲에 배를 숨겨 두었다가, 썰물 때 강물을 따라 소리 없이 내려가서 행주산성에 도달하여 화살 등을 공급함으로써 권율이 일본군을 격퇴할 수 있었다. 또 하나, 서울을 점유한 왜군이 서강 등에 군량을 부려 놓은 것을 난지도에 주둔한 조선군이 배로 접근하여 화살에 유황을 묻혀 군량미에 쏘아 태워버렸다고 한다.

조선 말에는 현재 고양시 덕은리의 난지도 샛강 어구에 수적水賊이 배를 갈대숲에 대고 숨어 있다가 밀물 때 지나가는 상선商船을 습격하여 재물을 빼앗기도 한 곳이다.

1970년대 서울시는 난지도를 공원으로 조성하기 위한 공사에 돌입하여 1977년 1월 7일부터 7월 25일까지 19억 원의 공사비와 70만 명의 인원을 동원하여 길이 3천950미터, 높이 7미터, 폭 20미터의 제방을 쌓음으로써 홍수를 막을 수 있게 되었고 서울의 지도 또한 바뀌게 되었다. 이 제방 공사에 쓰인 잡석은 남산 3호 터널 공사에서 나온 것을 사용하였다.

한편 이 무렵 서울시는 늘어나는 쓰레기를 어떻게 처리할 것인지에 대해 고심하고 있었고 그 결과 1978년 3월 18일, 이곳을 쓰레기 매립지로 활용할 것을 결정하였다. 그리하여 해발 7미터 정도의 저지대 갈대숲에 서울 시내의 쓰레기가 반입되기 시작하여 1992년 11월 14일까지 15년간 쓰레기 매립지로 사용하다가 1993년 3월 19일 매립장을 완전히 폐쇄한 결과 해발 90미터의 쓰레기 산 2개가 이룩되었다.

이 섬의 총 면적은 84만 평으로 그 중 52만9천 평이 쓰레기 매립장이다. 서울시는 쓰레기 매립지 위에 흙 50센티미터를 덮어씌움으로써 악취를 막고, 먼지 등이 날리지 않도록 하다 보니 2개의 산이 만들어졌는데 쓰레기 매립장 폐쇄 이후 환경 생태 공원인 하늘공원을 조성하였다. 최근에는 자연제방이 도로로 개수改修되어 하안과 연결되었으며 앞으로는 주택구로 개발될 가능성도 농후하다. 현재는 보리, 채소, 땅콩, 화훼, 버드나무의 묘목 등을 재배하고 있다.

난지도는 1925년과 1936년에 큰 홍수가 나서 섬 전체가 침수된 적이 있었는데 이때 상류에서 떠내려 온 사람을 비롯하여 재목, 소, 돼지 등이 난지도 아카시아 고목에 걸리자 일본 경찰이 주민들에게 인명을 구조하도록 했으나 물살이 급하여 아무도 나서지 못했다고 한다. 결국 물이 빠진 후에야 경찰이 주민들에게 시신을 수습하도록 하였다. 은평구 수색동에 위치한 국방대학원 자리는 현재의 상암동과 접해 있는 곳으로 일제 때 조선군 28부대가 주둔하였고, 한국전쟁 후에는 1사단(김석원 사단장)이 주둔하였다고 한다.

난지도에는 한국전쟁 때 한강 인도교와 철교가 폭파되자 도강하지 못한 한국군과 피난민들이 이곳으로 몰렸는데 난지도에는 나룻배가 없었으므로 강 건너 염창동의 작은 배를 징발하여 왕복하도록 하였다. 당시의 승선 순서는 먼저 군인, 다음에 경찰, 그리고 단체 소속의 사람을 태우고 마지막에 민간인을 건너도록 했다고 한다.

당시 젊은이들은 공산군에게 잡히지 않기 위해 난지도 수수밭에 땅을 파고 몸을 숨겼으며 식사는 풋콩을 따먹거나 부인이나 가족이 김을 매러 온 것처럼 밭에 와서 날라다 주어 연명했다. 이들을 잡으려고 내무서원(공산당 경찰)이 오면 멀리서 동정을 보다가 수수밭 고랑이를 넘어서 피하곤 하여 한 사람도 잡히지 않았다고 한다.

난지도에 수수 대신 땅콩을 심게 된 것은 1955년경으로 정재정鄭在正이란 이가 처음 심고 나서부터이다. 땅콩 수확이 잘되어 소득이 높자 다른 사람들이 너도나도 심게 되면서 거의 땅콩밭이 되었다.

마포구 성산동의 유래
- 김자점이 반역을 위해 무기를 제조한 곳 -

풀무골(야동冶洞)은 월드컵경기장 부근의 지하 기름 탱크가 있는 성산동을 일컫는데, 조선 인조 때 김자점金自點이 반역을 위한 무기 제조를 위해 풀무질을 한데서 유래하였다.

말무덤재라는 고개이름은 일제강점기 때 일본인이 말을 타고 이곳을 넘어오다가 말의

풀무골(야동)에 있는 김자점의 무기 공장

다리가 부러지자 차고 있던 군도軍刀로 말을 베어 죽이고 이곳에 묻은 까닭으로 유래하였는데 지금의 월드컵경기장 자리이다.

기름 저장소가 있는 밑은 석벽인데 이곳은 강의 수심이 깊어 전에는 용이 나왔다는 설이 전해지는 곳으로 용문출 또는 용미출龍尾出이라고 하였다.

상암동 북쪽의 뒷산은 도당재라고 불렀는데, 이는 전에 부군당府君堂이 세워져 마을의 제사를 지냈으나, 일제 때에 건물은 훼손되고 고목나무만 남아 있다.

마포구 현석동의 유래
- 화산암으로 유달리 돌이 검은 마을 -

현석동玄石洞 동명의 유래는 이 근처의 돌이 특히 검다 하여 붙여진 이름이다. 이 마을은 옛 발음으로 감은돌 동네라고 불렀는데 이곳 사람들은 옷감은돌 마을과 안감은돌 마을이라고 나누어 불렀다.

여의도 국회의사당에서 바라보면 강변북로와 밤섬을 사이에 두고 얼음 창고와 천주교 성당이 보인다. 이곳 주변은 농암農岩과 와우산이 규장암 지층으로 화산암이며 깊은 땅속에서 오랫동안 중화 작용이 노출되어 규장암 덩어리가 되어 원래 붉은색이었지만 표토가 변하여 흰색과 거무스름한 바위로 변했다고 한다.

한편, 현석동 177번지 터는 조선 숙종 때 문신인 현석玄石 박세채朴

世采가 소동루小東樓를 지어 살았는데 그의 호를 따서 현석동으로 불렀다고 하기도 한다.

소동루는 중국의 동주東洲에 비하여 작은 곳이라는 뜻으로 박세채가 말년을 보내며 집필을 했던 곳인데 강 위로 나는 갈매기와 강에 유유히 떠 있는 황포 돛대의 매력을 뿌리칠 수 없어 언제나 강 쪽으로 나 있는 문을 열어 놓고 지냈다고 한다. 그가 죽은 후 소동루는 한때 허물어져 안동 김씨가 한창 세도를 부릴 때, 김병근金炳根의 첩에게 돌아가 날마다 이곳에서 주연을 베풀기도 했다. 이 소동루는 다시 안동 김씨를 미워했던 흥선 대원군의 소유가 되었는데 그 당시 대원군이 직접 쓴 소동루란 현판을 김태봉金太奉이 오랫동안 소장하고 있었는데 현재는 없어졌다.

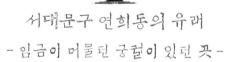

서대문구 연희동의 유래
- 임금이 머물던 궁궐이 있던 곳 -

경복궁 앞에서 사직터널을 시원스럽게 빠져나오면 내리막으로 확 트이면서 시야에 전개되는 일대가 흔히 알려진 새터말(신촌新村)이다. 1980년대 초에 개통된 성산대로를 따라 연세대학교와 이화여자대학교 사이에서 우측으로 방향을 잡으면서 김포 쪽으로 달리면, 우측에 안산 지맥 자락이 나타난다. 이곳 일대는 조선 초기 때 명당으로 보고 궁궐터로 두 차례나 계획되었던 유명한 대야평大野坪, 일명 대얏굴의 중심부가 전개된다. 바로 이 구릉을 옛 사람들은 대궐재(대궐현大闕峴)라고 하였으며, 대궐재를 지나면서 궁말(궁동宮洞)로 불린 지금의 연희동延禧洞이 자리 잡고 있다. 이곳은 전직 역대 대통령 네 분도 살았던 곳으로 지금도 연희궁터말로 입에 오르내리기도 한다.

조선조 초에는 한성부 서부 반송방 성외였으나 1867년(고종 4) 5월 『육전조례六典條例』를 보면 북부 연희방 성외 연희궁계 궁동, 정자동, 염동廉洞으로 칭하게 되었으며 1911년부터 1936년까지 일제가 서울에 대해 5부 8면제를 실시하면서 경기도 고양군 연희면으로 속한 때도 있었다.

궁말이란 이곳이 궁이 있었던 마을이란 뜻에서 궁뜰, 대궐재골로 불렸다. 『증보문헌비고增補文獻備考』의 기록을 보면

〈도성 밖 서방 15리 양주 땅에 '연희궁'이 있었다. 조선조 초 정종이 태종에게 왕위를 선양한 후 이궁離宮에서 거처하였다.〉

하였으니 당시에는 '衍퍼질연' 자와 '禧복희' 자를 쓴 연희궁에 정종이 머물렀음을 알 수 있다. 또 『세종실록』의

〈세종 2년(1420) 정월 무악 명당터에 궁을 건축하라는 왕명을 내려 공사에 착수했다. 당시 가뭄이 심하였으나 공사를 강행하여, 11월에 완공시켰다.〉

라는 기록으로 보아 세종이 상왕인 태종을 위해서 서쪽으로 피방避方할 이궁을 설치한 것으로 보이는데, 처음에는 서이궁西離宮이라 하다가 1425년(세종 7) 8월에 정식으로 연희궁으로 부르게 된 것이다.

세종은 연희궁을 피방의 목적보다 이어소移御所로 사용하고 1426

년에도 잠시 이곳에 머무르다 이듬해에 창덕궁으로 돌아가는 등 자주 들렀다고 한다. 연희궁은 희우정喜雨亭(망원정望遠亭)과 모화관慕華館에 행차할 때나 사냥시 휴양소로 사용하였으며, 1431년(세종 13) 4월 주변 일대에 과실목과 뽕나무를 심도록 하여 궁중의 잠실蠶室로 쓰기도 했다.

세조 때에 이르러 연희궁을 서잠실西蠶室이라 하고 정5품 관리를 현지에 배치하였는데, 특히 세조는 농업을 장려하기 위해 이곳에 들러 모내기를 하고 환궁하는 길에는 모화관에서 군대를 사열했다고 기록되고 있다.

1505년(연산 11)에 연희궁을 수축하고 궁중 연회장으로 삼았다가 후에 폐쇄되었다는 기록으로 보아, 일찍이 조선 개국 때에 태조와 태종에 의해서 궁궐터로서 손색이 없는 곳으로 인식되었음을 알 수 있다. 태종은 하륜 등이 이곳을 도읍지로 삼을 것을 주청하여 궁궐 축조 계획을 세우다가 그치고 말았다.

오늘날 옛 궁터 자리는 밀집된 주택과 연세대학교 부지 일부로 추정되나 궁지宮址나 전각들의 자료를 채취하지 못하고 있다. 언젠가는 관계 당국과 학교의 도움을 받아 지표 조사를 비롯한 유물을 추출 확보하고, 발굴 복원하여 경복궁 다음으로 오래된 연희궁을 조선왕조 6대 궁의 하나로 보존해야 될 것이다. 더하여 정종 대인 1400년부터 연산군 집권 말기인 1505년(연산 11)에 이르기까지 약 105년간 왕의 잠저, 이궁, 이어소, 별궁, 연희궁으로 기록되고 있는 이곳을 복원하는 사업은 학술 단체들의 당면 과제라고 주장하고 싶다.

당시 연희궁에서 바라보이는 곳에 큰 느티나무와 정자가 있어 정자말로 알려진 부근에는 조선조 후기 숙종 때 희빈禧嬪 장張씨의 친가가 살았다는 설이 전해진다. 현재의 궁말에는 전직 대통령 두 분이 살고 있으며, 안산 자락에 광복 후 모두 네 분의 전직 대통령들이 재직 중 거처했던 것으로 보아 어쩌면 그 당시 사람들이 생각했던 대로 명당임을 보여주는 것은 아닐까 생각해 본다.

한달 고개를 넘으면서 우측으로 옛 봉우재길을 따라 동쪽 산으로 오르면 동봉수대東烽燧臺가 있는 안산 정상에 이른다.

중구 남창동과 북창동의 유래
- 국가의 양곡을 관리했던 자리 -

중구 숭례문과 남대문시장 사이 높은 구릉은 전국 각 지방으로부터 올려 보낸 대동미大同米의 출납을 맡았던 선혜청宣惠廳이 있던 곳이다. 선혜청은 1608년(선조 41) 상평창常平倉을 개칭한 대동미, 포布, 전錢의 출납을 맡아보던 관아로서 용산강龍山江에는 별창別倉을, 삼청三淸에는 북창北倉을, 구장용영舊壯勇營에는 동창東倉을 설치하여 운영해오다가 1753년(영조 29) 균역청均役廳으로 병합된 후 1894년(고종 31) 폐지되었다.

오늘날 남창동과 북창동의 지명이 전래되고 있음은 이 부근 일대가 국가의 양곡을 관리했던 기관들이 자리 잡은 연유이다.

지금의 남창동 1가 2번지 일대 새로나백화점과 상동교회 자리는 한국은행 부근에서부터 울창한 송림으로 이루어졌다고 해서 솔고개라는 지명으로 불리던 곳으로 어질고 청렴한 재상 상진尙震이 살았던 데에서 상정승골(상동尙洞)이라 한 곳이다. 상진은 1519년(중종 14) 문과에 급제한 후 여러 중책을 거쳐 영상으로 재임하였는데, 마침 전국을 떠들썩하게 했던 임꺽정의 난을 평정한 다음 사람들을 등용시키는 등 성품이 너그럽고 도량이 큰 명재상으로 알려져 그에 대한 많은 일화가 전해 내려오고 있다.

그가 세상을 떠난 후 영조英祖가 숭례문 밖 남행으로 이곳 앞을 지나갈 때 시종이

"상 정승골!"

하고 외치면, 연輦을 멈추고 반드시 몸을 굽혀 예를 하고 지나면서

"오늘날에도 상진과 같은 옛 명상이 내 곁에 있다면…"

서초구 상문고등학교 정문에 있는
상진 신도비 안내석

하면서, 상진을 기리는 마음가짐을 보일 만큼 크게 존경했다고 한다.

또 한 설에 의하면 당시 상진이 살던 집터는 흉가로서 장군 귀신이 나타난다고 두려워했던 집이었다. 그런데 담대한 상진은 뚝심으로 장군 귀신을 쫓아냈고 내려친 번개로 우물이 생겼다는 일화도 전해진다.

인근에는 상진 못지않게 유명한 명상

백사白沙 이항복李恒福도 살았다고 하며, 숙
종 때 인물인 미수眉叟 허목許穆도 이곳에서
살면서 대대로 명망의 맥을 이어왔기에 이
곳을 이른바 명인당지名人堂地라고 할 수 있
을 것이다.

허목 묘비. 경기도 연천군

이곳에는 1901년부터 6여 년간 독일영사
관이 자리 잡았었고, 이후 19세기 말 미국
장로교 선교사인 스크랜턴william B.
Scranton이 2백 평의 대지를 구입하여 상
동교회당을 설립하였다. 이곳 사랑방에서 초대 전덕기全德基 목사를
중심으로 개화기 개혁의 선봉을 자처하던 이상재李商在, 이동녕李東
寧, 이갑李甲, 이회영李會榮, 이승훈李昇薰, 김구金九, 최남선崔南善 등
이 항일운동 최초의 결사 단체인 신민회新民會를 탄생시킨 역사가 깊
은 곳이기도 하다.

개화기 상동교회당에서의 진풍경은 근대 역사상 처음으로 사대부
와 양반들이 노비나 중인, 상인 할 것 없이 한 자리에서 예배를 봄으
로써 반상班常의 계급이 무너진 장소였다는 것이다.

오늘의 남대문시장은 근대 시장사에서 동대문(배오개)과 더불어 서
울의 양대 물류 유통시장으로 성장하여 남문 밖 칠패七牌를 이어받아
1907년 매국노 송병준宋秉畯의 아들 송종宋鐘이 물산 회사를 차려 신
창新倉으로 불렸다. 1922년에는 일본 중앙물산주식회사로 출발하여
하루 70만의 유동 인구가 밀물처럼 모여드는 곳으로 성시를 이루었다.

중구 신당동의 유래
- 시구문 밖 무당들의 터 -

1751년(영조 27)에 반포된 수성守城 책자 『도성삼군문분계총록都城三軍門分界總錄』에 의하면, 한성부 남부 두모방豆毛坊 신당리계神堂里契 무당골로 성저십리에 속했다가 갑오개혁을 거치면서 1914년 4월 고양군 한지면漢芝面 신당리新堂里로 관할이 바뀌었고 이때부터 '神귀신신' 자가 '新새신' 자로 기록되기 시작하였다.

오늘날 신당동은 타워호텔에서 한남동으로 넘어가기 전 버티고갯길 쪽에 해당하는데 이곳에는 광희문光熙門이 있다.

1456년(세조 2) 세워진 남소문南小門을 풍수가들이 대궐에서 동남쪽에 위치한 관계로 왕궁의 황천문黃泉門이 되어 불길하다고 상주하자 이를 1469년(예종 1)에 폐쇄하였다가 1719년(숙종 45) 남쪽의 소문을 아예 없앨 수 없다 하여 지금의 위치로 옮겨 세우고 원래의 광희문 현판을 그곳에 걸었다 한다.

이 문은 지금의 응봉 뒷산 기슭에 1426년(세종 8) 집현전 학사들을 위하여 사가독서 하던 독서당 선비들의 출입문이었다.

한편 도성 내에서 사람이 죽

중구 신당동에 있는 남소문터

으면 오직 두 문을 통하여 시인이 운구되었는데 바로 광희문, 일명 시
구문屍口門과 남문·서문 사이에 있던 서소문이었다. 그러므로 시구
문 밖 주변 일대에는 많은 무당들이 살았고 신당神堂, 당집, 무당골,
무원巫院, 수당水唐이라는 지명을 갖게 되었다.

그리고 남산 기슭의 약수골에서 발원하여 이 동네 한 가운데를 지
나 청계천淸溪川 본류에 합류하고 있는 개천을 무당개울(무당천巫堂川)
로, 이 개울 곳곳에 놓인 다리 역시 무당다리(무당교巫堂橋)로 불렀다.

무당다리를 한자로 수당교水唐橋라고도 했는데, 옛날이나 오늘날이
나 무당이라는 말을 즐겨하지 않았으므로 '巫무당무' 자를 '물수水' 자
로, '집당堂' 자 대신 '唐당나라당' 자를 써 무관한 척 부르기도 하였다.
신당리神堂里라는 지명은 고지도 곳곳에서 발견할 수 있는데 마을 인
근에는 화장터와 공동묘지가 있기 마련으로 특히 일제는 전용 화장장
까지 이곳에 설치하였다고 한다.

광희문을 나와 성 밖을 나서면 차현車峴, 살곶이다리, 뚝섬을 거쳐
광주, 용인과 충주를 잇는 남행길의 유일한 교통로로 큰 몫을 담당했
던 길가에 동활인서東活人
署가 있었다.

이곳이 지금의 신당동
236번지 일대에 해당하는
데 도성 안에서 발생한 돌
림병이나 피부 질환자들
을 구호해 준 곳이었다.

중구 신당동에 있는 광희문

이곳은 1392년(태조 1)에는 대비원大悲院으로, 1414년(태종 14)에는 활인원活人院으로, 1466년(세조 12)에는 활인서活人署로 명칭이 바뀌었다가 임진왜란 때 폐지된 후 1611년(광해 4) 다시 설치되었다. 그러나 1882년(고종 19)에 혜민서惠民署에 통합된 후로 서양 선교사에 의해 제중원濟衆院으로 바뀌었는데, 오늘날 대한적십자병원의 전신이다.

또한 약수동과 이어진 부근에 한남동으로 넘어가는 고개는 버티 고개라 하였다. 조선 중기 한때는 도성 서쪽의 무악재, 남쪽의 남태령 못지않게 고개가 높고 험해서 낮에도 고개를 넘는 행인들 앞에 도적들이 출몰하여 피해를 주므로, 포졸들이 순찰하면서 "번도, 번도" 외치면서 도적들을 쫓았다고 하여 번티, 버티, 부어치扶於峙 등으로 와전되어 지어진 고개라는 설이 전해진다.

오늘날 전혀 사용되지 않는 동명으로 옛 신당리 내에 광복 후 잠시 부르던 청구동靑丘洞이 있다. 광복 후의 신당동은 황학동黃鶴洞을 비롯하여, 동·서·남·북·중무학동舞鶴洞과 앵두언덕마을(앵구동櫻丘洞) 5개 동이 주축을 이루어 13개 동으로 분할되었다가, 1949년 이후 앵구동을 없애면서 청구동으로 불렸다.

1970년 5월 18일 서울특별시 조례 제613호 '동장정원 및 명칭과 관할구역 변경 조례'에 근거하여 신당4동으로 바뀌면서, 21년간 사용된 청구동은 역사 속에 사라진 지명이 되고 말았다. 지금도 이곳에는 청구초등학교가 있어 옛 지명을 상기시키고 있다.

중구 낙동의 유래
- 남산 깊은 곳 맑은 물이 흐르는 곳 -

　현재 명동성당에서 중국대사관 일대 명동明洞의 중심 지역은 조선 초기에는 한성부 남부 호현방好賢坊이었는데, 갑오개혁 때에는 남서南署 회현방會賢坊 낙동계駱洞契 낙동駱洞으로 되었다가 1914년 일제에 의해 명치明治 1정목町目과 욱정旭町의 일부가 되었고, 광복 후 명동으로 바뀌었다. 오늘날 공시지가 고시로 전국에서 가장 비싼 땅값을 가지고 있다.

　일찍이 무학 대사가 복구형지伏龜形址와 재산루在山樓 자리는 남산의 정간맥이 내려와 거북이가 엎드리고 있는 형국이므로 필시 명당이라고 하였다. 일례로 세종 때는 조말생趙末生이 살았고, 정조 때에는 우의정 윤저동尹著東의 집터가 있었다. 또한 인조 때 청성부원군 김석주金錫冑, 선조 때 상당부원군 한준겸韓浚謙, 광해군 때 우의정 심희수沈喜壽, 대원군 때 훈련대장 겸 포대대장 이경하李景夏 등도 이곳에 살았다. 이경하는 천주교 박해에 앞장서 신도들을 혹심하게 살육하였기 때문에 울던 아이

경기도 남양주에 있는 조말생 신도비

도 "낙동 대감"하면 울음을 뚝 그쳤다고 전해서, 일명 염라 대감 호령 소리가 남산을 포효했었다 한다.

임오군란 이후에는 청淸의 정치가 위안스카이(원세개袁世凱)가 군대를 상주시키고 지역 일대를 원대진전袁大陳前이라 이름 짓고 횡포를 부렸으나, 청일전쟁淸日戰爭 후 철수한 자리에 일본인들이 본정本町으로부터 침투해오자 1920년대에는 중국 외교 공관인 현대사관터로 자리 잡았다.

고산 윤선도 영정

특히 낙동골은 성종의 신뢰를 가장 많이 받았던 칠림거사七林居士 손순효孫舜孝, 고산孤山 윤선도尹善道, 고송孤松 임경업林慶業 장군 등 명신들이 남촌 지역 못지않게 거주하던 곳이다. 낙동과 타락동駝駱洞은 남산 깊은 골짜기 곳곳에서 청계천으로 흘러가다가 지금의 퇴계로退溪路 부근에서 합수되어, 건천乾川 내로 흐르기 때문에 이를 우유에 빗대어 생긴 지명이다.

이웃 회현會賢골, 장흥동長興洞, 장충동獎忠洞, 회동會洞 일대는 예로부터 남주북병南酒北餠이란 속담이 전해지고 있는데 이는 '술 거르는 남촌, 떡 빚는 북촌 누각골'이라는 말로 이곳에서 빚어낸 술맛 때문에 명인들이 타락골에 정착한 것이 아닐까 생각에 잠겨본다.

남산에 기거한 손순효, 확고한 신념의 일생

술 3잔의 해석 "석 잔 이상은 마시지 말라"

연산군이 어릴 때 손순효는 남산 명예방明禮坊에서 가난하게 생활한 청백한 인맥의 전형적인 선비였다. 성종이 어느 날 늦게 두 내시와 더불어 경회루慶會樓에 올라 산책을 하다가 멀리 남산을 바라보았다. 오늘날은 고층 건물과 공해로 흐려진 탁한 공기 때문에 경회루에서 남산을 시력에 담기에는 불가능하지만 옛날은 남산에서 사람의 움직임까지 뚜렷하게 보였을 것이다.

남산 숲 사이에 서너 사람이 둘러있는 것이 성종의 눈에 든 것이었다. 저건 분명히 손순효일 거라고 짐작한 성종은 그것을 내시로 하여금 확인시켰고, 내시가 엿보고 와서 하는 말이 손순효가 두 손님과 탁주를 마시고 있는데 쟁반에는 누런 참외 조각 한 개가 있을 뿐이라 하였다.

손순효는 벼슬이 높아져도 또 아무리 귀한 손님을 맞더라도 술상에는 기껏 황두黃豆 조린 것, 씀바귀나 송순松筍 나물이 고작이었다. 청백리로 유명하고 재상의 벼슬임에도 초정草亭에서 사는 것을 알고 있는 성종은 즉시 술과 안주를 내려주며 이 일로 사은謝恩하지 말 것을 명하였다.

손순효는 술을 무척 즐겨서 성종이 항상 경계하여 말하기를

"석 잔 이상은 마시지 말라."

고 주의하곤 하였다. 어느 날 성종은 승문원承文院에서 올린 표문表文의 문장이 마음에 들지 않아 손문효의 문재文才를 빌리고자 사람을 시켜 그를 찾았으나 10명이 나가도 그를 찾아오질 못하였다. 저녁 때가 되어서야 손순효가 도착을 했는데 머리털이 망건 밖으로 헝클어져 나왔고 취기가 만면에 가득하였다. 임금이 노하여

"표문의 글 좀 고치게 하렸더니 이처럼 취했으니 글렀구나."

하고 일찍이 석 잔 이상 마시지 말라고 경고했는데 왕명을 어긴 것을 탈잡아 나무랐다.

이에 손순효는 시집간 딸을 보지 못한 지가 오래 되어 들렀더니 술상을 차려 내기에 다만 술 세 그릇을 비웠을 뿐이라고 여쭈었고, 이에 성종은 술잔이 무슨 그릇이냐고 물었다.

"놋쇠 주발이옵니다. 왕명을 어겼다는 법은 천만부당하옵니다."

하고 여쭈면서 취중에 붓을 쥐고 그 표문을 고쳐 쓰는데 틀린 글씨가 하나도 없었다 한다.

신에게 큰소리를 칠 정도의 깨끗함

손순효는 정사도 소신 있게 해 내기로 이름이 났었다. 그가 감사가 되었을 때 기우제祈雨祭를 지내면 공교롭게도 비가 잘 내렸는데 이따금 기우제 끝에도 비가 내리지 않으면 신에게

"내가 너에게 비오기를 빌었는데도 비가 오지 않는 것은 무슨 이유인가?"

하고 큰소리로 신을 꾸짖었다 한다. 비가 오지 않는 것은 그 지방 수

령의 부덕이나 부정에 내리는 천벌로 인식하였던 때였기 때문에 손순효의 용기는 자신의 행실에 확고한 자신을 가졌다는 방증이기도 할 것이다.

경상도 영덕군 영해寧海에 들기 전에 읍령泣嶺이라는 재가 있는데, 벼슬아치가 넘으면 반드시 흉한 일이 있다 하여 고을살이를 하러 오는 원을 비롯한 모든 관원들은 이 재를 피해 다녔다. 영해뿐 아니라 착취와 부역을 가하고 공역을 부과하며, 공녀를 징발해 가는 관원은 백성들에게 뼈저리게 두렵고 싫은 존재였기에 이 같은 속전俗傳이 전해 오는 고개가 많았던 것이다.

손순효가 이 영해의 읍령에 이르자 시종자들이 벌벌 떨며 이 재를 피해 넘기를 간청하였으나 그는 까닥도 하지 않고 읍령 고개에 이르더니 고목의 나무를 깎아 파괴시破怪詩 한 수를 썼다.

관원들의 악정이 이 재에다 귀신을 살려 놓았으니 그 귀신을 잡아 죽이는 것도 관원이 할 일이라는 뜻의 시를 쓰고 유유히 재를 내려왔던 것이다. 그 후 이 재 이름을 파괴현破怪峴이라 불렀다.

연산군을 반대한 최초의 신하

손순효는 연산군이 세자 때 왕위를 폐하라 여쭌 가장 위험하고 대담한 최초의 신하이기도 했다.

성종이 인정전仁政殿에 술자리를 마련하고 얼근히 취했을 때의 일이다. 당시 우찬성右贊成이었던 손순효가 넌지시 임금에게 다가가 친히 아뢸 말씀이 있다고 하자, 성종이 어탑御榻으로 올라오게 하였다.

손순효는 세자이던 연산군이 그 자리에 앉을 것을 암시하고

　"이 자리가 아깝습니다."

하였고, 성종이

　"나도 또한 그것을 알지만 차마 폐할 수 없다."

하자 손순효는

　"대궐 안에 사랑하는 여자가 너무 많고 신하들이 임금에게 말을 올릴 수 있는 길이 넓지 못할 것입니다."

하였다. 이에 성종은 몸을 좁혀

　"어찌하면 세자를 구하겠는가?"

하니 손순효는

　"전하께서 이를 아신다면 저절로 그 허물이 없어질 것입니다."

아뢰었다. 그 후 신하로서 임금의 용상에 올라가는 것도 크게 불경한 일인데 임금의 귀에 가까이대고 말하는 것은 더욱 무례한 태도이니 손순효를 옥에 가두라는 대간臺諫의 상주가 있었다. 하면서 손순효가 비밀로 아뢴 말이 뭐냐고 묻자 성종은

　"순효가 나를 사랑하여 나에게 여색女色을 좋아함을 경계하고 술 끊기를 경계하였으니 무슨 죄가 될 것이 있으리오."

하며 상주를 물리쳤다.

좋은 소주 한 병 무덤에 묻어 달라

　손순효는 자제들에게

　"우리 집은 초야에서 일어났으니 대대로 전해 내려온 옛 물건은 없

다. 다만 청렴하고 결백한 것을 전해주면 그만이다."

라고 곧잘 말하였고 술에 취하면 누워서 손으로 가슴을 가리키면서,

　"이 속에는 조금도 더러운 물건은 없다."

하였다. 그는 말년에 발광하여 극적으로 세상을 떠났는데, 밤중에 갑자기 옷을 벗고 남산 위에 올라가는 악습으로 병이 도져 병상에 눕게 되었다. 그는 밥을 먹은 뒤에 부인과 아들들을 불러 놓고,

　"내가 젊었을 때 책을 끼고 스승의 문하에서 공부하던 흉내를 내어 보고자 한다."

하더니 책 한 권을 끼고 섬돌 층계를 서너 번 오르내리더니

　"피곤하구나. 내가 좀 쉬어야겠구나."

하고는 베개를 베고 누웠다. 집안사람들은 자는 줄로만 알고 한참 뒤에 살펴보니 이미 숨을 거둔 뒤였다. 공이 일찍이

　"좋은 소주 1병을 무덤에 같이 묻어 달라."

하였기로 그대로 하였다 한다.

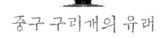

중구 구리개의 유래
- 땅이 질펀했던 불편함으로 생긴 지명 -

『한경지략』 각동各洞조에는

　〈동현銅峴, 곧 구리개는 보은단골과 마주한 저자 마을로 구름재(운현雲峴)라고도 했다 한다. 우리 옛말에 '구리'와 '구름'은 발음상 비슷

한 까닭이다.〉

라고 전해온다. 『태종실록』 16년 5월조에

　〈저자를 구리고개仇里古介로 옮기다.〉

라고 표현한 부분이 있는데, 우리말 그대로 '구리 고개'였던 것을 한 자음으로 표기하면서 '銅구리동' 자를 써서 동현銅峴으로 지명된 것으로 보인다. 예부터 이곳 일대는 땅이 너무 질펀해서 자그마한 고개인 데도 다니기 힘들었던 지리적 불편으로 생긴 지명이 훗날 이름으로 변해버린' 곳이다. 서울 토박이들은 을지로 입구에 나갈 때 "나, 구리 개에 좀 다녀오리다"라는 말을 흔히 사용하였다.

　일제도 구리개라고 불러오다가 1914년 4월 1일 구리개 입구에서 훈 련원 쪽으로 죽 터진 큰 길을 따라 일본인들이 좋아하는 황금정黃金町 으로 바꾸었다.

　1909년 1월에는 조선의 토지 수탈 수단으로 구리개 근처 장악원掌樂 院 자리를 헐고 동양척식주식사東洋拓植株式會社를 세웠다. 원래 장악 원은 조선 시대 궁중 전용 아악과 무용을 관장하는 기관이었다. 이곳 땅이 메마르고 드세었기 때문에 서리고 어린 땅 기운을 음악으로 풀어 달래기 위해 서부 여경방餘慶坊에서 임진왜란 이후 지금의 을지로 2가 181번지 일대에 건물 수백 간을 지었다. 아악은 좌방에서 속악은 우방 에서 관리하고 궁궐 정전正殿에서 거해 올리는 조하朝賀 등의 의례를 주관하였는데, 터가 넓고 커서 과거장으로도 사용하였다 한다.

　조선조 초기 한성부 남부 회현방에서 갑오개혁 이후 남서 회현방 소 공동계小公洞契 동현동銅峴洞으로 쓰였으며 『동국여지비고東國與地備

考』권2 한성부 조에, 현종 때 허적許積이 구리개에 체찰사부體察使府를 설치하고 체부청體府廳을 두었다고 하는 기록이 남아 있다. 체찰사는 임진왜란 때 변경 지방의 방위 대책을 강구, 실시하는 기관이었다.

1946년 10월 일본식 동명을 정리하면서 고구려 을지문덕乙支文德 장군의 성을 따서 현재의 이름인 을지로가 되었다.

보은단동과 역관 홍순언

중구 을지로 1가와 남대문로 1가에 걸쳐 있는 마을을 보은단報恩緞골 또는 고운담골(미장美墻)이라고 불렀는데 그 이름의 기원은 선조 때의 역관이었던 홍순언洪純彦에 기인된다. 홍순언이 역관으로 북경에 갔을 때 기루妓樓에 들렀는데 소복한 미인이 나타났다.

어딘지 창기의 때가 묻지 않은 것 같아 물었더니 아버지의 장례비 때문에 진 빚을 갚을 길이 없어 기루에 몸을 팔았다는 대답이었다. 이에 홍순언은 그 기루에 충분한 보상비를 주고 여인이 자유의 몸이 되도록 풀어주었다. 그 후 이 여인은 임진왜란 때 한국에 원병을 보내는 데 중추 역할을 한 명나라 재상 석성石星의 계실이 되었으며 이 재상의 은혜를 갚고자 손수 보은報恩이라 수놓은 비단 수십 필을 홍순언에게 주었다.

이 사실은 당대 사대주의가 뿌리박힌 사회에서 큰 화제가 되었다. 더욱이 왜란에서 원군을 보내는 데 결정적인 역할을 하여 조선을 구하는데 큰 도움을 준 이가 명나라 사람 가운데서도 재상의 계실이라는 점에서 이 보은 비단은 선망의 이야깃거리가 되었을 것이다. 또한 보은비단을 간직한 집(현 을지로 1가 18번지 부근) 또한 눈길의 중심이 되었을 것은 분명하다.

그리하여 보은단집이 되었고 보은단집이 있는 이 마을은 보은단골이 되었다. 고은담골이란 지명의 구전은 홍순언의 집 담이 효제충신孝悌忠信 등의 글씨와 꽃, 새 등을 무늬로 그린 아름다운 담으로 둘러 있었기에 생긴 것이라고 하나, 보은단이 고은담으로 바뀐 것이 아니라면 홍순언의 집이 아닌 눈에 띈 어떤 고운 담의 집이 있었기에 생긴 지명일 것으로 보인다.

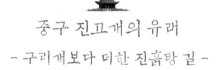

중구 진고개의 유래
- 구리개보다 더한 진흙탕 길 -

어느 유명한 가수가 특유의 허스키한 목소리로 30여 년간 부른 〈진고개 신사〉에 등장하는 진고개는 그 위치가 명동의 북달재와 남산동 사이에 있는 세종호텔 뒤 부근으로, 광복 후 연예인들의 활약처로서 그 유명세를 톡톡히 했던 곳이다.

그러나 1백여 년 전까지만 해도 남산 잠두봉 등성이에서 북으로 흐르던 창내와 마른내가 수표교水標橋쯤 해서 청계천에 합수되는지라, 진고개 부근 일대는 구리개보다 더 진흙탕 길로 물 빠짐이 더디었다. 따라서 비만 왔다 하면 통행에 큰 지장을 주는 동네였다고 한다. 1906년 일제는 이곳에 쌓인 2.5미터의 잔토를 걷어낸 후 길을 닦고 모기둥

꼴에 수명을 묻고 암거暗渠(속도랑)를 설치하여 물이 하수구를 통해 흐르기 시작하였다. 이는 우리나라 최초의 토목 하수 공사로서 '진'고개라는 오명을 지워나갔다.

1910년 국권 피탈을 맞으면서 남산 왜성대倭城臺 기슭으로부터 일본인들의 주택과 기관이 확장되면서 진고개 일대를 일본인들이 거점을 삼기 시작하였다. 그리고 일본은 1914년 10월 1일에 이곳의 지명을 혼마치 도오리(본정통本町通)라고 바꿔버렸다.

5백여 년 동안 조선의 성과 도읍 안에 이국인이 살 수 없던 금법禁法이 깨지자 새로운 도로를 놓고 넓히면서 신시가지를 갖추게 되고 일본인들이 운영하는 상가가 자리 잡기 시작했다. 궁성에 최초의 전등이 가설되자 전기 점등으로 이곳 일대는 고급 상점과 음식점, 요정들이 앞 다퉈 문을 열며 불야성을 이루는 완전히 다른 세상으로 급변해버렸다. 결국 옹색했던 남산골 샌님들의 반골反骨 기질에도 불구하고 쓴 소리 한번 뱉지 못하고, 고스란히 일본인들에게 자리를 물려주고만 뼈아픈 국권 상실을 간직한 동네가 되었다.

진고개를 한자로 표기하는 과정에서 이현泥峴이라고도 많이 사용되었음은 기록을 통해서 알 수 있다. 일본은 구리개로 침투하여 세력을 확대시키면서 남대문 통으로 점점 넓혀가기 시작하였다. 한편 고종高宗 때 금위대장 이종승李鍾承은 지금의 충무로 2가 80번지에 살았는데, 임오군란으로 서문 밖에 있던 공사관이 불타버리자 이곳을 임시 공사관으로 사용하였다. 일본의 외교관 하나부사 요시모토(화방의질花房義質)는 이곳 일대를 서울의 중심지라고 판단한 후 남산 밑으로부터

병영, 총독부, 관저 등을 옮겨 왔고 구리개 부근에 있던 장악원을 헐고 동양척식주식회사를 두었다.

1942년 6월 10일 구區 제도의 실시로 서울의 일번 지구라고 하는 중구로 바뀌었는데, 광복 반세기가 지났음에도 그들이 만든 으뜸 행정구 명칭과 우편번호까지 전국 행정단위 최초 지명과 기호가 일제의 잔재로 굳어졌음이 안타깝다.

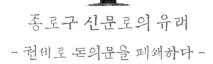

종로구 신문로의 유래
- 권세로 돈의문을 폐쇄하다 -

경기도 시흥시에 있는 이숙번 묘소

새문안은 현재의 신문로新門路를 말하는 것으로 이곳에는 문막은집(색문가塞門家)이 있었다. 이는 곧 1398년에 일어난 제1차 왕자의 난의 공신 이숙번 李叔蕃의 집을 말하는 것으로, 돈의문敦義門(서대문西大門) 근처에 살던 그는 나들이 하는 사람들의 소음이 견딜 수 없이 싫다 하며 권세로 돈의문을 폐쇄해 버렸다. 그리하여 이숙번은 사람들에게 원한의 명사로 불리었고 그 마을 이름을 색문동塞門洞이라고까지 하였다.

그리하여 새문안이란 말은 옮겨 지은 새문(신문新門)의 안이란 뜻에서가 아니라 '색문塞門의 안'이란 말이 된 것이라는 설도 존재한다.

이인손의 아들 5형제가 등과한 오궁동

신문로 1가에서 2가 사이의 부유한 주택가인 오궁골(오궁동五宮洞)에는 세조 때 우의정 광주廣州 이李씨 이인손李仁孫

이극돈 묘비. 경기도 성남시

이 살았다. 그런데 그 집에서 태어난 이극배李克培, 이극감李克堪, 이극증李克增, 이극돈李克墩, 이극균李克均 다섯 형제가 모두 등과登科하고 봉군奉君되었기로 오군五君골이라 불리었는데 오궁골로 잘못 바뀐 것이라 한다.

종로구 팔판동의 유래
- 강릉 김씨 판서들이 집단으로 살다 -

현재 종로구 팔판동八判洞은 당시 강릉江陵 김金씨의 판서들이 집단적으로 살았기 때문에 생긴 이름으로 전해진다.

그중 유일하게 영의정에까지 오른 사람은 김상철金尙喆, 김노진金魯鎭 등이다. 그는 우리나라의 문물과 제도를 총망라한 『동국문헌비고東

김노진 묘비. 경기도 연천군

國文獻備考』의 편찬 책임을 맡아 귀중한 사료를 남겼다.

팔판동과 직접적인 관계는 없지만 강릉 김씨가 배출한 이름 있는 인물들이 많아 소개하고자 한다. 숙종조의 대제학 김상규金尙奎, 영조조의 대사간 김상건金尙建과 대사성 김상지金尙志, 정조조의 대사간 김상구金尙耉를 비롯하여 강릉江陵의 향현사鄕賢祠에 배향된 명유현名儒賢 김윤신金潤身과 김담金潭, 김충렬金忠烈, 김첨경金添慶, 김연경金演慶 등도 조선조의 명현들이다.

또한 일제의 암흑기에도 의병장 김헌경金憲卿과 독립운동가 김영호金永浩를 배출했다. 김헌경은 을미사변乙未事變 이후 삼척三陟 지방의 창의장倡義將으로 의병대장 민용호閔龍鎬와 함께 죽서루竹西樓에서 일본 관군官軍을 격파하고 잠시 삼척의 군수 서리를 지내다 체포되어 옥사했다.

김영호는 3·1운동 후 상해上海에서 대한민국 임시정부 요원으로 활약하다 체포되어 5년의 옥고를 치렀다. 만주사변滿洲事變 후에 중한中韓 의용군 총사령관으로 일본군과 싸우다 상해에서 체포되어 우리나라로 압송 도중 선상에서 자결하였다. 이 외 해방 후에도 강릉 김씨는 사회 각계에 많은 인재를 배출하였다.

한편 경기도편에서 밝히겠지만 강릉 김씨가 많이 살던 팔판서 마을은 현 경기도 연천군 연천읍 통현리通峴里에도 존재했다.

도봉구 도봉동의 유래
- 도봉산의 아래 자락 -

도봉동道峰洞은 도봉산 아래에 마을이 위치한데서 붙여진 이름이다. 도봉산은 태백산맥에서 동남쪽으로 뻗어내려 온 광주廣州산맥의 하나로 강원도 철원에서부터 봉우리가 일어나서 기복을 반복하여 들어오다가 큰 줄기가 여기에 와서 멈추었는데 연봉이 지금 서울의 도봉구와 경기도 양주군의 의정부시 장흥면에 걸쳐 있다. 또한 웅장한 산세가 도봉동과 의정부시의 접경 지역인 천축사天竺寺와 망월사望月寺 뒤에서 크게 집결되어 하늘 높이 솟아 있다.

도봉동의 연혁은 조선 제21대 왕 영조 때 편찬된 『여지도서與地圖書』에 경기도 양주목내 해등촌면에 속하였다.

도봉산 이름을 따서 마을 이름이 시작된 것은 일제 때인 1914년부터로 보여지는데, 부군면을 통폐합할 때 도봉산 아래의 다락원, 서원안말, 무수울 등을 합하여 도봉리로 하니 이것이 도봉이라는 동리 명의 출발이 된다. 도봉동의 자연 마을은 도봉산의 골짜기를 중심으로 하여 형성되었다.

도봉서원의 윗마을 서원내

『동국여지승람』에 보면 양주목 불우조佛宇條에 청룡사靑龍寺, 망월사, 회룡사回龍寺, 원통사圓通寺, 영국사寧國寺가 모두 도봉산 아래 있다고 되어 있다. 이 중에 영국사 옛터에 도봉서원道峯書院을 짓고 유교계 정치가로 이름이

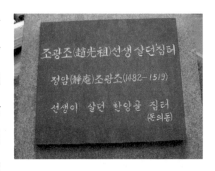

종로구 돈의동에 있는 조광조 집터

높은 정암靜庵 조광조趙光祖를 향사享祀하게 된 것은 조선 선조 때인 1573년(선조 6)부터의 일이다. 이곳은 조광조가 청소년 시절부터 산수의 풍경을 사랑하여 자주 찾아 놀던 곳이고, 또 관계에 나가 바쁜 중에도 여가만 있으면 찾아와서 소창消暢하던 곳이다.

이때 유학에 조예가 깊고 평소 조광조의 학문과 인격을 숭앙하던 동강東岡 남언경南彦經이 양주楊洲 목사牧使로 부임하여 와서 조광조의 유적지인 이곳에 서원을 짓고 그를 향사하게 하였던 것이다. 이곳에 서원을 짓는 데에는 도봉산의 산수와 인연이 깊은 서민 시인으로 남언경과는 사제지간인 촌은村隱 유희경劉希慶이 주선周旋으로 감역監役한 노고가 컸다.

도봉구 도봉산 내에 있는 도봉서원

도봉서원은 이듬해인 1574년(선조 7)에 선조의 어필을 사액 받기도 하였

으며 산수풍경이 수려한 이곳에 정전正殿과 동·서재齋를 갖춘 도봉서원은 도봉산의 명소가 되었다.

도봉동 403번지에 있는 도봉서원의 입구에는 도봉서원의 소재지를 알리는 도봉동문道峯

도봉구 도봉산에 있는 도봉동문

洞門이라는 네 글자가 큰 바위에 새겨져 있으며 길 위로 올라가면 넓은 마당 한가운데에 도봉서원의 옛 사당이 있다. 서원에는 1696년(숙종 23)부터 송시열을 함께 향사하여 왔다. 첩설서원疊設書院을 철폐할 때 훼철毀撤되었다가 광복 후 양주 유림들의 주선으로 정전을 다시 지어 오늘에 이르렀다.

윗서원(서원안말)은 도봉서원이 있던 마을로 지어진 이름이다. 그러나 이보다 앞서 영국사라는 절이 있어 영국리라고 하였는데 선조 때 이 절을 헐고 도봉서원을 세우자 그 뒤부터 윗서원이라 하였다.

도봉서원을 중심으로 있는 마을은 윗서원이라 하고, 하천을 경계로 해서 그 밑에 지역을 서원내(서원천동書阮川洞)로 구분하였다. 서원내는 주위에 냇물이 흐르던 마을로서 이상기후로 인한 피해가 있었으나 1999년 7월에 다리를 완성한 이후에는 비로 인한 피해가 없다. 서원내는 과거에 전형적인 논농사 지역이었으며 현재는 이 지역 모두 주택단지로 변모되었다.

서원안말에는 현재 광륜사光輪寺라는 사찰이 있는데 이는 풍은부원군豊恩府院君 조만영趙萬永의 딸인 조 대비가 나라의 평안을 위해 기도하던 곳이다. 조 대비는 신정神貞 왕후로서 조선 익종의 비였다. 1808년(순조 8) 태어나 1819년(순조 19) 세자빈에 책봉되어 가례를 올리고 헌종이 즉위한 뒤 왕대비가 되었다. 철종이 죽자 왕위 결정권을 가지게 되어 고종을 즉위케 하였으며, 대왕대비로서 수렴청정을 하고 흥선대원군에게 정책 결정권을 내려 대원군의 집정을 이루게 하였다.

그 후 조 대비는 이곳에 팔곡 대사를 불러 나라를 위한 기도 및 자식들의 수명장수를 기원했고, 1890년(고종 27) 하세 후 수릉綏陵에 안장되었다. 따라서 동소문 밖에서부터 의정부까지 현재의 북한산국립공원 자리까지가 조 대비의 땅이었으며 지역 주민들은 이 땅에서 소작농으로 생계를 유지했다.

도봉서원을 중심으로 골짜기마다 마을 이름들이 지어졌는데 갓굴은 서원내 서쪽에 있는 골짜기를, 뒷굴은 도봉서원 뒤에 있는 골짜기를, 묏굴은 서원 너머 골짜기를 말하는데 옛 분묘가 많이 있다.

서낭당이 있는 무수울

서낭당이 있는 마을이므로 서낭당 또는 무수울(무수동無愁洞)이라 했다. 이 지역은 조선 시대부터 사람들이 살기 시작했는데, 과거 어떤 침입에도 피해가 없었다고 하여 외지인들이 무수울이라 부르게 되었다고 한다. 무수울에는 웃말(웃무수울)과 가운데말(가운데우무실) 그리고 아랫말이 있는데, 웃무수골(상무추동上無愁洞)은 무수울 윗쪽에 있던 마을인데서 붙여진 이름이다. 마을의 오른쪽에는 안동 김씨가 약

7~8호 거주하였고, 왼쪽 마을에는 전주 이씨가 4~5집 거주하였는데 그들은 세종의 서庶 제9왕자 영해군寧海君과 평산平山 신申씨의 후손들로 보인다. 무수울은 또 근심이

세종 서 제9왕자 영해군 묘소. 도봉구 도봉산

없는 마을, 신선들이 사는 마을이라고 부르기도 했는데 영해군의 묘소가 선인무수仙人舞袖형인데서 유래한 것 같다.

웃무수골의 양편 주민들은 서로 상대방을 보고 넘말이라고 불렀으며 가운데 마을에서 양쪽으로 갈라져서 다른 골짜기에 거주하였기에 서로를 웃무수울이라고 하였다.

또한 여기에는 밤나무가 많이 있어서 밤나무골이라고도 하였는데, 현재는 고목이 되어 과거에 밤나무골이었음을 알게 해 주는 흔적만이 있다. 가운데말은 현재 철원상회를 중심으로 한 곳으로서 양 웃말의 분리되는 지역을 말하고 아랫말은 무수교 밑의 지역을 말하며 몇몇 지역은 아직도 무수골이라는 상표를 걸고 장사를 하고 있다.

현재 이 지역은 개발제한구역으로 북한산국립공원이어서 지역 주민들은 밭농사를 하며, 과거와 큰 변화 없이 생활하고 있다.

서울로 들어서는 교역의 중심지 다락원

조선 시대에는 함경도咸鏡道 원산元山~강원도 철원鐵圓(현 철원鐵原 지역)~경기도 포천抱川을 거쳐 서울로 가는 길의 물품 교역이 번창하

였는데, 서울로 들어서는 관문인 이곳에 누원점樓院店이라는 상점이 생기면서 다락원이라고 불리게 되었다. 누원은 상누원上樓院(웃다락원)과 하누원下樓院(아랫다락원)으로 번창하였는데 상누원은 지금의 서울시 도봉동이고 하누원은 의정부시 호원동이다.

그런데『동국여지승람』의 양주목 산천조山川條를 보면 도봉산은 주州 남쪽 30리에 있다 하였고 역원조驛院條에서는

〈덕해원德海院에 대하여 도봉산 아래에 원야原野가 있으니 해촌海村이라 하고 원우院宇가 있으니 덕해德海라 하는데, 이는 경성과의 거리가 30리 이다.〉

라고 하였다. 이는 도봉산 아래 덕해원은 서울과 양주읍 사이 모두 30리 거리로서 도봉산 아래 있었다는 것이니 곧 원의 소재지가 이곳 다락원이었던 것을 말해준다. 즉, 동북 방면에서 서울로 들어오는 30리 지점에 덕해원을 두었던 것이다.

누원정은 도봉1동 340번지에 위치해 있으며, 웃다락원은 다락원 위쪽 마을로서 과거에 북쪽 지방에서 서울로 들어오는 길목으로 상인들은 주로 곡식이나 옷감 등을 다루었으며 상인들이 활동하는 번화한 지역으로서 오고가는 사람들의 쉼터 역할을 하였다. 이와는 달리 아랫다락원은 서원내의 옆 마을로 논농사를 하면서 지내는 조용한 마을이었다. 현재 웃다락원은 과거의 화려함은 뒤로 한 채 몇몇의 초라한 상가만이 남아 있고, 아랫다락원은 주택 단지가 형성되어 현재에 이르고 있다.

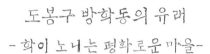

도봉구 방학동의 유래
- 학이 노니는 평화로운 마을-

방학동放鶴洞은 왕이 도봉서원터를 정하기 위해 도봉산 중턱에 앉아 중다리를 내려 보다가 학이 평화롭게 노니는 모습을 보고 방학굴(골)이라 칭하였다는 설이 있고, 또 하나는 이곳 지형이 학이 알을 품고 있는 것 같다고 하여 지명을 방학으로 칭하였다는 설이 있다.

방학동은 조선 영조 때 편찬된 『여지도서』를 보면 경기도 양주목 내의 해등면촌에 속한 것으로 되어 있다. 이후의 내력을 보면 1895년(고종 32)에는 양주군 한성부 해등촌면이 되었다가 1896년에는 경기도 양주군 해등촌면으로 바뀌었고 1911년 경기도 양주군 해등촌면 암회리가 되었다.

방학이라는 한자가 동리 명으로 불리어진 것은 1914년 전국의 부, 군, 면이 통폐합되면서 양주군의 노원면과 해등촌면을 합하여 노해면이 되고 여기에 방학리가 속하게 되었다. 방학리는 방학굴(골), 도당말, 원당이를 합해 만들어진 마을이다.

방학굴은 과거에 방학1구, 2구, 3구(리)를 말하는 것으로 1·2구를 방학굴이라고 했고 3구는 도당말을 말하는데 뒷굴이라고도 했다.

방학굴은 과거에 안동 권씨와 남궁씨 10대 이상이 사는 집성촌으로서 조선 시대 말에는 약 50호가 이 지역에 거주하였는데 당시 서울 외곽 지역으로 주민들은 논농사를 하면서 생계를 유지하였고, 현재는 많은 사람들이 외지로 나갔으며 주택단지가 형성되었다.

도봉구 쌍문동의 유래
- 지극한 효성을 기리는 마을-

쌍문동雙門洞의 동명 유래는 다음과 같이 전한다. 현재 쌍문동 286번지 근처에 계성鷄聲이라는 사람이 살고 있었는데 어느 날 갑자기 계성과 그 부인이 이름 모를 병으로 세상을 떠났다. 그 아들은 생시에 부모를 정성껏 모시지 못한 것을 후회하여 부모의 묘 앞에 움집을 짓고 여러 해 동안 기거하다 죽었다고 한다. 이에 마을 사람들이 그 아들의 효성을 지극히 여겨 그의 묘 근처에 효자문을 2개 세운 데에서 '쌍문'이라는 이름이 붙여졌다는 일설이 있다. 그 외에도 현 창동 우체국 부근에 열녀문이 2개 있었다 하여 붙여진 이름이라고도 하며 또 쌍갈래 길에 이문이 있었으므로 쌍갈 무늬가 쌍문이 되었다는 설도 있다.

조선 시대 자연 마을을 보면 계성동, 쇠죽골, 해등천 등이 있었으며 이 자연 촌락들이 합쳐져 쌍문동이 형성되었다.

과거의 효자 정문은 정의여자중학교 오른쪽에 있었는데 이 지역이 서울특별시로 편입되면서 1965년도에 양주군 은현면 용암리 돌락산으로 37기가 이장되었다. 현재도 음력 시향時享 때에 6대 이상 조상들은 시제時祭를 지내고 있다고 한다.

쌍문동에는 조선 시대 내시 묘 군이 있었으나 다른 곳으로 거의 이

장하고 이후 신흥 주택이
들어섰다.

쌍문동 일대에는 신석기
시대와 청동기시대에 걸친
마제석토가 출토된 것으로
보아 선사시대 때부터 이곳

쌍문동의 유래비. 강북구 효문고등학교 내

에서 농경 생활을 하면서 마을을 형성한 것으로 추측된다. 또 이곳은
한국전쟁 때 의정부시에 공산군이 침입해오자 국군이 수도 서울의 최
후 방어선으로 창동과 함께 쌍이문의 구릉 지대에 연대 병력을 배치
하여 창동 저지선의 일익을 담당한 곳이기도 하다.

이 지역에는 1980년대 후반부터 아파트 단지가 들어서기 시작해 현
재는 주택단지와 혼합되어 있다.

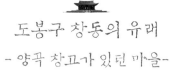

도봉구 창동의 유래
- 양곡 창고가 있던 마을-

창동倉洞은 조선 시대 이곳에 곡식을 저장하던 창고가 있었던 데서
유래한 마을 이름으로 현재 창 2·3동을 말한다. 지금도 창동초등학
교 옆 공터에는 오랜 옛날부터 석조 이정표가 세워져 있다.

창동은 조선 중기까지 경기도 양주목 해등촌면에 속하였는데 갑오
개혁 직후인 1895년 양주군이 한성부에 소속됨에 따라 한성부 양주군

해등면촌에 속하였다가 1896년 경기도 양주군 해등면촌으로 바뀌었고, 1911년에 경기도 양주군 해등면촌 창동리로 되었다. 1914년에는 전국적으로 부군을 통폐합하여 노원면과 해등촌면을 합하여 노해면이 되고 1963년에는 서울시에 편입되어 성북구 내 노해출장소에 소속되었으며, 1973년에 성북구에서 도봉구로 분리되면서 현재에 이른다.

창동 일대도 쌍문동과 함께 신석기에서 청동기시대에 이르기까지 토기, 석기, 마제석연 등 유물이 많다. 이는 광복 전 일본 황산장삼랑 煌山將三郞 교수에 의해 발견된 것으로서 이미 신석기시대부터 이곳에 사람들이 정착하여 살았음을 추측할 수 있어 마을의 유래가 수천 년이 되었음을 짐작하게 된다.

창동은 한국전쟁 때 수도 서울을 수호하기 위해 국군이 고전분투한 곳으로 유명한데, 당시로서는 장비나 병력이 어느 한쪽도 우세하지 못해 의정부 등지에서 후퇴하는 아군을 창동에 집결시켜 6월 27일 미명을 기해 의정부 수복 명령을 내렸다. 이러한 시도는 당시 채병덕蔡秉德 총참 모장에 의해 계획된 것으로 한편으로는 전세를 정확히 판단하지 못한 무모한 집념에 불과했다고도 할 수 있지만, 전세를 만회해보려는 군으로서의 기백과 우국충정에 의한 장군의 기도를 엿볼 수 있다.

창동은 자연 마을인 창골을 비롯하여 유만, 말미, 모랫말 등이 모여서 형성된 마을이다.

창골은 창5동 동사무소 옆에 이정표만 표시되어 있을 뿐, 주민들도 어디가 창골이었는지 전혀 알지 못한다. 현재 이 지역은 거대 아파트 단지가 형성되어 북부 생활권역을 이루었고, 30~40대들이 많이 거주하고 있다. 창골의 앞들은 바라기들이라 불렀다고 하는데, 바라기들은 수원이 적어 날씨가 가물면 하늘만 바라보고 있었기 때문에 붙여진 이름이다. 현재 창동 주유소 근방의 삼성아파트에 약 50여 호가 거주하였다.

강서구 공암 나루의 유래
- 형제의 우애를 전하는 투금탄 -

공암 나루(공암진孔岩津)는 원래 고매 나루에서 온 말이다. 그리고 이 나루를 북쪽으로 가는 나루라 하여 북포 나루라고도 하였으며 투금탄投金灘 또는 투금뢰投金瀨라고도 하였는데, 이 유래가 『경기읍지』에 다음과 같이 전한다.

〈고려 말의 이조년李兆年 · 이억년李億年 형제가 한양으로 오는 도중에 길에 떨어진 황금 두 덩이를 주웠는데 공암진에 이르러 나룻배를 타고 가다가 배가 강의 복판에 이르자 아우가 황금을 강물에 던져버렸다. 이에 놀란 형이 연유를 묻자 아우는 황금 때문에 형을 미워하는 마음이 생겨 황금을 던졌다고 하였다. 그러자 형도 황금을 강물에 던졌다고 하여 황금을 버린 여울이라는 명칭이 생겼다.〉

공암나루가 있던 곳에 현재는 공암 대교가 건설 예정으로 있다.

강서구에서 기록상으로 볼 때 가장 오래된 마을인 가양2동으로서,

공암나루의 이름은 지금 가양2동에 있는 구멍 바위의 존재로 인해 유래된 이름임을 알 수 있다. 삼국시대에 재차파의현齊次巴衣縣으로 기록된 것에서 파의를 바위의 음차로 본다거나 통일신라 시대의 공암현孔巖縣이라는 명칭에서도 알 수 있듯 구멍 바위는 허가 바위, 공암 등으로도 불린다.

한편 구멍 바위 옆의 한강 속에 서 있는 2개의 바위를 광주 바위라고 하는데, 현재는 허준을 기리는 구암공원龜巖公園을 조성하여 호수 속에 위치하고 있다. 이 12미터나 되는 바위는 원래 경기도 광주목에 있던 바위로 오랜 옛적에 비가 계속 내려 큰 홍수가 나자 광주에서 이곳 한강 하류(현 강서구)까지 떠내려왔다. 비가 그치자 광주 고을에서는 바위를 찾아다니다가 떠내려간 바위가 양천의 탑산 끝머리에 있는 것을 알게 되었고, 광주 관가에서는

"이 바위는 우리 고을에서 떠내려 와 이곳에 있는 것이니 해마다 우리 고을에 조세를 바치시오."

하며 광주 고을 관할로 관장하였다. 양천 고을 원님은 광주 관아에서 요구하는 것이 이치에 맞다고 생각하였으나 그 바위에서 생산되는 것이 없고 오직 싸리나무가 몇 주씩 드문드문 있으므로 해마다 싸리나무를 베어 비 3자루를 만들어 보내 주었다.

그러던 중 양천 고을 원님이 조용히 생각해보니

'저 벌거숭이 바위에서 기껏해야 싸리나무 몇 주 나는데 그것마저 비를 만들어 바치니 이런 귀찮은 일을 하면서까지 저 바위가 우리 고을에 무슨 이익이 있는가?'

하는 결론을 내리게 되었다. 역시 이 해에도 광주의 아전이 싸리비를 받으러 오자 이곳을 다스리는 현령이 말하기를

"광주 바위가 한강변에 있어서 조운선漕運船이 왕래하는데 큰 방해가 되니 이 바위를 도로 옮겨 가시길 바랍니다. 앞으로는 빗자루도 못 바치겠소."

하였고, 말문이 막힌 아전은 그대로 돌아갔다. 이후 광주목에서는 이 바위를 가져갈 수 없어 바위의 세를 요구하지 못하였고 결국 바위까지 양천 고을에 빼앗기고 말았다고 한다.

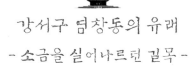

강서구 염창동의 유래
- 소금을 실어나르던 길목 -

염창동鹽倉洞은 조선 시대에 서해안에서 생산된 소금을 한강을 통해 배로 실어 오던 길목이었다. 조선 숙종 대에 폐지될 때까지 운반해 온 소금을 보관하던 창고가 있었기에 염창이라는 마을 이름이 붙여졌다. 과거에는 상염창, 중염창, 하염창 등의 세 곳이 있었다고 하는데 현재의 염창동 103번지 근방으로 추정된다.

또한 한강변의 빼어난 경치는 중국에까지 소문이 났었다고 하며 겸재謙齋 정선鄭歚은 이 지역의 모습을 화폭에 담기도 하였다. 그리고 김말손金末孫의 두미암斗尾庵과 이덕연李德演·이덕형李德馨의 이수정二水亭 그리고 망호정望湖亭 등의 정자가 있었던 곳이다.

현 염창동 일대는 증미항拯米項이라고 불리기도 했는데, 삼남(충청도, 전라도, 경상도) 지방으로부터 오는 미곡을 실은 조운선이 한강 입구에서 종종 침몰하는 일이 발생할 때면 부근 사람들이 이를 건졌다고 하는 데에서 붙여진 이름이다.

또 다른 설에는 조선 철종 때의 권세가인 김좌근金左根의 애첩 나합羅閤이 이곳에서 수륙재를 올렸는데 행사가 끝나면 흰쌀밥을 가마니 채로 물고기 먹이로 주기 위해 강물에 뿌리는 일이 자주 있었다고 한다. 때문에 남녀노소 할 것 없이 물 속 배 밑에 숨어서 이 쌀가마니를 건져 올려 굶주린 배를 채웠다고 한 데서 유래했다고도 한다. 쌀을 건지는 여울목이라고 해서 '증미拯米'라고 하다가 언제부터인지는 모르나 '증미增味'라는 표기로 바꾸어 부르게 되었다.

현재의 염창동 20번지 일대는 아랫증미, 103번지 근방은 윗증미로 추정된다. 증미항은 염창 여울목 또는 염창탄이라고 부르기도 했다. 현재 이곳에는 관광호텔이 들어서고 가양동길과 88도로가 지나고 있다.

이덕형 묘소

양천구 목동의 유래
- 풍부한 초목으로 생활을 영위한 마을 -

　서울시사편찬위원회의 『동명연혁고』 강서·양천구편에서는 목동木
洞의 동명 유래를

　〈안양천 제방 공사로 많은 농경지가 조성되기 전에는 갈대가 우거
진 침수 지대로 무성한 목초가 자연 조성되었기 때문에 말을 방목하
는 목장牧場으로 이용되었다.〉
하고는 목장이 있었기에 목동牧洞으로 불리다가 점차 표기가 달라져
목동木洞으로 변하였다고 하였다.

　한편 『양천구지』에서는 원래 이곳에는 나무가 많았고 주민들도 나
무를 하여 생계를 잇던 사람들이 많았기 때문에 목동木洞이라는 명칭
으로 불렸을 것이라 하였다. 목동은 1983년 서울시의 주택 개발 사업
이 발표되고, 이에 따라 1988년에 신시가지의 완성으로 대규모 아파
트 단지로 변모하였다.

양천구 신월동의 유래
- 고운 달이 비치는 벼가 있는 마을 -

　현재 강서구 화곡1동과 인접한 신월동의 땅 모양은 마치 새가 날아

가는 모습을 하고 있고 풍수학상으로는 반달형국이라 한다. 신월동의 옛 이름은 곰달래라는 말에서 유래하는데 '고운 달이 비치는 내'라는 의미에서 고운(곤, 곰)달내(고음월리古音月里)에서 곰달래가 되었다.

현재의 양천구 신월초등학교 근방으로 추정되는 곰달래 마을에는 다음과 같은 서글픈 전설이 전한다. 이곳이 백제의 영역이었을 때 음소音昭와 음월音月이라는 남녀가 살고 있었는데, 음소가 신라를 치기 위해 전쟁에 나가면서

"동산에 둥근달이 깃발처럼 떠오르면 백제가 이긴 것이니 나를 기다리고, 칠흑 같은 밤이 되면 백제가 싸움에서 진 것이니 다음 사람에게 떠나라."

는 말을 남겼다. 전쟁이 끝나갈 무렵 하늘에는 둥근달이 떴으나 곧바로 먹구름이 캄캄하게 뒤덮자 음월은 자살을 하였고 얼마 후 먼 길을 달려온 음소도 이를 보고 비극적인 최후를 맞았다.

영등포구의 유래
- 신 박이 출연하던 중심 포구, 방아곶이길 -

신길동 47번지 영등포여자고등학교 옆에는 조선 시대부터 영등포永登浦에서 바로 서울 마포麻浦로 들어가는 방학호진放鶴湖津, 즉 '방아곶이 나루'가 있었다. 『동국여지승람』 금천현衿川縣조에

〈현縣 북쪽으로 25리 되는 곳에 암곶岩串이라는 포구가 있다.〉

고 하였다.

방학호진은 오늘날 영등포구 구區 명칭의 유래가 된 곳으로 추정해 본다. 영등포는 이 지역이 포구浦口, 즉 강변에 선박이 출입하는 곳이 었던데서 연유된 것으로 보여진다.

고려 말기의 문호文豪로 개성에서 수시로 한양을 왕래하던 목은牧隱 이색李穡은 그의 글에서

〈이 암곶岩串 포구에는 남쪽에서 오는 조운선이 다 모여들어 1천 척이나 되는 배의 노 젓는 소리가 요란하다.〉

고 하였다.

그리고 고산자古山子 김정호金正浩의 『대동지지大東地志』 진도조津渡條에는

〈방학호진이 있는데, 그 방학호放鶴湖 나루터는 곧 서울 마포로 가는 길이다.〉

라고 하였다. 이로써 바위곶이 → 방아곶이 → 방학곶이 → 방학나루로 명칭이 변천하여 왔음을 짐작할 수 있다. 따라서 영등포 포구 이름의 유래는 신길동에 있던 암곶 또는 대곶(확곶確串), 방학호에서 찾을 수 있을 것으로 추측된다.

한편 영등포여자중학교 정문 옆 고개를 밤고지 고개라 하는데 이는 방학고지 부근에 있다 하여 방학고지 고개로 불리다가 음이 변하여 밤고지 고개가 된 것 같다.

방학고지의 지명 유래에 대해서는 몇 가지 이야기가 전한다. 먼저 예전에 한강가 귀신 바위 근처에 방학정放鶴亭이라는 정자가 있었던

데서 유래하였다고도 하며, 두 번째로 이곳의 옛 지명인 상방하곤上方下串이 줄어서 방학고지가 되었다는 말도 있다. 신길동은 1914년 일제에 의해 경기도 관할구역으로 편입되어 상방하곤리라 하였다. 세 번째 유래는 한강 어귀에 있던 이 마을에 흰 모래사장이 펼쳐져 있고 언덕에 소나무가 무성하여 경치가 빼어났기에 '학이 놀다 가는 곳'이라 하여 방학동放鶴洞이라 부르다가 방학고지가 되었다는 이야기도 전하며 마지막으로 예전 도성으로 실어 나르는 곡식을 빻는 방앗간이 이곳에 있었기 때문에 방아고지가 되었다는 말도 있다.

영등포라는 지명이 사서史書에 처음으로 등장하는 것은 『고종실록』이다. 1876년(고종 13) 정월 18일 조에

〈삼군부三軍部에서 계啓하여 염창항방수鹽倉項防守는 이미 계품啓稟드린 바와 같이 여의도汝矣島로 이주시킨바 있으나 그들의 보고에 의하면 용접容接하는데 불편하다 하오니 그 근방의 영등포로 옮기게 하면 어떠하온지라고 한데 대해 상上께서 윤허하셨다.〉

라는 기록이 보인다.

한편, 김정호의 『대동지지』에 보면 시흥 산천조에서 방학호를 대곶이라고도 하였으니, 이 방학호진 나루터는 옛 마을 형태로 남아 있었음을 알 수 있다. 『영등포의 명소와 지리』에서도 영등포란 명칭이 조선 시대에 마포나 노량진으로 건너가는 '방아곶이나루' 즉 방학호진에서 유래하였다고 밝히고 있다.

동작구 노량진동의 유래
- 백로가 노닐던 나루터 -

노량진동鷺梁津洞은 백로白鷺가 노닐던 나루터라는 뜻에서 붙여진 이름이다. 조선 시대에 현재의 용산구 이촌의 동쪽에서 수원이나 인천 방면으로 가려면 '노들나루'를 이용하였으며 또한 도성을 방위하기 위하여 군사를 주둔시켜 노량진鎭을 설치하여 널리 알려졌다. 일제 초인 1914년 시흥군에 편입할 당시 마을 이름이 노량진리라 정착되었다.

노량진은 예부터 수양버들이 울창함으로 노들나루라고도 불리운 도선정으로 인하여 형성되기 시작한 도진渡津(나루) 촌락으로 상류의 한강진과 하류의 양화진과 더불어 서울로 통하는 한강 나루터 중에서도 경관이 수려하였다. 이에 일찍부터 시인과 묵객이 자주 살았고 주변에는 누정樓亭이 많았다. 그리고 노들나루 남측 언덕에는 노량원鷺梁院이라는 지금의 여관과 같은 숙박시설이 있어서 한양을 오가는 사람들이 쉬어 가기도 하였던 곳이다.

여기서 노량진동의 자연촌락을 몇 곳 소개하고자 한다.

지대 높은 곳에 암자가 있던 높은절이

높은절이(고사리高寺里)는 현재 노량진동과 대방동, 상도동과의 경계가 되는 노량진동 산10번지의 지대가 높은 곳에 청련암淸漣菴이란 절이 있어서 붙여진 이름이다. 고려 때 노 정승에게 왕이 내린 사패지

賜牌地이며, 이에 따라 고사리회高寺里會가 있었다고 한다.

마을의 이정표 역할을 한 장승이 있던 장승배기

옛날 이정표 역할을 했던 장승이 섰던 마을로 상도동과의 경계인 노량진파출소 앞에 위치한다. 장승배기라는 마을 이름은 이곳뿐만이 아니라 우리나라 전국 각지에 존재한다. 장승은 10~15리 단위로 세워 이정표의 역할을 한 것은 물론, 지역 경계를 표시하기도 했고 악귀를 막는 수호신으로서의 역할도 하였다. 동작구 민간단체에서 이곳에 장승과 안내판을 세웠는데 모 종교의 신도들에 의해 훼손되는 수난을 당하기도 하였다.

이 마을 이름이 장승배기가 된 데는 사도思悼(장헌莊獻) 세자의 죽음으로 거슬러 올라가야 한다. 사도 세자가 부왕인 영조英祖에 의해 뒤주 속에 갇혀 비통하게 죽은 뒤 세손 형운(정조)는 아버지 사도 세자를 한시도 잊지 못했다. 정조는 1777년 조선 제22대 왕위에 오른 뒤 화산(현 수원)에 있는 아버지의 묘소 현륭원顯隆園에 참배 다니는 것을 잊지 않았다. 당시 일대는 나무숲이 울창하게 우거져 낮에도 맹수가 나타날 정도였다. 이에 현륭원까지 가는 사이 정조의 어가는 쉬어가는 곳을 찾기가 마땅치 않았고, 비라도 부슬부슬 내리거나 우중충한 날이면 통행하는 사람들도 없어 등골이 오싹해질 정도로 한적했다.

이에 정조는

"이곳에 장승을 만들어 세우라. 장사 모양을 한 남상 장승을 세워 천하대장군이라 이름을 붙이고 또 하나는 여상을 한 지하여장군으로 하여라."

하고 어명을 내렸다. 이에 곧 두 개의 높다란 장승이 세워졌는데, 이
는 왕이 안심하고 행차할 수 있도록 하기 위함이었다. 이때부터 이곳
은 장승배기라는 지명을 갖게 되었고 정조는 아버지의 묘소를 참배하
러 오가는 길에 이 장승 앞에서 어가를 멈추고 쉬었다고 한다.

관악산 줄기의 물로 아낙들이 빨래를 한 빨래골

현재 국제상사 창고(원풍산업 자리) 뒤편으로 관악산 줄기에서 졸졸
흘러내려오는 맑은 물을 이용해서 아낙네들이 빨래를 했다고 해서 빨
래골이라 했다.

5천 평의 꽃밭이 있던 꽃말

노량진1동 50~54번 일대는 일제 때 일본인 후까이가 약 5천여 평
의 꽃밭을 만들어 이곳에서 나는 꽃을 서울 시내 꽃 도매상들에게 판
매하여 꽃말이라는 마을 이름이 생겼다고 한다. 특히 이 꽃밭에서는
꽃가지를 잘라 파는 것이 아니라 뿌리 채 판매하는 것이 특징이었다.

새말

지금의 노량진1동 232번지 현 명보한의원 부근의 마을 이름으로 신
申씨네 4~5가구가 살았다.

옹기를 굽던 마을 독막

노량진 2동 45~46번지 일대로 지금의 동작구 청자리의 마을 이름
이다. 옛날 옹기를 굽던 곳으로 독막 또는 동이점골이라 하였다. 가마
가 두 군데 있었다 하며 떡시루, 독 등을 제작하여 노량 나루를 이용

해서 시내로 반입되었으며 지금의 강남 일대 주민들과 과천 사람들이 많이 이용하였다고 한다. 1950년대 말까지 있었으나 그 이후 자취를 감추었다.

수백 년 된 소나무에 학들이 살던 송학대

송학대는 현재 삼거리 못미처 장승배기 길 좌우편, 노량진2동 311~315번지 일대를 일컫는다. 전일에는 수백 년 묵은 소나무가 많았고 이 소나무에 학이 서식하여 붙여진 이름이다. 근래에도 몇 그루의 소나무가 남아 있었으며, 일제 때는 일본인 고관들이 이 지역의 경관에 반해 많이 살았으며 한국인의 출입을 철저히 통제하였다. 현재 이 지명을 딴 송학대 교회가 부근에 있다.

소나무가 울창했던 솔모텡이

지금의 노량진 2동 301~302번지 일대에는 옛날 소나무가 울창하여 사람들의 출입이 곤란할 정도였다고 하는데 이곳 모퉁이에 위치했다 하여 마을 이름이 솔모텡이가 되었다. 이곳은 지금의 노량진 제2동 사무소와 송학대교회가 위치한 지역을 말하며 옛날 이곳에 큰 엄나무가 있었다고 한다.

안굴

안굴은 노량진 2동 249번지 일대의 마을 이름으로 처음에는 10여 가구의 주민이 논과 밭농사를 하며 살았다고 한다. 일면 '안산'이라고도 불렀다.

동작구 상도동의 유래
- 상여꾼이 집단으로 산 마을 -

상도동上道洞은 이 지역 일대에 상여꾼이 집단으로 살았다 하여 '상투굴'이라고 부른데서 유래되었다.

상도동은 경기도 시흥군 동면 상도리上道里, 성도화리成道化里로 불리우다가 1914년 일제가 행정구역을 개편하면서 이곳을 상도리라 하였다.

동작구 사당동의 유래
- 고관을 지낸 이들의 사당이 있던 곳 -

사당동舍堂洞은 옛날 큰 사당이 있어서 붙여진 이름이라고 하는데 한자로 표기할 때 지금의 사당과는 다르니 동명의 유래가 정확한지는 알 수 없으나 조선 시대부터 사당리로 불리며 오래된 마을이었음에는 틀림없다. 이 지역은 조선조 중기 이후 동래東萊 정鄭씨와 전주全州 이李씨의 고관을 지낸 이들의 분묘가 많아 이에 따른 사당이 있을 수 있으므로 동명 유래를 짐작할 뿐이다.

사당동의 현 위치는 서쪽으로는 관악구 봉천동과 접해 있으며 동쪽으로는 서초구 방배동과, 남으로는 관악구 남현동과 그리고 북으로는 동작구 동작동과 이웃하고 있다.

안쪽에 있던 마을 안말

안쪽에 있는 마을이라 하여 붙여진 이름으로 현재 예술인 마을 부근인 사당동 1051~1050번지 일대이다.

군산이라는 사람이 살았던 군산터

옛날 군산이라는 사람이 살았던 들이라 하여 붙여진 이름으로 현재 사당1동 삼성 사우촌과 남성중학교 일대이다.

작은 동산이 있던 마을 동산말

옛날 작은 동산이 있었다 하여 붙여진 이름으로 나羅씨가 5~6가구 정착하여 살았다고 하며 현재 사당동 1038번지 관악 시장 일대이다.

해가 잘 드는 양지바른 동네 양지촌

양지촌陽智村은 해가 잘 드는 양지바른 곳에 위치하고 있다 하여 불린 이름으로 현재 사당3동 219번지 일대로서 지금도 이곳 주민들은 양지 마을이라고 부른다.

정광성의 묘가 있던 능내

조선 시대 수죽水竹 정창연 鄭昌衍, 임당林塘 정유길鄭惟吉, 제곡濟谷 정광성鄭廣成의 묘가 있어 능내陵內라고 불리었으며 현 사당동 239-241번지의 묘가 있는 지역을 말한다.

정광성 묘비. 동작구 사당동

가마니를 덮고 어려운 생활을 했던 가마니촌

가마니를 덮고 어렵게 살았다 하여 불린 이

름인데 현재 사당동 산22번지에 위치한 곳으로 대부분 무허가 주민들이 살았다. 1980년대 재개발사업을 시행하여 지금은 우성아파트와 삼익아파트가 들어서 있으며 주변이 개발되어 가마니촌은 볼 수 없다.

재실 너머의 마을 넘말

동래 정씨 문중의 재실齋室 너머 위치한 마을이란 데서 불린 이름으로 현재 사당동 235번지 일대이다.

9 정승을 배출한 벌명당

사당동 동래 정씨 문중의 묘가 있는 지역으로 옛날 나라에서 묏자리를 정하려고 지관地官을 시켜 지형을 살피게 하였는데 지관이 이 지역이 명당임을 알고 임금에게 고하려 할 때 당시 영의정이던 정씨 성을 가진 사람이 이것을 알고 지관에게 이곳이 명당이 아니니 다른 곳을 찾아야 할 것이라고 하여 나라에서 다른 곳을 찾도록 명하였다.

지관이 영의정에게

"제가 동재기 나루를 다 건널 무렵 이곳을 파보십시오."

라고 하여 지관이 동작진을 다 건넜으리라 생각되었을 때 땅을 파보니 커다란 벌들이 수없이 나와 지관을 쏘려 하였다. 이에 지관이 독을 뒤집어쓰자 벌들은 독에다 침을 놓았고 이에 독이 깨지면서 벌들이 죽었다.

그 뒤 영의정이 죽어 그 자리에 묘를 쓴 뒤 9대로 정승이 나왔다는 명당자리라고 해서 붙여진 이름이라 한다.

전주 이씨와 동래 정씨가 다툼을 벌인 원당고개

조선 시대 동래 정씨 문중과 전주 이씨 문중이 사당 고을을 서로 자

기 땅이라 하여 소송이 벌어졌
는데 당시 이 고을 원님이 이 고
개에 앉아서 판결을 내렸다고
하여 붙여진 이름이다. 당시 원
님은 현재 사당동 산44번지 일
대에서 관악구 봉천동으로 넘어
가는 고개인 산44-12와 산32-

경기도 과천시 과천동의 남태령 옛길

4번지를 경계 지점으로 반씩 소유토록 했다. 다시 말해서 산44-1번지
에서 남태령南泰嶺 고개까지는 전주 이씨가, 산32-4번지에서 동작동
배나무 골짜기는 동래 정씨가 소유했다고 한다.

지금도 원당고개(도로)를 경계로 하여 전주 이씨와 동래 정씨의 분
묘가 집단적으로 갈라져 있음을 볼 수 있다.

강동구 고덕동의 유래
- 태종이 이양중의 높은 뜻을 알아주다 -

고덕동高德洞의 유래는 고려 말에 형조참의 이양중李養中이 조선 태
조의 조선 건국을 반대하여 이곳에 와서 은둔 생활을 할 때로 거슬러
올라간다. 어린 시절의 친구 태종이 옛 친구의 정을 생각하여 한성 부
윤으로 임명해도 받지 않자, 태종은 광주廣州로 직접 거동하여 이양중
을 찾았다. 이양중은 평민의 옷차림으로 태종을 맞아 서로 취하도록

마시면서 즐겼다. 이후 태종이 이양중의 높은 덕을 생각하여 그 아들 이우생李遇生에게 벼슬을 내렸으므로 고덕리高德里가 되었다고 하며 이 지역 사람들은 고덕을 고더기 또는 고데기라고도 불렀다.

석탄공 이양중 사단. 중부고속도로 하행선

1914년 3월 1일 경기도 구역 획정에 따라 가골재, 비석말, 방축말, 동자골의 일부를 병합하여 고덕리라 하였으며 고데기의 현 위치는 고덕동 주공아파트 490번지 일대이다.

동명과 유래가 깊은 이양중이 죽은 후에는 인근 강동구 암사동에 있던 구암서원龜岩書院에 이집李集과 함께 제향되었다. 이양중의 높은 덕을 기리는 고덕이라는 명칭은 이 근처의 지명에 많이 남아 있는데 고덕동에서 한강에 유입하는 고덕천, 이양중이 은거하였다는 고지봉, 해발 88미터의 응봉이 한강에 인접해 있으면서 고덕동과 암사동을 분계하고 있는 산줄기는 고덕산이라고 부른다.

한편 고덕동에서는 함종咸從 어魚씨의 후손들이 집성촌을 이루며 번성하였는데 물고기는 물을 떠나서 살 수 없다는 속설을 따라 고덕산 줄기에 자리 잡았던 어효첨魚孝瞻의 묘를 비롯한 어씨 가문 수백 기의 묘들은 한강 쪽을 바라보고 묘를 썼기 때문에 자연히 묘의 좌향이 북쪽이나 서쪽을 향하게 되었다. 현재 번창하였던 어씨 일문은 뿔뿔이 흩어진 상태이다.

고덕동은 자연 마을을 병합하여 이룬 동으로 지금도 자연 촌락 명칭이 남아 전하고 있다. 가재울(가재골)은 가재가 많아 붙여진 이름이며, 고데기는 앞서 밝혔듯 고덕리가 변하여 된 이름이며 한우물과 비석말의 중심 마을이었다. 고지붕은 한강가에 있는 산으로 후미진 곳에 있으므로 후미께라고 하였는데 또한 이양중이 이곳에 은거하였으므로 고지붕高志峰이라 하였다.

동자골은 명종 때의 승려 보우普雨가 절을 짓고 동자부처를 모셨으므로 동자곡童子谷이라고도 한다. 다리봉은 동자골 뒤에 있는 산이며, 미역굴은 고덕동에 있는 마을이다. 바위바기는 큰 바위가 박혀 있는 산이며, 방죽말은 방죽이 있는 마을이므로 방죽말 또는 한자명으로 방축동防築洞이라 한다. 비석말은 조선 세조 때 이조판서 어효첨의 신

조선 명종조 때 문정 왕후의 수족이었던 보우 스님 사리탑.
경기도 양주군 회암사 내

어효첨 묘비. 경기도 여주군

도비가 있었으므로 비석말 또는 한자명으로 비석촌碑石村이라 하였고, 한우물 마을은 가운데 있었던 마을이며 큰 우물이 있는 마을이었다.

이렇게 농촌 지역이었던 고덕동은 1970년대 말까지도 그대로 보존되어 오다가 고덕 지구 택지 개발 사업에 의해 대대적으로 개발되어 오늘날의 대단위 주거지가 되었다. 이처럼 고덕동에는 서민층을 위한 대단위 공동 주택단지가 조성되어 서울시의 주요 주거공간으로 변하게 되었고 이후 이곳에 있던 야산들의 흔적은 볼 수 없게 되었으며 자연 마을도 없어져 버렸다.

강동구 길동의 유래
- 나뭇가지처럼 긴 기리울 -

기리울의 현재 위치는 길동吉洞 359번지 일대로 기리울의 모양이 나뭇가지처럼 길다 하여 마을 이름의 유래가 되었다고 한다. 기리울은 본래 경기도 광주군 구천면에 위치하고 있었는데, 1914년 3월 1일 경기도 구역 확정에 따라 아랫말, 골말, 방아다리를 합하여 길리라 하였다. 일본인들은 '길할길吉' 자를 넣어 우리나라 고유의 지명을 없애려 하기도 하였다.

이후 1963년 1월 1일 서울시에 편입되어 길동이 되었다. 기리울은 아랫마을, 윗마을, 골마을 등 몇 집씩 흩어져 사는 빈촌이었는데 지금도 토착 주민들 사이에서는 그러한 기리울을 떠올리게 하는 지명들이 전해온다. 건너말은 응달말 건너에 있는 마을이며, 골말은 산골짜기에 있어 붙여진 마을 이름이다. 길리교는 길리 앞에 있는 다리이며, 방아다리는 지형이 방아다리와 같은 곳에 놓은 다리이고, 아랫말은 골말 아래쪽에, 응달말은 응달 쪽에 있어 붙여진 마을 이름이다.

강동구 둔촌동의 유래
- 둔촌 이집이 살았던 마을 -

둔촌遁村洞동의 이전 이름은 둔골로서 고려 말 둔촌遁村 이집李集이 살았으므로 그의 호를 따온 데에서 연유된 것이다. 1914년 3월 1일 경기도 구역 획정에 따라 약수터, 굴바위, 안둔굴, 밖둔굴을 병합하여 둔촌리라 하다가 1963년 1월 1일 서울시에 편입되어 둔촌동이 되었다.

경기도 광주군 구천면 둔촌리 관할이던 이 지역은 1963년 1월 1일 서울시에 편입되면서 북쪽의 길리와 합하여 선린동善隣洞이 되었다. 이는 1955년 최문환 목사가 이 지역에 새로 마을을 조성하여 부랑자나 걸인 등을 수용하며 자활촌을 만들고 이들이 모두 좋은 사람이 되라는 뜻으로 선린촌이라 한 데서 유래한 것이다. 1970년 5월 18일 법정동과 행정동 사이에 명칭이 일정하지 않은 동을 일치시킬 때 길동 관할이 되었다가, 1980년 7월 1일 둔촌동사무소가 신설되어 둔촌동이 되었다.

둔촌 이집은 구암서원에 이양중과 함께 제향 되었는데, 그의 문집 『둔촌집遁村集』이 남아 서울대학교도서관에 소장되어 있다. 둔촌동에는 그 외에도 둔촌 이집과 관련된 옛 지명들이 전해 오고 있다. 굴바위(둔굴遁窟)는 둔촌동 뒤 일자산一字山 서남쪽에 있는 바위 굴로 이집이 신돈의 박해를 피해 이곳에 은거하였다 하며 오늘날 강동성심병원 남쪽에 위치하는 곳이다. 둔촌 약물은 둔촌에 있는 약물이며, 밖둔굴은 둔굴 바깥쪽에 있는 마을로서 현 위치는 둔촌아파트 자리이다. 삿갓바위는 굴바위 위에 있는 바위로 모양이 삿갓과 같다 하여 부른 이름이며, 새우고개는 둔촌동 남쪽에 있는 고개, 샛굴은 양달말과 응달말 사이에 있는 골짜기이다. 아랫말은 아래쪽에 있는 마을이며, 안둔굴은 둔굴의 안쪽에 있는 마을로서 둔촌동 40번지 일대이다. 또한 약수터는 둔촌 우물가에 있는 마을이며, 원숫굴은 일자산 밑에 있는 골짜기인데 옛날에 절이 있었다고 하여 절굴이라고도 하였으며 절 앞에

더운 우물이 있어 온숫굴溫水窟이라고도 하던 것이 변하여 원숫굴이 되었다 한다. 응봉鷹峰(매봉)은 일자산에 있는 봉우리이며, 칠성당은 절굴에 있는 당堂인데 절은 없어지고 칠성당만이 남아 있다.

이렇게 둔촌동은 둔촌 이집과 관련된 것이 많다. 이외에도 유명한 둔촌 약수터는 천호동 로터리에서 거여동으로 꺾여 들어가는 한길을 따라 걸어서 5분쯤 걸리는

둔촌 이집 영정

곳의 왼편에 있는데, 물맛은 톡 쏘며 싸아 하며 위장병, 심장병, 피부병, 신경통에 좋다는 천연 탄산수임이 알려진 이후 많은 인파가 몰려들었다. 그러나 인근에 아파트가 조성되면서 수량이 줄어들고 수질도 크게 변하여 약수터는 폐쇄되고 말았다.

이처럼 예전에는 농촌 지역과 다름없는 한산한 마을에 불과하던 둔촌동은 주택지 개발 필요의 시급성에 힘입어 신 개발지로 변모하였으며 급격한 인구 증가와 구획 정리 지역, 대단위 아파트 밀집 지역, 일반 주택 지역, 개발 제한 구역 등으로 지역 여건이 다양하게 구성되어 있다.

강동구 명일동의 유래
- 여행하는 이들의 편의를 도와주다 -

원터골은 고려 시대인 994년(성종 11)에 명일원明逸院을 두어 공용으로 여행하는 사람들의 편의를 도와주었으므로, 그 이름을 따서 명일원, 또는 원터골이라 하는 데서 비롯되었다. 여행하는 이들이 많이 모여들었으므로 원터골에는 마방 등 많은 시설이 있었다. 1914년 3월 1일 경기도 구획 확정에 따라 샛말, 염줏골을 병합하여 명일리가 되고, 1963년 1월 1일 서울특별시에 편입되어 명일동이 되었다. 원터골터는 현재 명일여자중학교 부근으로 명일동 293번지 일대이다.

원터골은 서울 외곽 지대의 전형적인 농촌 지역으로 이러한 농촌 지역적인 성향이 지금도 남아 있다. 원터골의 자연 촌락으로 원터 건너에 있었던 간낫굴을 비롯하여, 염주사念珠寺라는 절로 인해 불린 염주골과 염주골 건너편의 건너말, 원텃골과 염주골 사이에 있던 샛말 외에 원텃골과 고덕리 사이에 있던 샘말, 큰 산 밑에 있던 큰골, 큰 길가에 있다 하여 행길이라 불리던 마을 등이 있다.

이렇게 자연 촌락을 중심으로 한 전형적인 농촌 지역이었던 원터골이 도시화된 모습으로 변화하기 시작한 것은 1960년대와 1970년대를 통과하면서 서울이 급속히 팽창하던 때로서, 그에 따른 급격한 인구 증가와 절대적인 주택 부족에서 비롯되었다.

강동구 상일동의 유래
- 게가 많았던 게내천의 윗마을 -

게내 마을은 경기도 광주군 구천면 일부였는데, 1914년 3월 1일 경기도 구획 획정에 따라 게내의 위쪽과 아래쪽을 나누어 상일리와 하일리로 나누어 불렀다. 현재의 상일동上一洞은 게내 마을, 게내안말과 동자골童子谷의 일부 등 자연 마을을 병합하여 부른 이름이며 1963년 1월 1일 서울특별시에 편입되어 현재의 상일동이 되었다.

게내 마을의 현 위치는 상일동 20번지 일대이다. 게내는 게가 많이 있어 게내 또는 한자명으로 해천蟹川이라 부르는 게냇가에 있는 마을로서 게내가 변하여 겨내가 되었다. 게내는 이 지역의 주요 하천으로서 현재의 고덕천을 말한다.

상일동은 인근 하일·명일·고덕동과 같이 서울 외곽 지대의 전형적인 농촌으로 잔존되어 온 지역이다. 상일동의 농촌 지역적인 성격은 이곳에 남아 있던 씨족 마을에서도 찾아볼 수 있는데, 옆 하일동과 함께 서울의 마지막 씨족 마을인 셈이다. 게내 마을에는 임씨 마을이, 동자골에는 조씨 마을이 남아 있을 때까지만 해도 이들 씨족 마을은 연중 대행사를 매년 9월에 길일을 택해 산에 치성제致誠祭를 올리는 것이 전통화되어 있었다. 그러나 이렇게 남아 있던 씨족 마을도 상일동이 고덕 지구로 개발 사업에 포함된 후 광주군으로 이주가 많아졌다.

상일동에는 아직도 자연 촌락의 명칭과 옛 지명이 남아 있는데 게내 마을과 고덕동 편에서 밝힌 동자골 이외에도 게내 안쪽에 있는 게내안말과 예전에 닥을 많이 심는 밭이 있었던 산이라 해서 불린 닥밭재가 있다. 상일교上─橋는 상일동 앞에 있었던 다리이며, 찬우물고개는 닥밭재 오른쪽에 있는 고개로서 그 밑에 찬 우물이 있으므로 찬우물고개 또는 한자명으로 냉천현冷泉峴이라 하였다.

강동구 하일동의 유래
- 게가 많았던 게벼촌의 아랫마을 -

하일동下─洞은 오늘날 강일동江─洞으로서 중심이 되는 마을은 가래 여울인데 가래울로 불리었다. 1914년 3월 1일 경기도 구획 획정에 따라 능공, 벌말, 말우물, 강매터, 가래울을 병합하여 게내의 아래쪽이 되므로 하일리라 하였다.

가래울은 서울의 외곽 지대로 전형적인 농촌 지역이었다. 또한 평촌, 능곡 마을 1백여 세대는 청송靑松 심沈씨의 마지막 씨족 마을이었다. 이들 가운데 중심 마을이라 할 수 있는 평촌 마을을 중심으로 주위에는 심씨 성을 가진 주민이 많이 살고 있다. 심씨촌의 연중 대행사로는 매년 음력 7월 3일에 산에 치성제를 올리는 것이 전통화되어 있다. 이 산신제를 위해서 마을 남쪽 안산 꼭대기에 소머리를 제단에 올리고 집집마다 추렴한 쌀로 떡과 술을 빚어 산신령께 마을의 평안과 풍년을 빌었다. 이날이 되면 타 지역으로 나가 살던 심씨 일가가 모두 돌아와 재회의 기쁨을 나누기도 하였다. 이 청송 심씨 마을 이외에도 강매터의 이씨 마을, 가래여울의 문씨 마을 등의 씨족 마을이 남아 있었으나 1982년 7월 인근 고덕 지구 개발 때문에 경기도 광주군으로 대부분 이주하였다.

이와 같이 아직도 예전의 자연 마을 명칭이 남아 다음과 같이 전하고 있다. 가래울은 가려울, 가리울 또는 추탄이라고 불리었는데, 한강 여울가에 있는 마을로 강가에 가래나무가 많이 있었기 때문에 생긴 이름이며 백제 때부터 요새지였다. 벌말은 마을이 벌판 한가운데 있으므로 위와 같이 불렀으며 여러 마을 중에서 가장 큰 마을이라 하여 큰말이라고도 하였고 또는 평촌이라고도 불렀다. 건너말은 벌말 건너에 있는 마을이며, 강매터(강매지江梅址)는 인조 때 강매란 사람이 살았기 때문에 붙여진 이름이다. 구석말은 마을이 구석진 곳에 있어, 능골은 능을 모실 만한 곳이라 하여 붙여진 이름이다. 말우물은 네모가

져서 구식 말(斗)의 모양과 같이 된 우물(井)이 있었으므로 말우물 또는 한자명으로 두정곡斗井谷이라 하였다.

이 지역은 대부분 농경지로서 주민들도 대부분 농업에 종사하였는데, 인근 고덕동과 상일동의 개발에 따라 함께 개발지로 변모하였다.

강동구 성내동의 유래
- 풍납리 토성 안쪽에 위치한 마을-

성내동城內洞의 이전 이름은 성안말로서 성안말은 풍납리 토성 안쪽에 위치하여 성안말 또는 안말이라 한 것이다. 1914년 3월 1일 경기도 구역 획정에 따라 성안말, 곰말, 안말, 벌말을 병합하여 성내리라 하다가 1963년 1월 1일 서울특별시에 편입되어 성내동이라 하였다.

일설에는 이곳에는 성이 없는데 성안말이라고 한 것은 성내에서 사는 사람들이 옮겨 와 마을을 이루어 살면서 성안 마을이라고 하였을 것이라는 이야기도 있다.

현재 성내동 160번지 일대에 위치하였으며 벌판에 있었던 마을이다. 성안말 외 자연 마을을 살펴 보면 골말은 벌말 동쪽 골짜기에 있었다고 해서 불린 이름으로 골마을이 곰마을이 되었으며 분토골은 갈분처럼 흰 흙이 많아 마을 이름이 되었다. 또 고개나 들판의 이름을 보면 벌말 서쪽에 있는 산마루에 붉은 흙이 많다 하여 붉은더기라 하였으며 성피나리는 안말에서 둔촌으로 가는 고개를 말하며 애겟벌은 벌말 서쪽에 있는 벌, 오동봇돌은 벌말 남쪽에 있는 들이다. 왜새 마루턱은 벌말 북쪽에 있는 산에 왜새가 많이 있다 하여 붙여진 이름이며, 쪽다리는 벌말 남쪽에 쪽나무로 놓은 다리이고, 벌말 남쪽에 넓은 늪이 있다 하여 늘근너미라 하였다.

강동구 암사동의 유래
- 신라 시대에 자리했던 9개의 절-

암사동岩寺洞은 오늘날 산23번지 일대로 신라 시대에 절이 9개나 있어 구암사九岩寺, 속칭 바위절이라 하였다. 또는 한자명으로 암사리岩寺里라 하였는데 1914년 3월 1일 경기도 구역 획정에 따라 참앞, 우묵골, 점말, 능말, 섬말, 갯말, 볕우물을 병합하여 암사리라 하다가 1963년 1월 1일 서울특별시에 편입되어 암사동이 되었다.

암사동의 현 위치는 한강을 경계로 경기도 구리시 및 성동구 광장동과 마주보고 있으며, 서울에 편입되기 이전에는 자연 촌락을 단위로 하는 농촌 지역이었고 농업에 종사하는 주민들이 많았다.

암사동의 자연 촌락과 옛 지명은 다음과 같다. 갯물은 개(한강) 모퉁이에 있는 마을이었므로 갯물이라 불렸으며 갯모루라고도 하였는데 이 근처에서는 제일 큰 마을이었다. 벌판에 낮은 고개가 있으므로 한자명으로 개야현開野峴이라 하였다. 넘말은 산 너머에 있는 마을로 인조 때 임숙영任叔英의 묘를 크게 썼으므로 새능말이라 하였고, 복지말(복지촌福址村)은 1957년에 이석겸李錫謙, 김재홍金在弘 두 사람이 월남 피난민을 위해 새로 농장을 만들고 복을 받는 마을이란 뜻으로 복지 말이라 했다. 부처고개는 암사동에 있는 고개로서 돌부처가 있으므로 위와 같이 불렀으며 한자명으로 불현佛峴이라 했고, 섬말은 예전에 마을 앞에 못을 파고 섬을 만들어 불린 이름으로 한자명으로 도촌島村이라 했다. 여뭇골(노막곡蘆幕谷)은 성종 때 직제학을 지낸 정성근鄭誠謹이 부모 묘소 밑에다 노막蘆幕을 짓고 6년간을 시묘侍墓하다가 성종이 돌아가매 또 3년 상을 입었던 곳으로, 변하여 우묵골 또는 우묵골이라고도 하였다. 점말(점촌店村)은 백제 때에 궁궐에서 쓰일 그릇이나 도자기를 구워내던 곳으로 예부터 광주廣州 분원分院과 함께 도자기 생산으로 유명하였으며, 근처에서 큰 마을에 속했다. 1925년 을축년 홍수 때에는 옹기를 굽던 이 일대 2백여 채가 모두 물속에 잠겼던 일도 있었다. 참앞(참전站前)은 광나루에 있는 뱃참인(하진참下津站) 앞에 있는 마을이었기에 불린 이름으로 참앞의 현 위치는 암사아파트 부근이다. 하진참은 광나루에 있는 뱃참으로 전에는 서울에 들어오는 모든 화물의 운반이 한강을 통하였는데 이곳에서 참站을 두었다. 토막나루는 참 앞에서 구리시 토막리로 건너가는 나루로 나무토막으로 배를 만들어 건넌다고 해서 붙은 이름이다.

현재 구암서원 터에는 1896년(고종 33) 8월에 세웠다는 '둔촌이선생휘집조두구기遁村李先生諱集俎豆舊基'라는 비석이 서 있어 이곳이 구암서원지임을 알려주고 있다. 이 비석 배면에는 둔촌 이집을 비롯한 5명을 배향했던 사실들이 기록되어 있다. 이 구암서원지에서 멀지

신종호 묘역 안내석

강동구 암사동에 있는 이극배 묘역 안내판

않은 곳에 이집의 후손인 광주 이씨 일문의 묘소가 있어 그의 연고지

임을 잘 나타내고 있다.

이곳에는 또 광릉부원군廣陵府院君 이극배李克培의 신도비가 근 5백

년간 온갖 풍상을 겪으면서도 자리를 지키고서 당시의 서체와 석공술

을 잘 보여준다. 이 비는 1496년(연산 2)에 세워진 것으로 석질이 특이

하며 비문은 신숙주의 손자인 신종호申從濩가 지은 것이다. 암사동

115번지 일대에는 우리나라 신석기시대 연구에 빼놓을 수 없는 유적

지가 있다.

관악구의 유래
- 근기 오악의 관악산-

관악구冠岳區는 우리가 잘 알고 있는 근기 오악近畿五嶽이라고 말하

는 관악산에서 그 이름이 유래하고 있다. 관악산은 그 형상이 마치 관冠처럼 생겼다 하여 붙여진 것으로 『고려사』에서는 관악冠嶽으로 『세종실록지리지』와 『동국여지승람』에서는 과천의 진산으로 관악산을 설명하고 있는데 「금천현 산천조」에서는 삼성산, 호암산, 독산을 설명하고 관악산은 청계산, 수리산과 함께 「과천현 산천조」에 나와 있다.

관악구는 바로 이 관악산에서 비롯된 북쪽 구릉지에 자리한 지역으로 고구려 때에는 잉벌노현仍伐奴縣에 속하였다가 통일신라 시대에는 곡량현穀梁縣, 고려 때는 금주衿州, 조선조 때는 시흥군始興郡 동면東面에 속했던 곳이다. 그때는 봉천리, 신림리, 서원리, 난곡리 등으로 불리는 제법 큰 마을이 있었고 그 외에도 당골, 원당, 청능말, 목은말, 자하동 등의 자연 마을이 있었던 것으로 전해 온다.

현재의 관악구라는 명칭은 1973년 7월 1일 영등포구에서 분구되어 별도의 행정구역으로 신설되면서 관악산의 이름을 따서 명명한 것이다.

관악구의 관내 행정구역은 21개 동으로 구분되어 있으며 옛날 자연 마을의 유래가 있는 마을 이름이 지금도 남아 있는 곳이 많다. 구에서는 이것을 되찾아주기 위해 구에서 역점적으로 추진하다가 각종 법령과 까다로운 절차, 공부 정리, 많은 예산 소요 등으로 인하여 중단되었다.

관악산과 인접해서 서울대학교가 위치하고 있으며 특히 1960년 이후 이주 정착한 소위 달동네의 재개발이 진행되어 그 옛날 모습을 찾아 볼 수 없게 되었다.

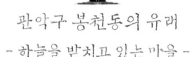

관악구 봉천동의 유래
- 하늘을 받치고 있는 마을 -

봉천동奉天洞의 유래는 이 마을이 관악산 북쪽 기슭에 있어 관악산을 바라볼 때 산이 험하고 높아 마치 하늘을 받치고 있는 것처럼 보인다고 해서 유래한 것이다.

봉천동은 관악구의 중북부에 위치하고 있는데 동쪽은 동작구 사당동 및 관악구 남현동과 서남쪽은 관악구 신림본동, 신림 2동, 신림 5동 등과, 북쪽은 동작구 상도동과 이웃하고 있다.

푸른 솔밭이 있던 청릉말

청릉靑陵 마을은 현재 관악구청이 있는 청룡동靑龍洞(구 봉천4동) 1574번지부터 1584번지 일대의 자연 마을로 40여 호의 농가가 있던 전형적인 농촌 마을이었다. 이 마을은 경주 김씨가 30여 호, 양천 허씨가 몇 집 살았다고 하며 일부는 현재까지 살고 있는 것으로 확인되었다.

이곳을 청룡靑龍 마을이라 하지만 이는 잘못 알려진 이름이며 이곳 주민들에 의하면 청룡보다는 청릉이 바른 이름이라고 한다. 1970년경 이 일대를 택지화하면서 청릉보다 청룡이 좋다고 해서 단지 조성 소장에 의해 붙여진 이름으로 원래 이름과는 다르다는 것이다.

청릉이란 이름은 조선조 태종 이방원의 장자인 양녕 대군의 후손들

에 의해 푸른 솔밭이 삼태기 안처럼 생긴 데서 '능자리'라 부른 것이
다. 일설에 의해 강감찬 장군이 이곳을 지날 때 푸른 솔밭을 보고서
능 자리로 하였으면 좋겠다고 하여 이곳 마을이 청릉 마을이 되었다
고 한다.

이 마을 뒷산을 청릉산이라고 하며 그 정상을 매봉재라고 하는데
이 산은 야산이라 너구리, 토끼 등 짐승이 많아 솔개(매)가 항상 산 정
상에 배회하고 있어 매봉재라는 이름이 붙여졌다고 한다.

또 이 마을에는 도당나무가 있어 매년 음력 10월 초 1일에는 마을의
안녕과 풍년을 빌기 위하여 도당제를 지내왔다고 한다.

이곳 마을 뒤편 골짜기는 황새골이라 불렀는데 황새가 많이 왔다고
해서 붙여진 것이고 마을 앞들을 애개미라 하였는데 현재 지하철 봉
천역 주변이다. 또한 봉천 사거리 부근에는 수천 명이 모일 만한 산이
있어 자리산이라 불렀는데 구획 정리 사업으로 없어졌다고 한다. 그
리고 청룡 시장 인근에 우두물이라는 동네 우물이 있었는데 물이 좋
아 온 동네 사람이 먹었다고 하며 위치는 현 청룡동(구 봉천4동)
1584-23호이다.

고려 시대 3층 석탑이 있던 탑골

탑골(탑곡塔谷)은 낙성대동落星垈洞(구 봉천7동) 218번지 일대 자연
마을로 약 30여 호의 민가들이 있었다. 이곳 마을은 강감찬의 출생지
로 3층 석탑이 고려 시대부터 있었다. 현재는 이곳을 낙성대라 하지만
예부터 탑이 있는 동네로서 탑골이라 불러왔다.

구 봉천동 218번지 14호에 있던 이 탑
의 조성 연대는 고려 시대인 13세기로 추
정되며 자재는 화강암으로 높이는 4.8미
터이다. 탑의 전면에는 〈강감찬 낙성대姜
邯贊落星垈〉라는 비문이 새겨져 있어
1974년 이곳을 성역화하면서 탑골이라는
지명이 낙성대라 불리우게 되었다. 이곳
에 수십 대를 살아 온 동리 사람들은 임
진왜란 당시 왜병이 3층 석탑 내부를 열
어 그 곳에 있던 유물을 가져갔다고 믿고

관악구 낙성대 앞의 강감찬 유허비

있다. 이 탑은 1974년 봉천7동 산48번지로 옮기고 강감찬의 생가터에
는 낙성대 유지로 유허비를 세워 서울시 기념물 제3호로 지정하였으
며 노산鷺山 이은상李殷相이 비문을 남겼다. 일설에 의하면 이와 같은
강감찬 3층 석탑이 북한의 개성박물관에 있다는 이야기도 있다.

이곳 탑골 마을에는 조선조 성종 때 대사성 직제학 벼슬을 지낸 화
순 최씨 최한량공의 후손들이 14대에 걸쳐서 20여 호 살았으며 또한
전주 이씨 임영 대군 후손 10세대가 살았다.

이곳 낙성대는 고 박정희 전 대통령의 뜻에 따라 성역화하기로 하
고 1973년 봉천7동 산48번지 일대 1만여 평을 공원으로 조성함으로
써 1974년 6월 14일 서울특별시 유형문화재 4호로 지정하여 보존되
고 있다.

강감찬의 생가터 옆에는 강감찬 나무로 불리는 향나무가 있었는데

이 나무는 수령 약 7백 년으로 서울에서 두 번째 큰 나무였다. 나무의 높이는 17미터이고 둘레가 4미터20센티미터이며 지상에 두 가지로 자란 나무로서 서울시 보호수(1-23호)였다. 이 나무는 너무 오래되고 생육이 좋지 않아 고사枯死되어 있는 것을 1988년 연립주택을 지으면서 잘라버렸다.

이곳 마을에는 옛 지명이 남아 있는데 지금의 낙성대 자리를 능골이라 불렀으며 대학촌 마을을 건능골, 서울대학교 교수아파트 자리를 푼무골, 서울대학교 후문 뒷산을 국수봉, 서울대학교 기숙사 자리를 은정골, 지금의 낙성대 뒷편 약수터를 샘방이라 하였다. 또 현 구민운동장 정상 쪽에 당제가 있어 매년 10월 1일에는 도당제를 지내 왔다.

현재 낙성대길은 지하철 2호선 낙성대역 근방인 남부 순환도로와 교차하는 인헌초등학교를 기점으로 하여 서울대학교 후문에 이르는 길 2천 미터의 지선 도로이다. 이 길은 1984년 11월 7일 가로명으로 처음 제정되었으며 이 길이 지나는 낙성대동 산48번지 내에 낙성대가 있기 때문에 붙여진 도로명으로 최근에는 4차선으로 확장되었다.

관악구 신림동의 유래
- 관악산 기슭 숲이 무성한 마을 -

신림동新林洞은 본래 이곳이 관악산 기슭으로 그 일대에 숲이 무성하여 생긴 이름이며, 원래의 신림은 삼성동三聖洞(구 신림6동) 부근으로 나무가 많아서 인근의 주민들도 여기까지 와서 땔감을 해 갔다고 한다. 신림동이라고 하는 고유 동명은 이곳을 맨 처음부터 신림이라 칭한 곳이며, 파평 윤씨들의 집성촌으로 수백 년간 살았던 곳이기도 하다.

조선조 때 행정구역 명칭은 이곳을 가리켜 신림이라 불렀다. 원 신림의 남쪽에는 합실이라 하여 재실이 있었으며, 밤골(율곡) 골짜기는 삼성동(구 신림10동)의 산장아파트가 들어서 있으며, 신림 맞은편에는 약수암이라는 사찰이 있었는데, 조선조 명종 때 김 처사라는 분이 지은 것이다. 바위틈에서 항상 샘물이 흘러 이곳 절을 약수암이라고 불렀다고 한다.

원 신림 서편은 양산이라고 하여 5~6채의 한옥이 있었는데, 하루 종일 햇볕이 들어 붙여진 이름이며, 조선조 태종의 장남 양녕 대군이 세자 책봉 관계로 출가를 한 뒤 이곳에 들어와 초막을 짓고 3년간 살았다는 이야기가 전한다. 그 당시 작은 부인의 묘가 현재 주택은행 건너편에 있으며 양산 고갯마루에는 성황당도 있었다고 한다.

삼절로 이름 높은 신위가 살던 자하동

자하동紫霞洞은 대학동大學洞(구 신림9동)에 속해 있으며 서울대학교 캠퍼스 일대가 자리잡은 자연 마을로 조선 시대의 정조, 순조, 헌종 3대에 걸쳐 시, 서, 의 삼절로 이름 높은 신위申緯가 어렸을 때부터 살았던 곳이므로 그의 아호를 따서 마을 이름으로 삼았다. 자하동은 평산 신씨와 더불어 의성 김씨의 집성촌으로 60여 가구 중 50가구가 의성 김씨였다. 일제 때는 시가도풀장을 시설하여 일본인과 용산병영의 일본군 야영장으로 풍치와 산수가 좋은 곳이기도 하다. 시가도풀장은 관리 소홀로 일부 붕괴된 것을 이곳이 시흥군 관할이라 풀장 시설물을 안양유원지내 풀장으로 이전시켰으며 1968년에 지금의 제일광장 옆에 신림풀장이 개설 운영되었다. 그러나 서울대학교가 옮겨온 이후부터는 사용하지 못하고 있다가 현재는 인공호수가 조성되어 있다.

이곳은 예로부터 산수가 좋기로 이름난 곳으로 영등포, 노량진 등 원근 학교들의 봄, 가을 소풍지로 유명하였다. 자하동 뒷산 국수봉에는 민간 신앙인 미륵이 모셔져 있어 기복신앙의 발원지가 되었으며, 도당이 있어 매년 10월 상달에 당주를 선출하여 마을의 안녕과 한해의 풍년을 기원하는 제사를 지냈다. 미륵은 현재 대학동 성불암 앞마당에 있다.

1950년 한국전쟁 때는 수만 명의 이남 사람들이 피난하여 무사히 지낸 곳이다. 그 당시 국군 제1연대 소속 헌병 상사 박희복은 패잔병으로서 이곳 관악산에 은둔하면서 자하동의 젊은이 40여 명으로 구성된 유격대 활동을 전개하여 적에 대한 많은 피해를 입혀 한국전쟁사에도 유래를 찾을 수 없는 유격 활동 기록을 남기기도 하였다.

그 후 1963년 관악컨트리클럽이 신설 운영되어오다가 1970년 1월에 고 박정희 전 대통령 재직시 서울대학교가 들어오면서 수백 년간 이어져 오던 옛 마을은 없어지고 그 당시 주민은 약수암 근처와 대학동(구 신림9동) 화랑 단지 일대로 이주하였다.

서울대학교 정문 옆에 소나무 세 그루가 있는데 이곳은 옛날 물방아가 있던 곳으로 일명 물방앗간으로 불렸다.

돈 많은 부자들이 살았던 복은말

복은말(복은촌福隱村)은 옛날에 돈이 많은 부자들이 살았다고 하여 붙여진 이름이라고 하나 마을 자체가 보그니 안처럼 분지형이기 때문에 복은 마을 또는 보그니 마을이라고 하였다. 20여 호가 살았던 이곳은 서림동瑞林洞(구 신림2동) 118번지 일대로 이곳 뒷산 103번지 일대와 쑥고개 아래편에는 고려장터가 있었다.

화랑단지 쪽에는 안동 김씨들의 묘 약 50기 이상이 있고, 또한 조선조 세종의 둘째 아들인 창원군 묘가 자리 잡았던 곳이다. 그 당시 세도가 당당하므로 다른 묘역의 묘비는 전부 쓰러뜨리고 일반인의 출입을 금지시켰으며 일반인들이 자기 조상의 묘를 참배하고자 할 때도 이곳에 출입하지 못했다고 한다.

서림동 청사 부근은 성돌이라 하였고, 그 밑을 울배라고 하였다. 왕자의 무덤 때문에 출입을 하지 못한 일반 백성들은 성돌 밑에서 조상묘를 향하여 절만 하고 울고 돌아갔다 하여 울배라는 명칭이 전해오고 있다.

고려장은 옛날 고려 시대에 살기 어려운 백성들이 늙은 부모를 모시지 못하고 움집처럼 생긴 땅굴에 며칠 분의 먹을 것을 넣어두고, 그것이 떨어지면 굶어 죽게 했던 장례법으로 이 고려장은 광복 이후까지 보존되어 행해진 것을 본 사람이 있다.

서원이 있던 서원말

서원말은 신림본동에 위치했던 자연 마을로 이곳에는 서원터가 있었으며 고려 시대에 서원정이라는 작은 정자가 있었는데 강감찬이 송도에 왕래할 때 자주 머물렀다고 한다. 신림 사거리 쪽에는 제당을 지내는 당집이 있었다. 서원말은 70여 호의 촌락을 형성한 곳으로, 주로 곡산 연씨들의 집성촌이었다. 조선조 말에는 이곳을 시흥군 동면 서원리라 불렀으며 한일 합방 이후에는 신림리에 속하다가 일제 때에는 신림리의 배급소가 있어 석유나 소금 등 각종 생필품을 배급해 주는 곳이었다. 이후 서울시로 편입되면서 제일 번화가로 발전되었다.

일설에는 이곳에 강감찬을 배향한 서원이 있었다 하나 확인 결과 강감찬은 현 경기도 광명시 소하동의 충현서원忠賢書院에 배향되었으니, 조선조의 선현봉사先賢奉祀와 교육 기관인 서원의 소재는 확인되지 않았다.

난곡 강서가 살았던 난곡 마을

난곡蘭谷 마을은 진주 강씨의 집성촌으로 조선조 중종 때의 문신인 강서姜緖의 호인 난곡에서 유래되었으며 진주 강씨 이외에 전주 이씨들도 많이 살았다. 강서는 우의정 강사상姜士尙의 아들로

강서의 아버지 우의정 강사상의 신도비각. 관악구 남현동

선조 때 남양 부사, 좌승지, 인천 부사를 지냈다.

난곡에서는 예부터 난초를 많이 길렀는데 윗쪽은 난곡(현 난향동蘭香洞), 가운데는 난곡(현 난곡동蘭谷洞), 아랫마을은 난곡(현 미성동美星洞) 등 셋으로 구분된다. 일제 시대에는 공동묘지와 납골당이 있어 낙골이라고도 하였다. 이곳은 조선 시대의 명장인 강홍립姜弘立 장군이 유배되어 일생을 마친 곳이기도 하다.

난곡에는 천연기념물로 지정된 수목도 있는데 난곡동(구 신림 3동) 산112번지의 1호(건영아파트 내)에 있는 굴참나무 나이가 1천여 년 되고 키가 17미터이며, 둘레가 2.5미터 가량 되는 거목으로 천연기념물 제271호로 지정되었다. 우리나라의 오래된 큰 나무는 대개 어떤 인물이나 사건들의 내력이 담긴 전설이 많은데 난곡의 굴참나무는 낙성대에서 출생한 고려의 명장인 강감찬이 이곳을 지나다가 짚고 다니던 지팡이를 꽂아 놓은 것이 자라난 나무라는 전설이 있다.

또한 앞서 밝혔듯 난곡은 비운의 장군인 강홍립이 유배되어 은거하면서 난초를 기르며 생활하였으며 그의 묘터와 진주 강씨 일가 묘역이 뒷산에 있다. 강홍립은 1560년(명종 15)에 출생하여 1627년(인조 5)에 세상을 떠났으며, 자는 군신君信 호는 내촌耐村이며 본관은 진주晉州이다. 1589년(선조 22)에 진사가 되고 1597년에 알성문과에 을과로 급제하여 1605년(선조 38) 도원수 한주겸의 종사관이 되었고, 서장관으로 명나라에 갔다.

명나라가 요동반도를 침범한 후금後金을 토벌할 때 명나라의 요청으로 강홍립은 5도 도원수가 되어 부원수 김경서金景瑞와 장병 1만3

도원수 강홍립 묘소. 관악구 남현동

천의 군사를 거느리고 출정하였다. 1619년 명나라 제독 유정의 휘하에 들어가 싸우다가 패전한 후 휘하 전군을 이끌고 후금에 항복하였다. 이듬해에 조선 포로들은 석방되었으나 강홍립, 김경서 등 10명은 계속 억류당하다가 1627년(인조 5) 정묘호란丁卯胡亂 때 후금군의 선도로 입국하여 강화에서 화의和議를 주선한 뒤 국내에 머물게 되었다. 그러나 강홍립은 역신으로 몰려 관직을 삭탈당하였고 죽은 후에야 복관되었다. 장군의 묘소는 관악구 남현동에 있다.

난곡은 관악구의 서남쪽으로 구로구와 경계를 이루며 삼성산 말미에 위치한 주거 밀집 지역이다. 이외에도 신림동에는 합실合室 마을이 삼성동에 있었는데, 이곳은 관악산 중턱이라 밤나무가 많아 율곡栗谷이라고도 하였다.

급격한 개발로 원형을 상실한 서초구

1960년대 후반 서울시 도시 기본 계획이 수립될 때 강남 지역을 부도심副都心으로 아울러 계획함으로써 이 지역의 개발이 급속도로 이루어지게 되었다. 강남 지역은 1962년까지만 해도 경기도 광주군 대왕면大旺面과 언주면彦州面, 시흥군始興郡 신동면新東面 관할 구역이 대부분이었다. 그러다가 1963년 1월 1일을 기하여 서울시의 행정구역 확대에 따라 서울시에 편입되기에 이르렀다. 광주군 언주면 지역은 성동구 송파출장소가, 시흥군 신동면 지역은 영등포구 신동출장소가 설치되어 이들 지역을 관할하게 됨에 따라 이전에는 전답이나 야산에 불과했던 지역이 끊임없는 개발에 개발을 더하여 오늘의 강남으로 자리 잡게 되었다.

이러한 변모를 예상하지 못했음인지 본래의 모습을 후일에 참고할 만한 이렇다 할 계획이나 관심은 별로 없었던 듯하다. 따라서 문화유산이나 명승고적도 본래의 잔영조차 찾기 어려운 처지에 이르렀다는 점에서 적잖은 아쉬움을 남길 뿐이다. 서울의 어느 지역보다도 과감하고 신속하게 개발을 많이 한 탓으로 강남 지역은 그 원형이 훼손되고 변모하였다.

기존에 잘못 소개되었거나 각 구의 특기할 자연 마을 몇 곳을 임의로 선정하여 그 유래와 옛 모습을 살펴보고자 한다.

서초구 서초동의 유래
- 서리풀이 무성했던 마을 -

서초동瑞草洞은 서리풀이 무성했다 하여 불린 이름으로 조선 시대 과천현果川縣 동면東面의 반초리盤草里, 명달리明達里 지역이다. 『호구총수』 과천조果川條를 보면 동면의 반초리가 나오는데 서리풀은 바로 반초盤草에서 유래된 것임을 알 수 있다.

서리풀은 김이나 안개가 끼어 물방울을 지어 엉기어 있음을 뜻하는 '서리다'의 어간 '盤서리다반'자와 '草풀초'자가 더해진 합성어이다. 원래의 서리풀 마을은 현 서울교육대학교 동쪽 여원사女苑社가 있는 부근으로 마을 뒤 건너편에 낮은 산이 있어 장마가 지면 마을 어귀까지 안개가 서리곤 했다고 한다. 따라서 이곳 물은 우면산牛眠山 북동쪽 여러 골짜기의 물이 서리어 서초동 칠성사이다 고속도로 삼풍아파트 뒤쪽 극동아파트 앞 삼호가든과 한양아파트 사이의 복개천을 따라 고속터미널 남쪽을 지나 팔레스호텔 옆의 서래 마을 물을 받아 다시 동작동 물과 이수교에서 합류하여 한강으로 흘러간다.

이렇게 이리저리 서리어 흐르는 물가 주변은 비가 오면 늘 물이 서려 있어 농토는 묵고 풀만이 무성했기에 '서리풀'이란 이름이 유래되었다고 보인다. 즉, 내가 서리어 흘러가고 물 또한 서리어 있는 곳의 풀이라는 의미이다.

우리들이 보통 생각하는 것 이상으로 물이 끼었는지 현재의 서초 삼호아파트 부근은 늪지였으며 높은 자리인 서래 마을을 제외한 팔레스호텔 부근까지 물이 서리었다고 한다.

『여지도서輿地圖書』상 과천현 산천조山川條를 보면

〈僧房用 縣北十里 源自冠岳北麓 流入于銅雀江

菊逸川 縣東二十里 源出牛眠山北麓 盤流而入于銅雀江

승방용 현북십리 원자관악북록 유입우동작강

국일천 현동이십리 원출우면산북록 반유이입우동작강〉

이라고 하여 현 사당 전철역 방향에서 흘러내리는 승방천 물과 서초동에서 흘러내리는 국일천이 이수교에서 합류하여 동작강으로 흘러들어 가는데, 특히 국일천은 '서리어 흘러 들어간다'고 했으니 위의 가설에 대한 좋은 근거라 하겠다.

『여지도서』 과천현과 『과천읍지果川邑誌』에는 이 내가 국일천으로 기록되어 있다. 또 『과천읍지』 묘소조墓所條의

〈左贊成貞度公鄭易墓在縣東二十里菊日里

觀察使草堂許曄墓在縣東二十里菊日里

좌찬성정도공정역묘재현동이십리국일리

관찰사초당허엽묘재현동이십리국일리〉

라는 기록을 보면 '국일菊日'도 국일천菊逸川의 '국일菊逸'과 같은 지명으로 사료된다. 이곳은 현 서초동 법원 단지 주변으로서 초당 허엽의 묘가 있었던 삼풍아파트 남동쪽 끝의 삼익아파트 자리에 옛 마을 '귀일'이 있었다고 하니, 귀일은 국일菊逸(또는 菊日)에서 유래된 것으로 보인다.

앞서 밝혔듯 '반盤'의 뜻은 '서리다'로서 '반蟠' 자와 같은 자로 쓰인다. 이 '서리풀'을 석독釋讀 한자로 바꾼 것이 반초盤草

허균과 허난설헌의 아버지 초당
허엽 묘비. 경기도 용인시

와 상초霜草이므로 일찍부터 두 표기가 혼재된 반초리盤草里와 상초리霜草里라는 지명이 확인되는데 반초리가 지명 유래에 근거한 바람직한 한자 지명이라고 하겠다.

상초리는 서릴풀>서리풀로의 음운 변동을 고려하지 않은 것이다. 고유어 지명인 서리풀을 한자로 바꿀 때 서리를 얼핏 늦가을에 내리는 '霜서리상' 자로 착각하여 '霜상'으로 바꾼 것이다. 그런데 후대로 오면서 '상초霜草'가 서리맞은 풀로 뜻이 변질되는 경우가 생기므로 이보다 좋은 뜻을 지닌 '상서로운 풀'을 의미하는 '서초瑞草'로 둔갑하게 된 것으로 믿어진다.

단순히 '서리풀'을 반초盤草나 상초霜草로 바꾸어 석독하면 둘 다 서리풀이 되므로 빗나간 한자 이름인 서초瑞草로 굳어지게 되었고, 이로 인해 지명에 대한 특별한 식견 없이는 원래의 유래를 찾기 어렵게 왜곡된 이름으로 굳게 되었다.

서리풀 마을을 포함한 반초리는 명달리와 함께 조선 시대 과천현의 동면에 속한 구역으로 여러 자연 마을이 있었는데 장안말(장정), 정곡, 한두골(한두굴), 귀일(귓말), 당골, 사도감, 상남배기, 왕촌, 궁너머, 가천동, 무당골, 분토골(부곡), 큰말(대촌), 서리풀(서리풀이) 등이 있었다. 서리풀은 현 서초구청 건너편 마을 사도감과 함께 각각 40여 호를 이루던 큰 마을이었다.

그중 한두골은 지하철 2호선 교대역 북서쪽 출구(11번 출구) 옆에 있던 마을로 정도공貞度公 정역鄭易(호 백정柏亭)의 신도비가 있는 정곡鄭谷 마을로 들어가는 어구이다. 정역 신도비문에 나와 있는 〈果川 白石

洞 負亥之原 과천 백석동 부해지원)의 백석동白石洞이 바로 한두골을 말하는 곳으로 흰돌골>흰도골>한두골로 변동된 지명으로 보인다.

또 정곡 마을은 현 법원 정문 쪽에 자리잡은 마을로 일곱 집이 있었다고 한다. 정곡의 유래는 정역의 묘소가 있는 마을이라는 데서 비롯되었다. '정곡'이라는 큰 표석이 지하철 교대역 동북쪽 입구에 있었는데, 현재는 해주 최씨 대종친회 건물 내로 옮겨졌다.

정역 신도비
(鄭易 神道碑)

조선 태종 때 집현전 대제학(集賢殿 大提學)을 지낸 정역(鄭易)의 신도비(神道碑)와 해주정씨 마을을 뜻하는 「鄭谷」이란 표석(標石)이 있음

효령 대군의 장인 정역 신도비.
서초구 법원 정문

서초구 반포동의 유래
- 물이 서리어 있던 갯벌 지대-

반포동盤浦洞은 서초동편 반초리 소개에서 밝힌 바와 같이 우면산 북동쪽의 여러 골짜기 물이 서울교육대학교 부근을 거쳐 경부고속도로 동쪽 길가를 따라 흘러내려, 서초동 삼호아파트 단지 끝 부근에서 극동·삼풍·한양 아파트 북편과 삼호가든 1·2차 단지 사잇길인 복개천을 지나 다시 고속터미널 뒤쪽으로 굽어 강남성모병원과 팔레스호텔, 서래 마을 앞을 지나 동작강으로 들어가는 내(『과천읍지』 표기 '국일천')가 이리 저리 서리어 흘러드는 개(포浦)이므로 이를 반포로

칭하게 된 것으로 보인다.

『호구총수』의 과천 상북면上北面에 반포리盤浦里가 있는 점으로 보아 일찍부터 서리개 → 서릿개(반포盤浦) 마을이 형성되었음을 짐작할 수 있다. 반포4동 관내의 한신서래아파트가 있는 마을을 서래 마을 또는 서애西涯로 부르고 있는데 이것은 서리개(반포)가 음운변동을 일으킨 지명으로서 이 마을이 바로 '반포'라는 한자 지명을 형성하게 한 마을이다. 즉, 서리개>서리애>서래가 된 것이다.

'서애西涯'라고 하는 사람도 있으나 현 강남성모병원 건너 조달청 자리에 마뉘골 마을이 있었는데 이곳 사람들이 서쪽의 산 가파른 언덕 편에 자리 잡은 서래 마을을 서쪽 낭떠러지에 있는 마을이라 하여 서애라고 지칭했다는 것인데 음운 변천 과정의 올바른 경로는 '서애'가 아닌 '서래'로 보아야 하겠다. 고유 지명인 서리개(서릿개)를 석독한자로 표기한 지명이 반포盤浦(또는 蟠浦)이며, 서리개가 음운 변동을 입은 방언 형태의 지명이 바로 서래이므로 서래 마을(서랫말)이 고유한 이름이 된다.

반포동은 예부터 비만 오면 대부분 물이 빠지지 않고 서리어 있는 갯벌 같은 지대라는 점은 널리 알려진 사실로서 '반포'라는 이름이 이 지역의 당시 상황을 잘 대변해 주고 있다.

반포동에 속한 자연 마을은 서랫말을 비롯하여 마뉘골, 둥근말, 주흥동, 언구비, 기루지(계루지) 등이 있었다.

삼태기의 안과 같은 둥근말

둥근말은 성모병원 동쪽 산 너머 마을로 현재 법원연수원 북서쪽 산 밑에 자리 잡은 미도아파트 단지에 있었던 마을이다. 윗골과 윗말 약 20여 호와 아랫말 약 10여 호가 있었고 마을 앞 현 삼호가든 1·2 차 건너편과 고속터미널 사거리에 남북으로 걸친 둥글다리도 있었다 고 한다. 마을이 삼태기 안처럼 둥그렇게 자리 잡은데서 땅 이름이 유 래하였다. 1980년대 초 삼호가든 1·2차 아파트 조성을 비롯하여 한 신빌라에 이은 미도아파트 단지 조성으로 둥근말은 완전히 없어지게 되었다. 고속터미널 동쪽 길 건너편의 주공아파트 3단지 내에 원촌초 등학교와 원촌중학교가 설립되어 있는데 원촌園村은 바로 둥근말에서 원용한 이름이다. 옛 지도에는 원곡園谷으로 표시되어 있다.

김주용 선생이 부흥시킨 마을, 주흥동

주흥동周興洞은 현 영동사거리 서편 논현빌딩 남쪽 길 건너 반포파 출소 부근의 마을이다. 이 마을은 1925년 대홍수를 입은 서 잠실의 이 재민들이 사회사업가 김주용金周容 선생의 유업에 의해 새로 지은 30 여 호의 주택을 무료로 공급받아 이곳에 정착하면서 생겼다. 마을 이 름 주흥동은 그의 이름에서 '주周' 자를 따서 김주용 선생이 일으켜 부 흥시킨 마을이라는 뜻을 담고 있다.

마뉘골

마뉘골은 현재 강남성모병원 일부와 건너편 조달청 자리에 위치한 마을로 산봉우리 5개가 매화 꽃잎처럼 솟은 가운데 형성된 마을이라 하여 속칭 매곡동梅谷洞이라 부른다. 마뉘골에서 서초동으로 넘어가는 산 어귀에 커다란 차돌이 박혀 있었다는 이야기가 있고, 또 「정역신도

비문」의 백석동과 관련지어 보면 마뉘는 마노瑪瑙(차돌의 일종)의 방언형으로서 이 마을이 차돌이 박힌 마뉘골로 불리었을 개연성이 크다.

언구비

　언구비는 경기도 광주군 언주면 논현동과 시흥군 신동면 반포리의 두 지역으로 나뉘어져 있었다. 현 논현빌딩이 있는 영동사거리에서 동편 영풍빌딩을 향해 옛길이 있었는데 이 길은 신성빌딩 동쪽 골목길을 따라 양재동까지 이어진다. 한편, 영동시장 입구 지하도 부근에서 갈라져 지하도를 따라 가로질러 서쪽 신라제과와 영동약국 사이의 길로 굽어져 반포동 724-6의 옛 강습소 앞에서 북쪽 주흥동과 기루지로 통하는 길과 남쪽 신동면 언구비로 통하는 삼갈래 길에 이르게 된다. 이 서쪽 시흥군 신동면의 언구비 마을은 50여 호에 이르던 큰 마을이었으며 길 동쪽의 광주군 언주면의 언구비는 10여 호 정도의 작은 마을이었다. 언구비에 대해서는 강남구 논현동 편에서 자세히 설명하기로 한다.

서초구 방배동의 유래
- 왕위를 포기한 양녕 대군의 우애 -

　양녕讓寧 대군은 조선조 3대 임금인 태종의 맏아들로 이름은 제禔요, 자는 후백厚伯이다. 그는 1404년(태종 4)에 왕세자로 책봉되었으나 실덕이 많다 하여 1418년(태종 18) 폐위됨으로써 셋째 왕자인 충녕

忠寧 대군(세종)에게 왕세자의 지위를 물려주게 되었다.

그 후 양녕은 정치와는 담을 쌓고 주유천하로 풍류를 즐기면서도 형제간에 우애가 돈독하여 많은 일화를 남겼다. 전해 오는 이야기에 따르면 양녕은 조선 초의 격변기 속에서 스스로 훌륭한 임금이 될 수 없다는 판단을 하고 자신보다 월등한 충녕에게 자리를 양보하기 위해 스스로 미치광이 짓을 하였다는 것이다. 충녕이 왕위에 오르자 살아 있는 폐 세자는 위험인물로 배척의 대상이 될 수 있었지만 세종은 형을 믿었고 양녕 또한 오해받을 짓을 하지 않았다.

그는 도성 내에 들어가지 아니하고 한강 남쪽에서 한양을 바라보며 동생인 상감이 국태민안하게 나라를 잘 다스려 주기를 빌면서 등을 돌려 남으로 내려갔다 하여 방배동方背洞이란 지명이 생겨났다고 한다.

한번은 양녕이 한바탕 사냥을 끝내고는 둘째인 효령孝寧 대군이 불도를 닦고 있는 회암사檜巖寺에 들려 고기를 굽고 술을 마시며

"불도는 닦아서 무엇에 쓰려는가?"

하고 물었다. 이에 효령이

"성불成佛하려고 하지요."

답하자

"그것 참 잘되었다. 이 몸은 살아서는 임금의 형이고 죽어서는 부처의 형이니 누가 감히 나를 건드리겠느냐?"

하면서 거리낌 없이 인생을 살았다.

양녕의 지혜와 양보심이 아니었더라면 세종 같은 성군이 없었을 것이며, 형제간의 우애와 금도襟度가 없었다면 따뜻한 일화가 생겨나지

못했을 것이다.

한편 우면산과 등지고 있는 동리라 하여 방배方背라고 했다는 말도 있고, 일설에는 동洞의 북쪽에 흐르는 한강을 등진(背등배) 모서리(方모방)란 뜻으로 방배로 불리었다는 설도 있다.

방배동은 조선 시대에는 과천현 상북면 방배리였으나 조선총독부령 제111호(1914. 3. 1)에 의해 경기도 시흥군 신동면 방배리가 되었다. 그러다가 1963년 1월 1일 법률 제1172호에 따라 서울특별시에 편입되면서 방배동이 되었다. 그 후 여러 복잡한 연혁의 경로를 거친 후 1988년 1월 1일을 기하여 강남구에서 서초구가 분리되어 현재는 서초구 방배동에 이른다.

방배동의 옛 자연 마을은 승방뜰, 도구머리(도구두都口頭), 윗성뒤, 아랫성뒤, 이복골(이복촌二福村), 오목골, 천촌, 사북촌, 새말, 새텃말 등이 있었다.

승방이 있는 넓은 벌, 승방뜰

승방뜰(승방평僧房坪)은 현 지하철 사당역 남쪽, 관악산 기슭 돌산 뒤에 관음사觀音寺라는 절이 있어 승방이 있는 넓은 벌이라는 뜻에서 유래되었다.

승방뜰의 위치는 사당 전철역 주위를 다 포함하는데 아마도 현 방배동 관할 구역 내에 이보다 큰 마을은 없었던 듯하다. 80여 호 이상이 거주하던 근방에서는 제일 큰 마을이었다 한다. 현재는 사당역에서 경수국도를 경계로 하여 동은 서초구 방배동이며 서는 관악구 관할로 갈려 있으나 조선 시대에는 과천 상북면 사당리에 속했다. 하지만 당시 자연 마을이었던 승방뜰과 사당이(사댕이)는 총신대 전철역에서 상도동으로 넘어가는 길가의 88번 종점으로 이어지는 북쪽 산기슭을 따라 자리 잡은 마을을 가리킨다. 현재는 일부가 우성아파트 등 재개발 아파트 단지가 들어서 있다.

따라서 사당리는 총신대학교 건너편 동래 정씨 사당祠堂에서 유래된 이름으로 마을의 위치도 총신대역에서 총신대학교까지 이어진 길 북쪽에 죽 자리 잡은 마을이었다. 현재 우리가 지칭하는 지하철 사당역 부근은 사당리가 아니라 승방평이었다. 현재는 사당동을 한자로 사당동舍堂洞이라 한다.

도구머리

도구머리는 현 관악경찰서 부근의 마을로 『조선지지자료朝鮮地誌資料』에는 도구두道口頭로 표기되어 남태령을 넘어 승방평을 지나 서울로 들어가는 길 어귀에 있다 하여 붙여진 이름이다.

강남구 논현동의 유래
- 논이 많았던 고개 -

논현동論峴洞의 논현은 논고개를 의미하는 것으로 이 고개를 넘는 골짜기에 논이 많이 있었다고 한다. 실제로 『호구총수』의 광주 언주면에 논고개論古介라는 기록이 있어 이를 뒷받침해 준다. 논고개를 한자음으로 취음取音한 표기가 논고개이며, 이를 다시 석독 한자로 바꾼

강남구 삼성동에 있는 봉은사

것이 논현論峴이 된 것이다.

논고개는 지금의 영동사거리에서 강남우체국 뒤 동남쪽으로 이어져 임피리얼팰리스호텔(이전 아미가호텔) 맞은 편 부근에서 오른쪽은 강남웨딩홀(이전 마샬웨딩프라자), 왼편은 구 중원예식장을 끼고 올라가는 고개를 의미하는데, 옛날에는 이곳에 이르는 골짜기 양편에 많은 논이 있어 논고개라 칭했다 한다. 특히 현 강남우체국에서 고개로 이어지는 곳은 장벌이라 지칭했는데, 여기에도 많은 논이 있었다. 흔히 강남우체국에서 논현천주교회 쪽으로 이어진 지금의 고개를 논고개로 소개한 과거의 기록물 몇 개가 있어 혼란을 일으키는데, 이곳은 개발 이전에는 정도正道라 할 수 있는 길이 없었다. 논고개를 지나 경복아파트 부근을 경유하여 봉은사나 선릉으로 향할 수 있는 길이 옛길의 모습이다.

논고개에서 비롯된 논현동의 옛 자연 마을은 지금의 영동사거리 쪽을 따라서 부처말, 비말, 절골, 정산, 언구비 순으로 자리 잡았었다.

산기슭에 길게 휘어 선 언구비

이들 자연 마을 중 가장 큰 마을은 언구비로 강남 개발 이전에는 80여 호나 되었으며 주막도 있었다. 이 마을의 위치는 영동 사거리 논현빌딩 대각선 쪽의 영풍빌딩 방향으로 휘어져서 신성 빌딩 뒤 골목길을 따라 가다 논현 지하도 부근에서 강남 대로를 가로질러 영동약국 옆 골목 쪽으로 굽어져 서남쪽으로 죽 이어 자리 잡은 지역이다. 마을 앞 대로는 제일생명 빌딩 부근에 있던 고개(스무 고개)로 이어지는 데, 이 길의 서편에 있던 마을 앞 논 건너 산기슭으로 길게 휘어 늘어선 마을이 바로 시흥군 신동면의 언구비이다.

언구비를 보통 응구비라 칭하는데, 그 유래는 불확실하다. 『한국지명총람』 1의 서울편을 보면

〈광주 유수留守가 나라 산의 진陣터를 개간하여 동민의 생계를 열어 주었으므로 그 구해준 은혜를 기리는 비를 세운 데서 유래했다.〉

고 하고 또 『강남구지』에도 같은 내용의 유래와 함께

〈조선 말인 1811년(순조 11) 세도정치로 사회가 혼란할 때 도둑이 창궐하여 민폐가 많게 되자 의협심이 강한 이름이 알려지지 않은 아홉 선비가 주동이 되어 의병을 조직해 도둑을 물리치고 민가를 보호했기 때문에 이곳 주민이 아홉 선비의 공적을 후세에 남기기 위해 언구비彦九碑를 세워 전하게 되었으나 이 비석을 일제말기에 없앴다.〉

고 한다. 그런데 『강남구지』나 『동명연혁고』에서는 모두 비말을 일명 언구비라고 불렀다고 밝혔다. 이 점으로 보아 비말에 있었던 비석 내용과 관련이 있는 것을 착각하여 언구비를 언구비彦九碑로 이해한 것인지도 모를 일이다.

비말과 언구비는 각각의 분리 된 자연 마을이었다. 비말은 현재 학동로와 논현로가 교차하는 강남우체국 앞 논현사거리 북서쪽 모퉁이 근처(현 한빛은행 뒤 동국대한방병원 건물 부근) 마을로 한국전쟁 때까지

5호 가량의 이씨 집성촌이었고, 언구비는 개발 이전에 정씨, 김씨, 백씨 등의 주된 집성촌으로 80여 호나 되는 큰 자연 마을이었다.

비말은 옛날 이곳에 비碑가 세워져 있었던 데서 유래된 이름이나 이 비가 언제 어떤 이유로 없어졌는지는 알려져 있지 않고 비를 우물에 묻었다는 설만이 기록되어 있다. 한편 언구비 마을의 토박이였던 이들은 웅구비(옹구비)라고 칭하였고, 그 이외의 방언으로 안언구비를 안웅구비(안웅구비)나 안구비로 칭하는 사례가 있다.

언구비나 안언구비의 유래는 불분명하나 '구비'는 '굽이'와 '언'은 언덕의 고어 '언'에 어원을 둔 것으로서 '구비'와 합성된 것이 아니가 추측해 볼 수 있다. 그렇다면 지금은 개발에 의해 고개가 없어졌지만 개발 이전에는 영동사거리의 영풍빌딩 남쪽에서 서쪽으로 굽어진 곳이었으므로 '굽이'라는 유추가 가능하고, 제일생명 빌딩이 있는 언덕고개까지 이르는 길 양쪽 마을을 언구비라 했는데, 서쪽 언덕 굽이로 이어져 자리 잡았으므로 언구비로 굳어진 것이 아닌가 싶다. 길 왼쪽은 광주군 언주면 관할이었으며 오른쪽은 주로 시흥군 신동면 관할이었다.

안언구비 또는 안구비는 언구비에 대해서 안쪽에 위치한 마을이란 데서 유래된 이름으로 현재의 삼정호텔 북쪽 오목한 골짜기인 논현동 176 현대빌라 및 성우빌라 부근의 언덕에 8채가 있었다.

정씨의 묘소가 있던 정산 마을

자연 마을 정산은 정씨의 묘소가 있어 붙여진 이름이라 하는데 현재 영동사거리에서 영동시장 입구를 약간 지나 논골 노인정이 있는 논현동 125-13 주변 마을로 10호 미만의 이씨 집성의 작은 마을이었다.

절이 있던 절골

절골은 한자 지명인 사동寺洞으로 칭하기도 했는데, 비말에서 서쪽으로 한 거리 떨어져 자리 잡은 7~8호 정도 되는 백씨 집성촌이었다. 이곳은 논현종합골프클럽 연습장 부근으로 일제 시대에는 이곳에 마을 공회당이 있어 논현동의 회의가 있을 때는 부처말, 비말, 절골, 정산, 언구비의 모든 사람이 여기에 모여 의논하였다고 한다. 이 절골은 옛날 절이 있었으므로 붙여진 이름이나 절이 없어진 때는 불확실하다.

월봉암이 있던 부처말

부처말은 현재 학동파출소 근처 마을로 월봉암月峯庵이라는 작은 사찰이 있었다는 데서 유래된 이름으로 일명 부처댕이로 칭하기도 한다. 이 마을은 염씨 집성촌이었다.

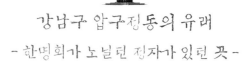

강남구 압구정동의 유래
- 한명회가 노닐던 정자가 있던 곳 -

압구정동狎鷗亭洞은 행정구역상으로 조선 시대 말까지는 경기도 광주군 언주면 압구정리에 속하던 마을이었다. 일제 때인 1914년 3월 1일 조선총독부령 제111호에 의한 경기도 구역 통폐합에 따라 인근의 옥골(옥곡玉谷)을 병합하였으며, 동명은 그대로 압구정리라 하였다. 이렇게 경기도에 속하던 압구정리가 1963년 1월 1일 법률 제1172호로

서울특별시에 편입되면서 압구정동이 되었고, 그 후 여러 번의 행정
구역 변경을 통해 오늘날 강남구 압구정동에 속하게 되었다.

압구정동은 강남구의 북쪽 한강 연안에 위치해 있는 마을로 동쪽의
청담동과 서쪽의 신사동 중간에 위치하며, 북으로는 강북의 옥수동,
금호동과 서로 마주보고 있다.

압구정동은 조선 세조 때에 한명회韓明澮가 노닐기 위해 지은 압구
정狎鷗亭이라는 정자가 이 마을에 있었기 때문에 유래하였다. 압구정
은 동호東湖의 남쪽 강가에 있는 저자도楮子島에서 볼 때에 낭떠러지
로 보이는 곳에 자리 잡고 있었는데, 정자의 위치는 465번지 현대아
파트 73동 부근이었다고 한다. 한편 압구정는 한명회의 호로 일찍이
중국 송나라 재상이던 한기韓琦가 만년에 정계에서 물러나 한가롭게
지내면서 그의 서재 이름을 압구정이라고 했던 고사에서 따온 것이
다. 이 정자는 조선 시대 말까지는 있었으나 현재는 없어졌으며 강남
개발 전에는 고목의 정자나무만 있었을 뿐 정자가 철폐된 때는 확실
히 알 수 없다.

다만 「동아일보」 1980
년 8월 28일자 기록에
따르면 압구정 정자의
터는 1970년 4월부터
1973년 3월까지 이 지역
의 아파트 건설을 위해
현대건설이 압구정동 북

한명회 묘소. 충남 천안시

쪽 저자도의 모래와 자갈을 파내어 지대를 높이고, 한강 재방을 쌓아 정자의 터가 사라지게 되었다.

이곳 정자 서쪽으로는 수은睡隱 홍석보洪錫輔가 지은 정자인 숙몽정夙夢亭이 있었다고 하나, 지금은 그 터마저 찾아볼 수 없다. 또한 압구정 부근에 두멍소가 있었다고 하는데, 두멍(큰 솥) 같이 패어 있었기 때문에 연못의 이름이 되었다.

주민들 사이에 이 못이 묻히면 나라에 난리가 나고, 이 못이 패이면 평화가 온다는 이야기가 구전되어 전해졌다. 두멍소 또한 아쉽게도 현재는 못의 위치마저 식별하기 어렵다.

그리고 압구정동 마을 앞으로 흐르는 개울물이 마치 무지개 모양으로 굽어져 흘렀기 때문에 그 개울 명칭을 무지개 개울이라고 하였으며, 압구정 제1동의 현대아파트 부근에는 압구정 나루터가 있었는데 이 역시 강남 개발을 시작하면서부터 그 흔적을 찾아볼 수 없게 되었다.

과거 압구정리에서 사람들이 가장 많이 살았던 곳은 주로 현재의 압구정역 근처 이전 소망교회 자리, 신구중학교, 현대맨션, KT플라자 신사지점을 주변으로 대략 80여 호가 되었다. 이러한 압구정동의 자연 마을로 뒤주니, 먼오금, 옥골, 장자長者말 등이 있었다.

동네 뒤쪽에 위치했던 뒤주니

뒤주니 마을의 이름은 '뒤지다'에서 유래한 것으로 본 동네인 압구정 아래에 위치하고 있던 마을로서 뒤쪽으로 압구정을 지고 있기 때문에 붙여진 이름이다. 뒤주니 마을은 대략 5~6호 정도가 모여 살았다고 한다.

옴폭 파인 마을 안쪽에 위치한 옥골

옥골은 마을의 위치가 안으로 옴폭하게 파인 곳에 위치했으므로 옥
골이라 불린 것으로 보인다. 안쪽으로 오그라져 있다는 뜻의 '옥다'와
'골'이 결합된 것이 아닌가 한다. 한편 옥골은 맑은 한강물이 마을 앞
에 흐르므로 붙여진 이름이라는 설도 있다.

또한 옥골은 마을 뒷산에 석기시대의 돌도끼(석부石斧)가 출토되기도
한 역사적으로도 유래가 깊은 곳이다. 옥골에는 예로부터 한양 조씨 집
성촌이 있었는데 대략 10여 호 안팎이었다고 한다. 옥골은 현재 청담사
거리의 갤러리아백화점 동편에 있는 청담중·고등학교 부근이다.

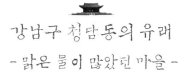

강남구 청담동의 유래
- 맑은 물이 많았던 마을 -

청담동青潭洞은 조선 말까지 경기도 언주면 청담동이었다가 일제
때인 1914년 3월 1일 조선총독부령 제111호 경기도 구역 통폐합에 따
라 청담리가 되었다. 그 후 1963년 1월 1일 서울시에 편입되면서 시
조례 제276호로 신설된 성동구 언주출장소의 관할 아래 있게 되었다.
1975년 10월 1일 대통령령 제7816호에 의해 신설된 강남구에 속하게
되었다.

청담동은 강남구의 북동쪽인 한강 연안에 위치하고 있는 마을로 서
쪽으로는 압구정동과 논현동, 남쪽으로는 삼성동과 인접하고 있고 북

으로는 한강을 경계로 성동구 성수동과 자양동을 마주보고 있다. 남
북으로는 선릉로宣陵路를 경계로 하고 동서로는 학동로鶴洞路에서 강
남구청 앞길을 따라 강동구 쪽으로 뻗어진 길을 경계로 하고 있다.

『서울사화』를 보면 청담동은

〈그 동명의 유래가 현재 청담동 105번지 일대에 옛날 맑은 못이 있
었으며, 또 현 134번지 일대 한강물이 맑아 이 마을을 청숫골이라 하
였는데, 여기서 붙여진 이름이다.〉

고 기록하고 있으나 건너말과 큰말 여기저기에 많은 샘물이 있어서
청숫골이라 불렀다는 말도 있다. 조선 시대에는 청숫골, 숫골, 큰말,
작은마을, 솔모퉁이 등으로 구성되어 있었다.

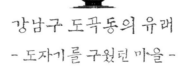

강남구 도곡동의 유래
- 도자기를 구웠던 마을 -

도곡동道谷洞은 1963년 1월 1일 법률 제1172호에 의해 서울특별시
에 편입되기 이전에는 경기도 광주군 언주면 양재리良才里의 한 마을
이었다. 한편 양재리는 시흥군 신동면과 광주군 언주면 관할 구역으
로 양분된 지역이었다.

도곡동의 동명은 원래 '독골'에서 유래된 것으로 보인다. 매봉산 남
쪽 기슭, 현 개포병원 및 현대종합체육관 부근에 자리 잡았던 이 마을
은 개발 전 50~60호가 살던 곳으로 마을 뒤편 밭에서 많은 도기 조각

들이 흔히 보였다. 이로 미루어 옛날에 이곳이 도요지陶窯址였을 개연성이 크다. 따라서 마을 이름을 독골이라 칭하였고 시대가 변함에 따라 독구리(도구리)로 굳어진 것으로 보인다. 그런데 강남구청에서 1995년 도곡 공원 내에 세운 표석을 보면

〈독골(도구리)의 유래를 '매봉산 아래 돌이 많이 박혀 있어 독부리라 불리던 것이 와전되어 독골로 되었다'고 하는 한편 '일설에는 이 부근에 독(항아리) 굽는 가마가 있어 독골이라고 불렀다고 한다.〉

고 되어 있어 혼란의 여지가 있어 보인다. 또 『동명연혁고』에서는 이 마을의 자연 마을로 독구리, 독부리, 독골을 각각 기록해 놓고 있는데 이는 같은 마을을 다른 이름으로 부른 것이다.

독골을 한자음으로 바꿀 때 도곡道谷이 아닌 '질그릇도陶'를 써 도곡陶谷이 되었어야 맞지 않았을까 하는 생각이 든다. 아마도 일제 강점기 때 이 지명을 도곡리道谷里로 이름하고, 이후 서울특별시에 편입될 당시 양재리에서 분리된 이 마을을 도곡동道谷洞으로 신고하여 동명으로 굳어진 것 같다.

도곡동의 자연 마을은 독골(독굴)이, 작은 독골이, 말죽거리, 작은 말죽거리가 있었다.

말죽거리와 작은 말죽거리

널리 알려진 말죽거리는 현 지하철 양재역 및 은광여자고등학교 부근에 1백여 호가 자리 잡고 있었으며, 작은 말죽거리는 현 럭키아파트 단지를 중심으로 약 30여 호가 모여 살았다.

송파구 잠실동의 유래
- 양잠업의 장려로 잠실도회가 있던 곳 -

부렴 마을은 오늘날의 잠실동蠶室洞에 있었는데 잠실동은 조선 초 양잠업을 장려하기 위해 뽕나무를 많이 심고, 국립 양잠소 격인 잠실도회蠶室都會가 이곳에 설치되어 있었기 때문에 붙여진 이름이다.

원래 잠실과 신천 지역은 한강의 범람으로 발달했던 부리도浮里島(부래도浮來島)에 위치했었다는 설과 자양동과 이어진 반도였다는 설이 있다. 그렇지만 잠실 지역은 원래 암말을 키우던 자마장雌馬場에 연결되었던 반도가 장마로 샛강이 생기면서 홍수 때 섬이 되어 물 위에 뜨는 것 같이 보여 부리도라고 불렀으며 샛강은 새내, 신천新川, 신포新浦로 호칭되었다.

1915년에 제작된 지도를 보면 부리도는 잠실 서남쪽, 즉 오늘날 탄천炭川 하구에 있었던 섬으로 나타나 있다. 잠실종합운동장 남쪽 탄천변 잠실본동 지역의 우성아파트와 정신여자고등학교가 있는 곳이 바로 부리도였다. 이곳은 1962년까지 경기도 광주군 언주면 삼성리에 속하였으며 잠실과 부리도 사이에는 긴 모래사장이 있어 이를 경계로 구분되었다.

부렴 마을은 이 섬에 있었으나 1971년 4월 15일에 잠실의 물막이 공사로 육지가 되자 53가구의 주민은 뿔뿔이 흩어졌다. 이때까지만 해도 부리도는 여름이면 서울 시민들의 낚시터로 사랑을 받고 또 도시의 번잡함을 피하는 휴식처로서의 기능을 하였다.

부리도에는 5그루의 뽕나무 고목을 위시하여 15그루의 크고 작은 오래된 뽕나무가 150여 평의 땅을 차지하고 있었으며 특히 그중에서도 450년이 넘는 뽕나무 고목이 경기도의 지정 보호수로 되어 있었다. 이 고목은 높이가 50척(1척=약 30.3센티미터)에 둘레가 16척으로 세 사람이 둘러서야 감쌀 수 있던 큰 나무로서 아래 부분은 썩어서 큰 구멍이 있었다. 그러나 이 뽕나무는 1970년 초 부리도가 개발되면서 없어지게 되었다. 현재 강남구 잠원동의 서울특별시 기념물 제1호 잠실리 뽕나무 또한 고사한 상태이므로 이곳의 없어진 뽕나무가 더욱 아쉽다.

부렴 마을 주민들은 이 뽕나무를 마을의 수호신으로 삼아 매년 음력 10월 1일이면 상신제桑神祭를 지냈는데, 이것은 매년 수해를 입었던 관계로 주민들이 마음을 의지하고 숭배할 신앙의 대상으로 뽕나무 고목을 선택한 것이다. 부렴 마을 사람들이 뽕나무를 신성시하게 된 데는 이유가 있다. 언젠가 이 나무 근처에서 쟁기로 밭을 가는데 소가 말을 듣지 않자 뽕나무 가지를 꺾어 때렸더니 조금 후 소는 병들어 죽고 말았는데 이는 뽕나무 신이 노했기 때문이라고 믿었다. 또한 한국 전쟁 당시 이 섬에서 군에 입대하여 참전한 10여 명이 단 한 사람의 전사자도 없이 제대를 하고 귀향한 것은 모두 상신의 가호가 있었기 때문이라고 생각하였다.

부렴 마을에는 홍수가 들면 사람들이 물에 빠져 죽거나 물을 피하기 위해 나무에 올라가 있다가 떨어져 죽기도 하였기 때문에 그곳에 있던 큰 느티나무 아래에 돌로 2미터 높이의 단을 쌓아서 마을 사람들은 큰비가 내리면 이곳에서 물이 빠질 때까지 피신을 하였다. 이를 피수대避水臺라고 불렀으며, 평소에는 마을 사람들의 놀이터로 애용하였다. 한편 병자호란 당시에 인조가 잠깐 쉬어 가면서 점심을 들었던 곳은 주점터(주정소晝停所)라고 한다. 현재의 위치는 잠실본동 184번지 부근이다.

송파구 가락동의 유래
- 가히 살 만한 좋은 땅 -

가락可樂골은 오늘날 가락동可樂洞의 중심 마을로서 조선 시대에는 가락골을 중심으로 사람들이 흩어져 살았기에 그늘골이라 하였는데 '그늘'이 '가늘'로 변하고 그것이 또 '가늑' 골이 되었다가 '가낙' 골이 되었다는 설도 있다. 그리고 가낙골이 가락골이 되었다.

또한 1925년 대홍수 때 한강이 범람하여 송파동 일대가 침수되자 그곳 사람들이 이곳으로 이주하여 '가히 살 만한 땅'이라 하여 붙여진 이름으로 1914년에는 자연 마을 12곳을 합쳐 가락리可樂里라 명명하였다.

조선 시대 가락골을 중심으로 한 자연 마을 몇 곳이 있었는데, 비석거리는 부근에 비석이 많이 세워져 있었기 때문에 비석거리 또는 비선거리라 불렀다. 이 비석은 역대 광주廣州 유수의 공적비라고도 하고 또는 병자호란 때 공적을 세운 사람들의 비석이라고도 전한다. 일제 때까지 약 5~6호가 거주하였으며 현재의 위치는 가락동 96-15 공원 용지 일대이다. 방죽 마을은 일명 방축동이라고 하였는데, 이 마을은 조선 시대 성종의 생모 소혜昭惠 왕후 한씨의 오빠인 한치인韓致仁의 묘를 이 마을 근처에 쓰고 그 앞에 방죽을 파고 연을 심었던 데서 유래되었다.

삿태 마을은 산삿태처럼 생겼다 하여 붙여진 이름으로 약 5~6호가 살았으며, 동자童子 마을은 조선 시대 한 노인이 이 마을에서 동자를 모시고 있었다는 데서 유래하였으며 위치는 50번지 일대로 약 10여 호가 거주하였다고 한다. 능골은 산75번지 일대에 왕릉을 모시려고 한 데서 붙여진 이름으로 3호가 거주하였으며, 기와집 마을은 산62번 지 일대로 2채가 있었는데 일제 때 문화재 보호에 많은 정성을 기울인 간송澗松 전형필全鎣弼이 조부의 묘를 쓰고 그 묘를 보살피기 위해 기와집을 지은 데서 유래하였다.

한치인 묘비. 경기도 양주시

또 방아골 마을은 오래전부터 물레방아가 있던 현 산70번지 일대로서 약 5~6호 정도 살았다. 옛날 한 노파가 이곳에 살다가 잘못되어 죽었는데 이 노파의 원혼이 밤만 되면 나타나 마을 사람들을 괴롭혔다. 때문에 몇 해 가지 못해 이곳에 살던 주민들이 모두 떠나 마을이 없어졌다고 하며 그 밖에 양지에 있다고 하여 양지 마을, 응달에 있다고 하여 응달 마을이라고 불리던 자연 마을이 있었다.

도당 마을은 이 마을에 수호신으로 받드는 나무가 있었는데 매년 10월에 도당제를 지냈던 연유로 붙여졌으며, 후미(홍이) 마을은 후미진 곳에 있다 하여 불린 이름으로 일제 강점기에는 후곡동後曲洞이라고 하였다. 세평이(억세풀)는 억세풀이 많이 자생하여 세평이라고 하였는데 세풀이 세평이로 변화하였다. 세터는 터를 세로 닦아서 생긴 마을이었으며 그 외 한태 마을, 청석굴, 방고개, 평화촌 등의 이름이 전해진다.

송파구 거여동의 유래
- 거여가 살던 마을 -

오늘날 거여동巨餘洞은 자연 촌락 김이가 중심이 되어 잔버드리, 개롱리開籠里, 뒷말을 병합하여 이룬 거여리巨餘里가 바뀐 것으로 김이의 현재 위치는 거여동 205번지 일대이다. 거여리는 마을에 살던 거암巨岩이라는 사람의 이름을 따서 부른 것으로서 이것이 차츰 김이, 겜리라고 불리다가 거여리로 바뀌었다. 지금은 사라진 마을 잔버드리에는 가느다란 버들이 많이 자생하고 있어 불려진 이름으로, 잔버드리에 거주하는 주민들과 백정들은 이 버들을 이용하여 키나 고리, 광주리를 많이 만들어 시장에 내다 팔아 생계를 유지하였고 특히 백정들은 동물들을 도살하는 일과 수공업을 겸업하였다. 일제 강점기에는 세류리細柳里라고 하였다.

거여동에 있는 투구봉은
병자호란 때 임경업이 개롱
리에서 갑옷을 입고, 투구
를 쓰고 마산에서 용마를
타고 출전한 곳이라 하여
붙여진 이름이라는 말이 있
으며, 또 이 산의 모양이 투

임경업 장군 출전터. 송파구 거여동

구와 같다 하여 투구봉이라 이름하였다는 말도 있다. 그리고 개롱리
는 설명하였듯 임경업의 갑옷이 농 안에서 나왔다 하여 붙여진 이름
으로서 현재는 장지동, 오금동, 문정동, 거여동, 가락동으로 나뉘어
있다.

거여동은 서울특별시에 편입되기 이전에는 남한산의 서쪽 산기슭에
해당하는 한적한 농촌 지역이었으나 1967년부터 1971년 사이에 인근
마천동과 함께 서울 시내 무허가 판잣집의 철거민들이 이주해 옴으로
써 마을이 형성되었다. 거여동 321번지에는 서울특별시 지정보호수 제
12호로 지정된 수령 6백여 년이 된 향나무가 있다.

송파구 마천동의 유래
- 임경업이 말에게 물을 먹인 곳 -

마을 동쪽에 있던 마산(천마산)이라는 이름의 산이 있었는데, 이곳의 샘 마천馬泉에서는 아주 깨
끗한 물이 많이 나와 가뭄이 심
할 때에도 마르지 않았다고 하
며, 그 뒤 '泉샘천' 자를 '川내
천'으로 고쳐 마천리라 하였
다. 마천리의 현재 위치는 지

수어장대. 남한산성 내

하철 5호선 종점 마천역 부근이다. 중심 마을은 가운데말이었는데 아
랫말 등 자연 마을들을 병합하고 마산馬山의 이름을 따서 마천리라 불
렀다는 설이 있다. 조선 중기 임경업이 마산을 지나가다 말에게 물을
먹인 곳이 '백마물'이란 곳인데, 이로 인해 마천동馬川洞이라고 하였
다는 것이다.

그 외 자연 마을의 이름들을 살펴보면 가운데말은 옛날 마천리의
한가운데에 있었으며 저수지가 있었다. 돌무더기는 온 마을에 돌무더
기가 많이 있어서, 섬굴은 지형이 섬같이 생겼다 하여, 아랫말은 마천
리 세 마을 중 아래쪽에 있는 마을이어서, 웃마을은 마천리 세 마을
중 위쪽에 있는 마을이어서 붙여진 이름이다.

또 마천동에 자리한 남한산에는 사적 제57호로 지정된 남한산성이
축조되어 있어 널리 알려진 산이다. 남한산성은 병자호란 때에 우리
민족이 청에게 치욕적인 굴복을 한 곳이기도 하다. 남한산성 축성과
동시에 축조된 사장대四將臺 중 유일하게 남아 있는 것은 서장대西將
臺로서 병자호란 때에는 인조가 직접 이곳에서 군사를 지휘하였다. 처
음에는 단층 누각으로 축조하고 서장대라 부르던 것을 1751년(영조

27)에 왕명으로 유수 이기진이 2층 누각을 증축하고 내편內便은 무망루無妄樓, 외편은 수어장대守禦將臺라 명명하였다. 수어장대 바로 밑에는 청량당淸凉堂이란 조그마한 당우堂宇가 1채 있는데, 이 당우는 1624년(인조 2) 산성의 축성을 맡았던 책임자 중의 한 사람인 이회李晦의 영령을 받들기 위해 세워진 것이다.

충신 이회의 사당 청량당. 남한산성 내

당시 축성의 총책임은 이서李曙가 맡고 동남 축성은 이회가, 서북 축성은 백암碧岩 대사에게 맡겨 승군僧軍으로 이를 전담케 하였다. 그런데 공사가 한창 진행하고 있는 도중 이회의 명성을 시기한 어떤 자가

"동성東城의 산성 공사가 추진되지 않고 허약한 까닭은 이회가 주색으로 국고를 탕진하여 축성에는 성의가 없기 때문입니다."

라고 조정에 참언하여 이회는 억울하게 처형되었다. 결국 교수대에 선 이회는 말하기를

"내가 죽는 순간 한 마리의 매가 날아오면 무죄인 줄 알라."

하였는데 과연 그가 처형된 순간 한 마리의 매가 날아와 교수대 옆 바위에 앉아 그의 죽음을 응시하였다고 한다. 그 후 이회가 한 공사를 재조사 해보니 견고하고 충실하게 축조되어 있었기에, 곧 죄가 없음은 밝혀졌고 그의 영혼을 위안하기 위해 당우를 건립하였다고 한다.

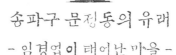

송파구 문정동의 유래
- 임경업이 태어난 마을 -

　문정동文井洞은 원래 경기도 광주군 중대면의 일부였다. 병자호란 때 인조가 남한산성으로 피신을 가다가 이곳에서 잠시 쉬면서 물을 마셨는데 물맛이 아주 좋아 이 마을에 많이 사는 문文씨의 성과 혼합하여 문정文井이라 하였다는 설과 지형이 연꽃과 같다 하여 연화連花동洞동이라 했다는 설이 있다.

　문정동은 개발 전에는 아늑한 농촌 마을로 주민들은 대부분 농업에 종사하였다. 수원水源이 좋아 대부분 벼농사를 지었으며 밭작물로 참외, 수박, 오이 등을 재배하여 가까운 송파시장 등에서 판매하였다. 현재 문정동 훼미리아파트 앞의 정금원鄭金院 뜰은 관리들이 공무로 여행시 숙박과 말 등의 교통수단을 제공받는 곳이었다.

　그동안 사라진 문정동의 자연 마을들을 살펴보자. 두댐이는 임경업이 태어났다는 마을이다. 헛간머리는 1백 년 전에 석昔씨라는 한 노인이 길가에 집을 짓고 낮이면 집신, 낫, 담배 등 잡화를 팔고 밤이면 비워 두었다 하여 헛간머리로 불리던 것이, 차차 주위에 주막 등 집이 들어서자 이 말이 와전되어 '혜경머리'로 된 마을이다. 현재의 위치는 장지동 242번지 부근으로 삼남 지방에서 올라오는 교통의 요로였다. 개와집 마을에는 이씨가 많이 살았다.

　두댐이 마을에는 임경업의 출생설이 전해지고 있다. 이 마을에 임경업의 아버지가 살았는데 몹시 가난하였다. 그러던 어느 날 나그네가 찾아와 하룻밤 자고 가기를 간청하였으나 임경업의 아버지는 손님을 대접할 형편이 못되어 몇 번이나 거절하였다. 그럼에도 나그네는 계속 간청하였고 임경업의 아버지는 마지못하여 허락하였다. 그런데 밤이 깊어지자 나그네가 몰래 잠자리에서 일어나 방문을 열고 뒷산으로 향하였고,

임경업 영정

이상하게 여긴 임경업의 아버지는 그 뒤를 밟았다. 나그네는 뒷산의 한 지점에서 무엇인가를 묻은 다음 그 길로 다른 곳으로 가버렸고, 임경업의 아버지는 이튿날 그곳을 파 보았다. 그러자 병아리 소리가 들리더니 닭이 나와 홰를 치고 울었고, 임경업의 아버지는 이 터를 명당으로 보고 임경업의 할아버지를 이곳으로 이장한 뒤 임경업이 태어났다고 한다.

지금 문정1동사무소 옆에는 서울특별시 지정보호수로 지정된 느티나무 두 그루가 있다. 이 나무는 1982년 10월 30일에 보호수로 지정되었는데 수령 568백 년에, 높이는 20미터, 나무 둘레는 4.7미터에 달한다.

문정동은 88서울올림픽 당시 선수 및 임원단의 숙소로 건립한 훼미리아파트가 올림픽 직후 일반인에게 분양됨으로써 문정 1·2동으로 분동이 되어 현재에 이르렀다. 아파트촌 남쪽의 문정동과 장지동은

영농을 위한 비닐 온실의 밀집 지역이며, 문정동 로데오 거리는 1995
년 외국 브랜드를 보유하고 있는 의류 업체들이 자리를 잡으면서 상
권이 형성되었다. 송파구에서는 이 로데오거리를 명소화하기 위해
1997년 4월 17일 종합 계획을 수립하여 상점가 진흥 조합 결성, 노상
주차장 설치, 가로수 정비, 로데오의 날 지정, 거리 축제 실시 및 패션
쇼 등을 개최하였다. 또한 청소년, 어린이, 성인들을 아우르는 의류가
완비되어 로데오 거리는 우리나라 최고의 의류 쇼핑 명소의 하나로
자리 잡았다.

송파구 방이동의 유래
- 오랑캐를 물리친 마을 -

방잇골은 현재 방이동芳荑洞의 중심 마을이었는데 1914년 3월 1일
일제가 경기도 내 각 면의 명칭과 구역을 새로 정하면서 방이골, 윗
말, 가운데말, 아랫말, 건너말 등 이 일대 자연 마을을 병합하여 방이
리라 하였다. 1636년(인조 14) 병자호란 당시 남한산성으로 피신한 임
금을 쫓아 청나라 군대는 이 마을을 거쳐 남한산성을 진격해 가려고
하였다. 그러나 이 마을은 남, 서, 북 삼면이 산으로 둘러싸여 있었고
자연 요새를 활용한 마을의 장정들은 청군들을 물리쳤다. 그 후부터
청나라 군대를 막았다고 하여 '막을 방防' '오랑캐 이夷' 자를 써서 방
이防夷골이라고 부르다가 1914년 마을 이름의 한자 뜻이 아름답지 못

하다는 의견이 있자 동네에 거주하는 노인들이 중심이 되어 의논 끝에 '꽃다울방芳', '흰이름이羹' 자로 고쳐서 방이芳羹골이 되어 현재의 방이동에 이르렀다.

또한 이 마을은 동쪽 방향이 터져 있고 마을 입구에 세우는 장승배기가 있고 바람을 막는 축동築垌이 있었다. 이로써 일단 마을 안에 들어오면 남, 서, 북이 꽉 막혀서 뱅뱅 돌아야만 나갈 수 있는 마을이라 뱅이골로 불리다가 방이골로 바뀌었다는 설도 있다.

이곳의 사라진 자연 마을로 방잇골 건너에 있던 건너말, 위쪽에 자리한 웃말이 있었으며, 방이 고분 8호 고분 맞은편 길 부근의 옹기 마을에는 옹기 굽는 가마가 있고 서씨 성을 가진 노인이 종사하였다.

송파구 삼전동의 유래
- 청에 항복한 역사적 치욕의 장소 -

한강 상류의 나루로서 삼전동三田洞에 자리했던 삼전도三田渡는 병자호란 때 청나라의 침입으로 인조가 남한산성으로 피난하기 위하여 도강渡江한 곳이다. 뿐만 아니라 40일 후인 이듬해에는 이곳에 설치한 수항단受降檀에서 청의 태종에게 무릎을 꿇었던 치욕스러운 역사의 현장이기도 하다. 이로부터 이곳은 우리나라 역사상 치욕의 장소라 하여 기피했기 때문에 인근에 송파나루가 새로 개설되었다는 설도 있다. 삼전도는 1950년대 말까지 운영되었다.

병자호란 직후 이곳에는 삼전도비三田渡碑
를 세우게 되었다. 원래의 비명은 삼전도청
태종공덕비三田渡淸太宗功德碑로서 청나라에
서는 병자호란 3년 뒤인 1639년(인조 17) 12
월에 조선에 강요하여 청이 출병한 이유와
또 조선이 항복한 사실, 그리고 항복한 뒤 청
은 우리에게 피해를 끼치지 않고 곧 물러갔
다는 내용의 비를 세우라는 강권에 못 이겨
세운 비석이다.

송파구 삼전동에 있는 삼전도비

그 후 1895년(고종 32) 치욕스럽다 하여 이 비를 강물 속에 빠뜨렸
으나 일제는 우리 민족이 다른 민족에게 예속되어 왔던 사실을 증명
하기 위하여 다시 세워 놓았고, 1945년 광복이 되자 지역 주민들 이
비를 땅속에 묻었다. 그러나 1963년에 홍수로 그 모습이 다시 드러나
자 역사의 교훈이 되도록 당시 교육인적자원부(현 교육과학기술부)의
지시에 의해 원위치보다 조금 동남쪽인 석촌동으로 옮겼다가 송파대
로 확장으로 석촌동 289-3번지 위치에 건립하였다.

삼밭게는 오늘날 삼전동에 위치한 중심 마을로 소나무와 잣나무가
울창했으며, 삼(마麻)을 심었기 때문에 마전포라고도 하였다. 조선 시
대에는 이 나루터에 마포 등지에서 젓갈류나 어류 등을 가지고 와 인
근 송파시장 등에서 판매가 이루어졌으며 주민들은 주로 상업으로 생
활을 하였다. 주민들은 밭작물에도 종사하였으며 참외, 토마토 등의
과일류와 특수 작물 재배뿐 아니라 양계와 양돈 등 가축도 사육하는

반농半農 반상半商을 겸한 마을이었다. 한국전쟁 이후부터는 피난민
이 이주해오고 성내, 풍납동 등의 마을에 대소 공장들이 들어섬에 따
라 농토는 점차 주택지로 바뀌어 갔다. 1970년 후반부터는 강남 지역
의 개발이 성황을 일으키며 아파트와 주택들이 들어서 이곳 일대의
농지 등 옛 모습을 찾아 볼 수 없게 되었다.

이 밖에도 부군당府君堂은 삼전동 한강가에 있는 당으로 여기에서
이회와 그 부인의 사당을 세우고 제사를 지냈으며, 부군당 하류 쪽에
하주당下主堂을 세워서 이회 부부의 넋을 달랬는데, 1925년 을축년 홍
수로 유실되고 말았다. 부군당의 현 위치는 삼전동 22번지 부근이다.
부군당 근처에 있는 한강의 여울은 쌀섬여울이라 하였으며 자연 마을
로 옛날에 장승이 세워졌던 장승골도 있었다.

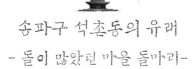

송파구 석촌동의 유래
- 돌이 많았던 마을 돌마리 -

돌마리는 오늘날 석촌동石村洞의 중심 마을로서 현재의 송파초등학
교 자리에 위치하고 있었다. 원래 이곳에 돌이 많으므로 '돌마리' 라
하던 것이 한자음으로 석촌동이 되었다. 석촌동 일대는 1미터만 땅을
파도 돌이 많이 나온다고 한다. 일설에는 백제 시대 사람들이 남한성
쪽에서 돌을 가져다가 돌로 무덤을 만들었는데 적석총이 되었으며,
또한 일본인들이 적석총을 없애기 위해 부근 주민들로 하여금 적석총

의 돌을 가져다가 담장을 쌓도록 하였다고 한다.

석촌동에 남아있는 옛 지명으로는 오봉산 터가 있다. 석촌동에 있는 옛 성터로 돌무더기 5개가 봉우리 같이 되어 있었으며, 이 근처를 파면 위는 돌이고 밑은 진흙으로서 가끔 구슬 등 패물이 나온다. 석촌동 일원은 고대와 현대가 공존하는 곳으로 특히 백제 초기 적석총積石塚과 토광묘土壙墓가 산재해 있다. 1916년에 일본인에 의해 조사된 바로는 적석총이 23기, 봉토분封土墳이 66기 등 모두 89기나 되는 고분이 있었던 것으로 기록되고 있다.

1985년 10월 5일 서울시는 아시아경기대회와 88서울올림픽을 앞두고 '석촌동 백제 고분군 정비 계획'을 세워 석촌동 246번지 일대 1만7천 평을 백제고분공원으로 조성하여 1990년 5월에 완료하였다. 석촌동 백제 초기 적석총 제3호 고분은 기원전 후부터 나타나는 고구려 무덤 형식인 기단식 적석총이다. 이 무덤은 약간 높은 지형을 평탄하게 정지 업을 하고 밑 테두리에는 매우 크고 긴 돌을 두르고 자연석으로 층 단을 쌓아 올려 3단으로 되어 있다. 이 무덤은 고구려 사람들이 남쪽으로 내려와 한강 유역에 백제를 세웠을 때의 절대 권력자의 무덤인 것으로 보인다. 이곳에 인접해 제4호, 제5호 고분이 있다.

송파구 석촌동의 백제 고분군

한편 현재에도 송파동, 삼전동, 방이동, 가락동 일대의 주민들은 석촌동을 돌마리라 부르기도 한다.

돌마리에서는 예부터 말을 많이 길렀는데 이는 인근에 송파장松坡場이 있었기 때문이다. 이곳은 각종 물건이 지방에서 올라오고 내려갈 때 이들 짐을 나르는데 말이 크게 사용되어 말을 길러 짐을 운반하는 것을 생업으로 하는 가구도 있었다.

또한 돌마리에는 우리의 세시풍속인 답교踏橋놀이(다리밟기)가 전래되고 있는데, 다리밟기는 고려 때부터 있던 풍속으로 매년 정월 대보름날을 전후하여 다리(교량橋梁)를 밟으면 그 해에 다리(각脚)에 병이 나지 않고 재앙도 막을 수 있다는 민간 신앙이다. 그러나 서울 근교의 답교놀이는 남자들이 농악에 맞춰 무동舞童을 세우고 여러 배역으로 분장하여 다리 위나 마을에서 한바탕 놀이를 하였다. 지난 1985년 3월 6일에 잠실동의 서울놀이마당에서 송파민속보존회 주최로 이충선, 한유성, 문육지 등 기능 보유자들이 송파답교놀이를 복원하여 1926년 이래 60년 만에 재현하였으며 매년 축제공연을 해 오고 있다.

송파구 송파동의 유래
- 홍수로 잠겨버린 마을 -

송파동松坡洞은 "삼전도보다 연파곤淵波昆이 물살이 빠르지 않으니 나루터로 하겠다"는 경기 관찰사의 진언 이후 연파곤이 소파곤으로 변음하였다가 소파리疏波里로 된 것이 차츰 송파진으로 불리워졌다는 설과 옛날에 한강변(송파 나루)을 가려면 소나무가 빽빽하게 서 있는 언덕을 넘어 갔기에 '소나무송松' '언덕 파坡' 자를 써서 송파라 했다는 설이 있다.

한편 옛날에 이곳에 사는 어부가 매일 한강변에 나가 고기잡이를 하였다. 하루는 물위에서 고기 배를 타고 낮잠을 자던 중 이곳의 소나무가 서 있었던 언덕 한쪽이 패어 떨어지는 바람에 잠이 깨고 난 뒤로 이곳을 송파라고 불렀다는 이야기가 전해오고 있다.

송파 마을은 원래 경기도 광주군 동부면 선리에 있었다는 설도 있다. 이곳에 시장도 섰는데 어느 때인가 홍수로 현재 암사동인 바위절의 독포禿浦, 곧 미음美陰 혹은 하진참下津站으로 이전했다는 것이다. 그런데 1647년(인조 25)과 1823년(순조 23)에 큰 홍수를 만나 다시 수재를 입자 석촌호 남쪽인 삼전도 동쪽으로 옮겼다고 한다.

1925년 대홍수 이전까지 송파는 지금의 송파나루공원 남쪽에 위치한 한강변의 부촌으로 약 270호가 살고 있었으나 홍수로 물에 잠겨버렸기 때문에 현재 이곳을 구송파라 한다. 주민들은 현재 송파동 지역인 가락리(현 가락동 410번지)로 피신하여 새로운 마을을 형성하였으나 전에 살았던 곳의 이름을 잊지 못하여 송파라는 명칭을 그대로 사용하여 일명 신송파라 하였다. 현 위치는 송파1동 59번지 일대다.

홍수로 수재를 입기 전까지의 송파는 포목과 우마를 사고파는 거래처였으며 삼남 지방에서 올라오는 조세의 환전을 호조에 공납하던 곳이었다. 송파와 삼전도 일대는 외방의 상품이 서울로 진입하는 길목이 되었으므로 일찍부터 장시가 발달하여 독자적인 큰 상설 시장이 형성되었고 15대 향시鄕市 중의 하나인 송파장이 있던 곳은 현재 석촌호의 서호 남쪽 언덕에 있었다. 이곳은 한강을 오르내리는 수운으로 선원들이 운집하여 장날이면 송파 나루터에 80여 척이 정박하였으며, 육상 운재運載로는 전국에 돌아다니던 말 행상들이 몰려들었다. 송파장에서 물건을 실은 배는 주로 서빙고와 마포로 갔으며 또한 일제 강점기에 송파장은 우시장牛市場으로 유명하여 3남 지방에서 소장사들이 소를 끌고 올라와 이곳에서 거래하였다. 이때 서울의 정육업자들은 소를 사기 위해 이곳으로 몰려들었는데 일제가 1929년 동대문 밖 숭인동 현 숭인초등학교 자리에 도축장을 신축하면서 송파 우시장은 쇠퇴하고 말았다.

송파장이 번창할 무렵에는 시장의 번영을 위해 매년 대소 명절과 장날에 씨름대회, 광대 줄타기, 산대놀이를 공연하였으며 '송파산대놀이'는 1973년에 중요무형문화재 제49호로 지정되어 현재까지 보존되어 오고 있다. 특히 송파산대놀이는 상업지역에서 성행하였던 탈꾼패 놀이로 볼 수 있다.

도미나루에 전하는 도미와 아랑 이야기

송파동에는 백제 초의 금슬 좋은 부부였던 도미와 아랑의 이야기가 전해지고 있다. 지금부터 약 1850년 전 삼국 시대 초기 백제의 제4대 개루왕 때 백제의 서울 위례성에서 조금 떨어진 마을에 신혼의 도미 부부가 살고 있었다.

남편 도미는 목수로서 비록 자체는 보잘 것 없지만 사람됨이 준수하고 의리를 알았으며 아내 아랑은 용모가 아름답고 언행에 품위가 있으니 두 사람은 의좋은 부부이자 품행 있는 젊은 남녀로 널리 알려졌다.

그런데 행복한 그들 부부에게 뜻밖의 불행이 닥쳐왔다. 아랑의 뛰어난 미모가 백제 온 나라 안에 퍼져 모르는 이가 없게 되자 이 소문은 여색을 좋아하는 개루왕의 귀에까지 들어갔고, 개루왕은 아랑을 보고자 그녀를 부르도록 명한 것이다. 그러나 아랑은 왕이 보낸 사자에게 벼루에 먹을 갈아 왕에게 올리는 글을 썼다.

"왕은 백성의 부모라 어찌 부르시는 명을 거역하오리까마는 소첩은 남편이 있는 몸이라 남편의 허락이 없이는 부르시는 왕명을 받들 수 없습니다."

초조하게 기다리던 개루왕은 아랑의 편지를 읽고 더욱 그녀를 자기 손아귀에 넣고 싶었다.

그러나 연약한 여인을 군사를 시켜 잡아오라고 하기에는 왕의 위신이 있는데다가 또 백성들의 웃음을 사기 쉬우므로 개루왕은 고심했다. 왕은 궁리 끝에 궁궐을 짓고 있는 아랑의 남편 도미를 불러들이기로 했다. 개루왕은 도미를 불러 놓고

"네 아내가 우리나라에서 제일가는 미인이라지."

하였다. 이 말에 도미의 가슴은 섬뜩했다.

"잘못 전해진 이야기로 알고 있습니다."

"범절이 바르고 지조가 굳다지."

아무런 말도 하지 않는 도미에게 개루왕이 말하였다.

"여인의 으뜸가는 미덕은 정절이지만 나는 절개가 굳은 여자는 한 번도 본 적이 없다. 더욱이 미인일수록 유혹에 빠지지 않는 여인이 없으니 네 아내도 마찬가지일 것이다."

말을 마친 개루왕은 빙글빙글 웃으며 도미를 내려다보았다. 모욕적인 왕의 말과 행동에 젊은 도미는 당황하고 흥분하였다. 아랑에 대해 애매한 누명을 씌우는 것이 분했던 도미는

"사람의 마음을 다 알 수는 없지만 소인의 아내 같은 사람은 죽어도 두 마음을 가지지 않을 것입니다."

라고 대답했다. 이는 도미가 평소 아내를 믿고 사랑하는 마음에서 자신 있게 말한 것이었다.

그러나 이와 같은 도미의 아내에 대한 자신 있는 말은 도리어 왕의 불순한 마음을 일으키게 하는 동기가 되었다. 개루왕은 도미의 아내가 얼마나 아름답고 정결한지를 실제로 시험해 보고 싶었다. 도미에게는 궁중의 일을 맡겨 머물게 한 다음, 사람을 시켜 도미의 집에 왕이 거동할 것이라 알리고 군신을 시켜 왕의 곤룡포를 입게 하여 도미의 집으로 보냈다. 아랑의 정조를 시험한 것이다. 드디어 왕의 위의를 갖춘 가짜 왕이 밤에 도미의 집에 도착하여 아랑을 불러 말하였다.

"내가 너의 아름다운 모습을 전해 듣고 그리워한 지 오래 되었다. 오늘 내가 도미와 내기 장기를 두어서 이겼기 때문에 내일 너를 궁중으로 데려가게 되었다. 지금부터 너는 내 여자이니 나를 따라야 하느니라."

하면서 동침을 강요하였다. 아랑은 의외의 일에 당황하지 않을 수 없었으나 곧 마음을 가라앉히고

"임금님께서는 거짓이 없는 일입니다. 제가 어찌 따르지 않겠습니까? 바라옵건대 대왕께서는 먼저 방안으로 들어가소서. 제가 의복을 갈아입고 들어가겠습니다."

하고 가짜 왕을 방안으로 안내한 다음 한 여종을 단장시켜 하룻밤을 지내게 하였다. 슬기 있는 아랑은 기지를 써서 위기를 모면한 것이다. 그러나 그 이튿날 이 사실이 알려지자 개루왕은 크게 노하여 도미에게 죄를 씌워 그 벌로 두 눈을 빼고 송파강松坡江(한강의 본류)으로 끌고 나가 작은 배에 실어 홍상으로 띄워보냈다.

한편 아랑은 여종을 방에 들여보낸 후 바로 집을 나와 남의 처마 밑에서 밤을 지새우다 날이 밝자 궁궐을 짓고 있던 도편수에게 남편의 안부를 알아 달라고 부탁했다. 그러나 궁중에 들어갔다 나온 도편수는 하늘이 무너지는 듯한 소식을 들려주었다. 이 말을 듣고 실신했던 아랑은 정신이 들자 도미를 찾아 송파 나루로 쫓아갔다. 그러나 도미의 소식을 묻는 바람에 아랑은 개루왕이 배치해 놓은 군사들에게 잡히고 말았다.

끌려온 아랑을 보고 개루왕은

"네가 네 죄를 알겠느냐?"

언성을 높이면서 도미가 중죄로 처벌된 사실을 알리고 아랑에게 궁중에 들어와서 궁인이 될 것을 명하였다. 아랑은 참으로 눈앞이 캄캄하고 정신이 아찔할 뿐이었다. 아랑은 개루왕에게

"왕명을 어찌 감히 어기겠습니까? 더구나 지금은 주인 잃은 몸이 의지할 곳이 없으니 어찌 혼자 살아가겠습니까? 대왕께서는 염려하지 마소서. 다만 지금은 몸이 깨끗하지 못한 때이오니 며칠만 기다려 주

시면 몸단장하여 들어오겠습니다."

라고 말하였고 왕은 의심 없이 내보냈다.

아랑은 자신의 기구한 운명을 한탄하면서 송파강가로 나가 호천통곡하였다. 그러나 강에는 물결이 일렁일 뿐 남편은 없었다. 이때 배 1척이 상류에서 떠내려와 그녀가 서 있는 언덕 아래 머물고는 움직이지 않았다. 아랑은 이상하게 생각하며 그 배위에 올라탔고, 아랑이 배에 오르자 배는 강을 따라 흘러 내려갔다.

아랑을 태운 배가 닿은 것은 천성도라는 섬이었다. 지친 몸으로 섬에 발을 딛었을 때 푸른 언덕 위에 남편 도미가 있었다. 서로 알아본 두 사람은 얼싸안고 울다가, 다시 배를 타고 내려가서 고구려 땅 산산蒜山 아래 이르러 여생을 단란하게 보냈다고 한다.

송파구 오금동의 유래
- 오동나무로 가야금을 만들던 동네 -

오금골에는 오동나무가 많고 또한 이곳에서 가야금을 만드는 노인이 살고 있었기 때문에 오금골이라 불린 마을로서, 백토白土 고개 앞에 있던 마을이다.

자연 마을로 오금골 건너에 있던 건너말과 누에머리 또는 잠두蠶頭로 불린 눈머리는 뒷산 모습이 마치 누에의 머리와 같으므로 불리어진 마을이다. 신금리新琴里는 오금리에 새로 된 마을이란 뜻을 따서,

거창 신씨 신선경과 정부인 한씨
묘비. 송파구 오금동

문화 유씨 유인호 묘비.
송파구 오금동

아랫말은 오금골 아래쪽에 있던 마을이라 해서 불리었으며 오금골 안쪽에 있던 마을은 안골, 오금골 위쪽에 있던 마을을 웃골이라 하였다.

이렇게 오금동은 자연 마을 중심으로 형성되었으나 1985년에 동洞 경계 조정으로 인하여 개농리의 일부가 오금동과 거여동에 편입되고, 건너말은 구획 정리 사업으로 구옥은 거의 사라졌다. 눈머리와 신금리는 현재 방이동에 속해 올림픽 선수촌이 되었다.

백토 고개는 현재의 오금동사무소 동쪽에 있었는데, 이 고개의 흙이 주위의 논과 달리 흰 빛깔을 띠었으므로 불리게 되었다. 20여 년 전만 해도 오금동 주민들은 수호신으로 도당都堂 할머니와 도당 할아버지에게 매년 제사를 지냈다. 도당 할머니가 있던 산은 한씨네 골마을로서 현재 오금공원터이고, 도당 할아버지 산은 현재의 오금동 65번지 삼환아파트가 세워진 곳이었다.

오금공원 안에는 거창居昌 신愼씨 묘역과 문화文化 유柳씨 묘역이 있다. 거창 신씨 묘역은 약 5백 년 전에 안치된 쌍분 묘소로 1456년(세조 2) 사헌부 장령을 거쳐 동지중추부사를 지낸 신선경愼先庚과 정부인 한씨의 묘소로 그 웅대함과 연꽃무늬 장식이 있는 갓 모양의 비석은 묘비 연구에 귀중한 자료가 되고 있다. 문화 유씨 묘역은 임진왜란 당시 이항복과 함께 임진왜란 3등 공신으로 선조를 보필한 문양군文陽君 유희림柳希霖, 문원군文原君 유복룡柳伏龍, 공조 참의 유인호柳仁濠의 묘소이다.

또한 현재 프라자아파트가 들어선 곳은 거여동 산2번지 지역이지만 이전에는 오금동 지역으로 임경업의 증조부 묘소가 있었으나 5·16 군사정변 이후 이장되었다. 이 묘소는 매화낙지형梅花落地形의 명당으로 세인들에게 알려져 오고 있으며, 임경업이 이 명당의 효험으로 태어났다고 한다.

송파구 이동의 유래
- 두 마을을 합한 현재는 사라진 마을 -

이동二洞은 송파구에서 사라진 마을 중 대표적인 마을로 1985년 9월 1일자 방이동에 통합되어 동 명칭은 사라졌다. 이동이란 동명은 두 개의 마을을 병합하여 이리二里라고 칭하던 것이 이동이 된 것이다. 이곳에는 몽촌夢村, 일동네, 잣나무골(백동栢洞), 큰말 외에 새말(신촌新

村), 웃말, 가운데말, 아랫말, 뒷말, 건너말 등의 자연 마을이 있었다. 이를 행정적으로 개편하여 한때 1리, 2리로 나누었다가 다시 병합하여 두 개의 마을을 병합하였다 하여 이리라고 부른 것이다. 이동은 얼마 전까지도 몽촌으로 더 잘 알려져 있었다. 이곳을 몽촌으로 부르게 된 연유를 살펴보면 고대 삼한 때부터 이곳을 곰말이라 하였는데 이것을 한자음으로 고쳐서 몽촌이 되었다는 것이다.

일동네는 일리라고도 하였는데 몽촌토성 동쪽에 있었던 촌락으로 마을을 두 개 리로 나누었을 때의 첫 마을이 되므로 이와 같은 명칭을 붙인 것이다. 잣나무골은 몽촌토성 남쪽에 위치한 마을 이름으로서 예부터 잣나무가 많이 자라 붙여진 이름이며 그 밖에 새말은 새로 마을이 형성되어 부르게 된 곳이다. 그리고 웃말과 아랫말은 각각 마을의 위쪽과 아래쪽에 위치하였으나 이제는 철거되어 흔적도 없다. 개발 전에 이동 지역을 공중에서 내려다보면 마치 거위의 발가락과 같은 모양으로 5개의 야산이 옹기종기 모여 있어서 오봉산이라고 하였다.

아랫말에는 경로당이 있었고 그 옆으로 이동 178번지에는 서울특별시 지정보호수인 5백여 년이 된 느티나무가 서 있었다. 이 느티나무는 현재 토성 남문과 자전거경기장 사이에 그대로 남아있으며, 1983년 마을이 이전되기 전까지도 이 느티나무 앞에는 동네가

몽촌토성. 송파구 방이동

평안하기를 비는 동제가 동민에 의해 행해졌다. 몽촌마을 앞에는 말 무덤이라고 칭해오는 옛무덤이 있는데 넓이 1천7백 미터, 높이 10미터에 달하며 또, 몽촌토성 내 남쪽에는 조선 숙종 때 우의정을 지낸 청풍淸風 김金씨 충헌공 김구金構의 묘와 서울시유형문화재 제59호로 지정된 4미터 높이의 신도비가 있다.

우의정 김구 묘비. 몽촌토성 내

송파구 장지동의 유래
- 긴 가지 모양의 마을 -

장지리는 마을이 길기 때문에 붙여진 이름이라고도 하며, 또는 잔버들이 많이 있으므로 잔버드리라 하였다. 1914년 3월 1일 경기도 구역 획정에 따라 주막거리, 새말, 웃구석, 웃말, 매착리梅着里의 일부를 병합하여 장지리라 하였다. 처음에는 장지리長枝里라 하였으나, 나중에 '가지지枝' 자를 '맛지旨' 자로 바꾸어 장지리長旨里라 하였다.

이 지역에 형성되었던 자연 마을 중 안마을은 큰마을이라고도 하며 장지동 68번지 일대로 약 60여 호가 살았다. 뒷마을은 장지동 104번지 일대에 형성된 마을이었다. 주막거리는 큰길가에 주막이 있다 하여 붙여진 이름으로 10여 호 정도가 살았으며, 구석마을은 윗구석이라고도 부르는데 위쪽 구석에 있었기 때문이다. 그밖에 새마을 등이 있다.

장지동長旨洞은 조선 시대에는 벼농사가 중심이었으며, 밭농사로 참외, 수박, 고추, 오이 등 특수작물을 재배하였고 1970년대까지도 서울 근교의 농촌 마을로 주민 대부분이 농업에 종사하였다. 토착 주민으로는 김해金海 김金씨와 풍천豊川 임任씨가 이 고장에서 오래도록 세거하였다.

송파구 풍납동의 유래
- 바람드리 성이 있는 마을 -

바람들이는 바람드리성(바람들이성)이 있으므로 바람드리 또는 한자명으로 풍납리風納里라고도 하였으며 1914년 3월 1일 경기도 구역 획정에 따라 웃바람드리와 아랫바람드리를 병합하여 이루어진 마을이다. 바람드리성은 풍납토성風納土城을 말하는 것으로 현재 위치는 천호대교 남쪽에 있는 토성이다.

조선 시대 풍납동의 자연 마을 명칭인 웃바람드리인 상풍납리上風納里와 아랫바람드리인 하풍납리下風納里 그리고 벌말의 일부가 합해져 풍납동風納洞이 되었다. 웃바람드리는 천호대로 주변인 72~73번지와 시티극동아파트 일대에 있었던 마을이며, 아랫바람드리는 웃바람드리 아래쪽에 있었던 마을이다.

그리고 벌말은 현재 천호대교 바로 아래에 있었으나 홍수로 수몰되어 마을 전체가 없어졌다. 흐리목은 낮은 산 목에 있다고 하여 흐리목 또는 흘리항屹里項이라고 불리었다.

풍납동 주민들도 성내동처럼 1970년대 이전까지는 농업과 도요업陶窯業을 위주로 하였다. 오랜 세월이 지나는 동안 한강은 수차례 범람하였고, 이에 따라 한강과 서로 인접해 있는 풍납동 등 한강 주변 일대에 밀려온 흙이나 모래 등이 적당히 혼합되어 기름진 옥토가 형성되었고 또한 옹기나 벽돌을 만들기에 더 없이 좋은 토질이 형성되었기 때문이다. 지금도 근방의 모래 섞인

강동구 풍납동에 있는 풍납토성비

땅을 파면 질 좋은 진흙이 나올 정도로 이 지역은 조선 시대부터 옹기를 빚고 벽돌을 굽는 일이 번성하였다.

1925년 홍수 때에는 옹기를 굽던 2백 채가 넘는 집이 모두 강물에 잠겼다고 하니, 이 일대의 도요업이 대단히 번성했음을 알 수 있다. 특히 조선 후기에는 이 마을에서 근거리에 있는 송파시장이 번창하여 옹기 상품은 일반인에게 대단히 인기 있는 상품이었다.

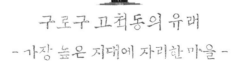

구로구 고척동의 유래
- 가장 높은 지대에 자리한 마을 -

고척동高尺洞은 동네의 자연 마을인 고좌리高座里, 즉 높은 곳에 자

리 잡고 있어 유래했다는 설과 경기도의 사람들이 이곳에서 생필품과 농산물을 교환하기도 했는데 이때 측정 기준이 없어서 긴 자(고척高尺)를 사용한 데에서 유래했다는 설이 있다.

고척동의 지명이 유래된 고좌리는 현재 고척1동 고척초등학교와 신안 재개발 아파트 아래쪽 일대에 해당되었으며, 고척동 전체에서 사실상 이곳이 가장 지대가 높은 곳이다.

고척동의 자연 마을 중 능골은 고려 시대에 이곳에 능터를 잡으려고 했던 데에서 유래한 이름으로, 현재의 고척2동 233번지 일대 고척고등학교 자리이다. 예전에는 계단식 논이 있었고 능골을 넘어가는 고개에는 서낭당이 있었으며, 능골에서 개봉동으로 넘어가는 고개에는 붉은 흙이 많아 단혈 고개라고 하였다.

구로구 구로동의 유래
- 9명이 오래도록 장수한 마을 -

구로동九老洞은 구로리에서 나온 이름으로 9명의 장수 노인이 살았다는 데에서 유래하였으며 구區의 명칭으로 연유되기도 하였다. 구로동은 동쪽으로는 안양천과 접해 있으며, 서쪽으로는 영등포구의 대림동, 남쪽은 가리봉동과 금천구의 독산동, 북쪽은 신도림동과 접해 있다.

구로리는 상, 중, 하 3개의 마을로 이루어져 있었는데 그 중 구루지 마을은 하구로리의 옛 명칭으로 구로동 가운데 가장 오래된 마을이었다. 지대가 낮은 곳으로서 지금의 AK플라자(구 애경백화점) 뒤쪽에 해당된다. 구루지 마을의 뒤편은 산으로 가려져 있으며 이 산에서 흘러내린 크고 작은 시내들이 있어 여러 개의 다리들이 있었으며, 현재의 구로구청과 고려대학교 구로병원이 위치해 있는 곳이다.

구로리의 자연 마을로 각만이 마을이 있었는데 옛날 기아산업(현 기아자동차) 중기사업소 정문 앞 자리, 구로5동사무소 서쪽 AK플라자 오른쪽이었다고 한다.

예전에는 낮은 산이지만 숲이 우거져 있었고 마을의 뒤편이라 후미진 까닭에 한낮에도 사람들의 인적이 드물어 늑대가 많이 살았으며 도둑들의 출몰도 잦았다고 한다. 또한 넓은 냇가가 있었기 때문에 다른 곳과는 달리 큰 흙으로 된 다리가 있었는데 늑대 다리라고 불렀다. 각만이 마을은 풍수가들이 이 지역에 수 만 호가 들어설 것이라 예언한 데에서 생긴 이름이다. 마을의 숲이 우거진 뒷동산은 각만이 동산이라고 하였다.

구로구 개봉동에 전하는 유래
- 학산, 느티나무, 가린여울 -

개봉동開峰洞은 남쪽에 있는 개웅산開雄山의 '개開' 자와 양천구 신정동과 경계를 이루는 매봉산梅峰山의 '봉峰' 자를 합하여 만들어졌다.

백로가 살았던 학산

개봉동 산22번지 1호 학산鶴山은 백로가 살았기 때문에 두루미산이라고 한다. 일설에는 산의 모양이 둥그스름해서 두름산이라는 명칭이 되었다고도 하며 여기에는 다음과 같은 설화가 전한다. 어느 해에 큰 장마가 졌는데, 어디선가 조그마하고 동그란 산이 물살에 떠내려 와 논 한 가운데에 자리 잡았다. 이 학산은 개웅산과 매봉산을 잇는 얕은 능선으로 경인선 철도와 남부순환도로, 경인로가 동서로 횡단하는 주요한 길목에 자리 잡고 있다.

갈대와 여울이 많던 가린여울

가린여울은 고척동과 개봉동의 경계가 되는 곳으로 예전에는 갈대가 많고, 여울이 많은 곳이라 여러 갈래로 개천이 갈렸기 때문에 가린여울 또는 가린열로 불리었다. 다른 설로는 여러 개의 개천이 마치 칡과 같이 얽혀 있다고 해서 생긴 이름이라고도 한다. 개봉천, 오류천, 개웅천 등이 안양천과 합수되어 갈탄葛灘이라고 했다는 것이다.

그러나 가리봉동의 경우 '가리' 가 갈라졌다는 의미를 지니는 것을 보았을 때, 가린여울의 가린 또한 개천이 많아 여러 갈래로 갈렸음을 의미한다고 추리해 볼 수 있다. 한편 이곳은 갈대가 많고 넓은 습지였기 때문에 수리조합이 있었는데 현재의 개봉배수펌프장이 있는 곳이다.

가린여울은 부누꿀과 광주물을 포함하는 지역이다. 부누꿀은 가린여울의 북쪽 마을로 현재의 성아 단지 아래쪽 개봉노인정과 개봉1동 새마을금고가 있는 지역이 해당되며 예전에는 구릉지로 자두 밭이 있었다.

현재의 청실아파트와 미주빌라 개봉역 주변에서 볼 때, 가린여울은 광주리에 물을 퍼 담는 형상이므로 광주물이라고도 불렸다. 또 다른 설로 이 지역에 물이 많은 까닭에 넓은 연못이라는 의미에서 광지廣池라고 하던 것이 변하여 광지물 또는 광주물이 되었다고 말하기도 한다.

광진구 광장동의 유래
- 버드나무가 많던 넓은 나루터 -

양진楊津이란 강변에 버드나무가 많이 있었던 데에서 연유된 것인지 모른다. 지금도 광나루 아래에 오래 된 버드나무가 여러 그루 있고 버드나무집이란 음식점이 있는 것은 우연한 이름이 아닌 것 같다.

한편 양주楊州 지역에 사는 사람들은 이곳을 양진楊津이라고 하였으며, 광주廣州 지역에 사는 사람들은 광진廣津이라고 하였다는 설도 있다. 그러나 앞의 문헌 등을 통해서 알 수 있듯이 신라 시대에서 고려 말엽까지는 이곳을 양진이라고 하였으며, 고려 말 이후나 조선 초기부터 광진리 또는 광나루라고 불러왔던 것으로 생각된다.

광나루는 조선 시대에 들어와서 한양이 도읍지가 되면서 더욱 붐비기 시작하였으며, 도성 사람들은 물론 광주를 비롯한 여주, 충주 등지의 백성들이 도성을 드나들기 위해서 이 나루터를 건너야만 했다. 이 나루터를 오가며 사람과 물자를 건네주는 나룻배는 강의 양쪽을 이어주는 최대한의 편의 시설이었다.

한편으로 광진은 국왕의 능 참배 길로도 중요하였다. 특히 정조는 여주의 영릉 참배를 위해 광나루를 건너 다녔다. 관방關防 시설을 겸하고 있던 이 나루터는 죄인들이 도성을 빠져나가는 길목이 되었고, 때로는 당쟁에 밀려 낙향하는 강호인들의

한강 광진교에 있는 광진 나루터

도피처가 되기도 하였다. 이 때문에 팔도의 과객이 몰려드는 출입 통로가 됨에 따라 기생들이 몰려 와 오가는 사람들의 마음을 사로잡기도 하였다.

광진리는 일제강점기인 1914년 4월 1일에 행정구역을 개편하면서 조선 시대 양주군 고양주면 광진리廣津里와 장의동壯儀洞을 비롯해 산의말(산의동山儀洞) 일부를 폐합하여 광장리廣壯里라고 하였다. 광장리라는 이름은 광진리의 '광廣' 자와 장의동의 '장壯' 자를 합쳐서 광장리廣壯里라고 하였으나, 이곳은 여전히 광진리라고 칭해 왔다. 이후 성동구의 인구가 팽창되면서 1995년 3월 1일을 기해 동일로를 중심으로 한 동북부 지역을 관할하는 구가 신설되게 되었다. 이렇게 되자 구의 이름을 이 지역 안에서 가장 오랜 역사와 친근한 지명인 광진리의 '광진'을 취하여 지방화 시대의 자치구 명으로 탄생하게 되었다.

광진리의 현 위치는 광장동 128~130번지 일대로 그 앞쪽에는 윗강 나루라고 하여 옛날부터 나루터가 있었던 곳이다.

제2부

경기도 지역의
지명 유래

땅 이름에는 우리 민족의 애환과 전설, 그리고 역사가 함축되어 있는 경우가 많다.
그러나 당연하게 받아들이던 땅 이름 중에는 일본이 우리 국토를 유린하면서
그들의 입맛대로 또는 악의적으로 창지개명創地改名한 사례 또한 이루 헤아릴 수 없다.
그 일제의 찌꺼기들이 광복 65년의 세월이 지난 오늘까지도 남아 있고,
창지개명한 땅 이름들을 그대로 사용하고 있는 것은 심각한 문제이다.
일제에 의해 우리 선조들은 창씨개명創氏改名을 당한 적이 있다.
그러나 오늘날 이 땅에서 일제가 강요한 성姓을 갖고 있는 사람은 없다.
신도시 개발로 천지개벽이 이루어는 판교板橋의 경우를 살펴보자.
그곳에서 오래도록 살았던 토박이들은 절대로 '판교'라는 땅 이름을 쓰지 않았다.

경기도 지역의 지명 유래

고양시 일산 동구 식사동의 유래
- 비운의 풍양왕릉이 있는 곳 -

　고양시는 조선 태종 때 고봉高峯과 덕양德陽(행주幸州)을 합하여 고양현이라고 부르게 된 데서 그 이름이 유래됐다. 이곳의 기후는 온화하고 토양은 비옥하여 예로부터 살기 좋은 길지吉地라고 전한다.

　덕양산德陽山에는 오래전부터 토축 산성이 1킬로미터가량 있었는데 산성의 남동쪽은 창릉천이 에워싸고 남쪽은 한강과 함께 급한 자연 경사면을 이루는 천연의 요새지이다. 왜적의 침략으로 임진왜란이 일어나 민족의 앞날이 존망에 처했던 절박한 시기에 이곳을 발판삼아 권율權慄이 적병을 물리친 후 이 토축 산성을 행주산성幸州山城이라 부르게 되었다.

　그 행주산성을 노적봉인양 바라보고 있는 원당 부근 주교리 식사동食寺洞은 6백여 년 전부터 불리던 이름이다. 힘들게 세운 고려국이 우여 곡절의 5백 년 풍상을 겪고

고려 공양왕과 순비 노씨의 고릉. 경기도 고양시

저물어 갈 때 그 운명에 따라 한恨을 안고 비통한 앞날을 택하지 않을 수 없었던 공양왕과 왕비는 눈물을 뿌리면서 발길을 돌리게 되니, 재경(개성)을 빠져나온 공양왕이 머물게 된 곳이 지금의 식사동이다.

　현재 고양시에 유일하게 남아 있는 고려 시대 능인 고릉高陵은 고려의 마지막 왕인 제34대 공양왕과 순비順妃 노盧씨의 능으로, 1970년 사적으로 지정되었다. 이 능은 폐가 입진廢假立眞의 명분을 내세워 제33대 창왕昌王을 폐위시킨 이성계 일파에 의하여 옹립되었던 만큼 그들 앞에서 바로 보좌에 앉지 못하였다는 평이 있을 정도로 공양왕은 허위虛位에 앉아 있었다.

　재위 4년 만에 나라의 멸망과 더불어 폐위된 공양왕은 원주原州로 쫓겨났다. 공양군恭讓君으로 봉하여져 강원도 간성군杆城郡에 두었다가 삼척으로 옮겨져 조선이 개국된 지 3년만인 1394년 그곳에서 춘추 50세로 돌아갔다. 그 뒤 1416년(태종 16) 공양왕으로 추봉하고 봉릉奉陵하여 수호호守護戶(능을 지키는 집)를 두었다. 순비 노씨는 교하군인交河郡人 창성군昌城君 노진盧鎭의 딸로 1389년(공양 원년) 1월 순비가 되고

1남 3녀를 두었으나 나라가 망한 뒤 왕과 함께 쫓겨나 하세한 후 이곳에 묻혔다.

능은 왕과 왕비를 쌍릉 형식으로 장葬하였으며, 능 앞의 석물로는 비석일좌碑石一座식과 석상石床이 놓였고 장명등長明燈이 1좌座 놓여 있다. 양측에는 석인石人 2쌍이 서로 상대하여 정면으로는 석수石獸 1필匹이 남아 있다. 석인은 모두 키가 1미터 내외로 2종류가 있는데 능 앞쪽 것은 더 작으며 특물特物 없이 공수拱手하고 있으며 그 옆의 것은 키가 좀 크고 손에 홀笏을 쥐고 있다. 양 능의 앞, 석상 뒤에 서 있는 비석은 능을 봉한 초기의 것으로 보이며, 양능 중간에 조선 고종 때 세운 것으로 보이는 '高麗恭讓王高陵고려공양왕고릉' 이라는 비가 서 있다.

석물의 양식과 수법은 고려의 전통적인 여러 왕릉처럼 왜소하고 소박한 것들이다. 장명등은 옥개屋蓋가 8각角인데 체석體石이 4각인 점으로 보아 체석만 후에 만들어 맞춘 것이 아닌가 생각된다. 석수 옆에 크기도 옥개석과 걸맞은 8조각의 화대석火袋石인 듯한 돌이 놓여 있는데 옛 장명등의 잔석殘石으로 여겨진다. 석수 역시 건원릉健元陵과 헌릉獻陵에서도 보이는 고려 석수의 양식을 따르고 있다.

공양왕의 능은 이곳 고양시의 고릉뿐 아니라 유배지이며 사사지賜死地로 알려진 강원도 삼척군 근덕면 궁촌리에도 있다. 이는 당시 어수선하며 위약했던 고려 왕실의 마지막을 상징해 주는 것이라 하겠다.

개성에서 피신한 공양왕이 이곳에 도착했을 때 더 이상 길을 갈 수 없을 정도로 날이 저물어 왕은 그곳에서 지치고 피곤한 몸을 쉬었고 날이 저물어 인근의 절에 들어가니 스님은 정중하게 맞이하였다. 이 절 근처를 현재는 박적굴(또는 박절)이라고 부른다. 고려는 국가의 시책으로 불교의 발전을 도모하였으나, 이미 왕조는 바뀌었고 새 왕조는 불교를 탄압하기 시작했기 때문에 하룻밤을 절에서 자는 것은 쉬운 일이 아니었다. 절의 입장에서도 쫓기는 옛 임금을 숨겨 주었다가는 자칫 화를 입을 지도 모를 일이었다.

"이곳은 사람의 왕래가 많아 전하를 모실 수 없습니다. 동쪽으로 10리쯤 가시면 누각이 한 채 있으니 그곳에 계시면 수라를 갖다 드리겠습니다."

그 누각이 있는 곳은 다락골로 공양왕은 절에서 다시 발길을 돌려 길을 재촉하였다. 밤은 깊고 산도 험하여 결국 다락골로 가는 도중의 길목에서 하룻밤을 지내니, 임금이 주무신 장소는 대궐이나 마찬가지라 하여 이 고개를 대궐 고개라 부르게 되었다. 아직도 여기에는 성황당이 있다.

하룻밤을 대궐 고개에서 지내고 날이 밝아 다락골에 도착한 왕은 누각에 숨어서, 스님이 정성껏 밥을 지어 어둠을 타고 기회가 닿는 대로 바치는 음식으로 연명하였다. 후일 세인들은 절(寺사)에서 밥(食식)을 날라다 주었다는 뜻으로 그곳의 지명을 식사동이라고 부르게 되었다 한다.

공양왕을 따라 세상을 떠난 충견

그런데 어느 날 갑자기 공양왕이 보이질 않았다. 밥을 날라다 주던 스님이 이상히 여겨 그냥 돌아가 다음날 새로 밥을 지어 갖고 왔으나 또 없었다. 이렇게 밥을 다시 지어오기를 며칠을 하던 절에서도, 왕이 보이지 않자 더 이상 밥을 지어 오지 않게 되었다.

한편 왕씨의 친족들은 공양왕의 행방을 여기저기 수소문하던 중에 왕이 절을 찾아갔던 일과 다락골에 은신했던 일을 알게 되었다. 그리하여 친족들은 여기저기 흩어져서 원당리 다락골 일대를 뒤졌으나 도무지 왕의 종적을 찾아낼 수가 없었다.

그런데 친족들이 이곳에 올 때 데려온 공양왕이 평소에 귀여워해 주던 청삽살개 1마리가 어느 연못 앞에만 가면 물 속을 들여다보고는 자꾸 짖어대는 것이다. 그러더니 결국 그 연못 속으로 뛰어 들어가 빠져 죽었다.

이상히 여긴 사람들이 그 못의 물을 모두 퍼내어 보니 안에는 옥새를 품은 공양왕이 왕비와 함께 죽어 있었다. 쫓겨 다니는 신세와 세상사의 하릴없음을 비관한 끝에 스스로 목숨을 끊은 것이었다. 비통에 잠긴 친족들은 왕의 시신을 꺼내어 연못 바로 뒤 약 20여 미터쯤 떨어진 곳에 조그마한 봉분을 만들어 안장하였으니, 이 능이 바로 사적 제

연못의 흔적

공양왕을 찾아 낸 개의 충견석

191호 공양왕릉이다. 이때부터 이곳을 왕릉王陵골이라 부르게 되었다.

　조선 시대에는 개국공신들의 자존심 탓인지는 몰라도 석물을 갖추기는커녕 많은 무명의 무덤들이 위까지 자리한 채 사람들은 공양왕릉이 어느 곳에 있는지조차 잘 알지 못했다.

　다만 왕릉 앞에는 화려하고 웅장한 석물 대신 다른 데서는 찾아볼수 없는 개 모양의 석상石像이 외로운 무덤을 지키기라도 하듯 서 있다. 이는 왕의 최후를 가르쳐 주고 주인을 따라 죽은 삽살개의 충성심을 기리기 위해 세운 것이라 한다.

　원당리 왕릉골의 위치는 유산遊山 동쪽으로 약 4킬로미터 지점, 즉식사리에서 고개 하나 넘어간 곳인데 당시 공양왕이 빠져 죽은 연못은흔적만이 남아 있다. 그곳을 찾으려고 해도 찾기 어렵고 찾은 다음에도 뚜렷이 기록한 비석이 없는 것은 물론 초라하게 조성된 능원은 고려왕조의 망국의 한이 서려 있는 듯한 비애를 느끼게 한다. 향후 문화재 관리 당국의 능원에 대한 배려가 있었으면 하는 간절함을 되새겨본다.

　한편 다른 기록에는 왕과 왕비 그리고 태자의 부처가 마지막으로 머문 곳은 오늘날 강원도 삼척시 근덕면 궁촌리宮村里로서, 공양왕이 이성계의 신흥 세력에 밀려 원주에 유배되었다가 후일 외진 삼척으로 유배된 후 살해되어 그곳에서 장례를 치렀다

삼척의 공양왕릉

고 한다. 궁촌리라는 이름도 왕이 머문 곳이라 해서 붙여진 이름이다. 궁촌리 일대를 살해殺害골이라고도 부르는데, 이곳에 머물던 공양왕 일가가 1394년(태조 3) 4월 한양에서 내려온 정남보鄭南普와 함전림에 의해서 살해되었기 때문이라는 것이다.

그 이후 시신을 원당읍 식사리(현 식사동)에 묻었다고도 하니 아마도 당시 백성들이 이성계의 부당한 개국 혁명에 대한 반대와 고려왕조에 대한 뜨거운 충성심을 기리기 위하여 상징적인 능을 조성하고 추모하지 않았나 하는 추측을 해 본다. 때문에 아직까지 삼척 시민들은 커다란 돌무덤이 바로 공양왕의 능이라고 믿고 있다.

공양왕이 쫓겨나 지냈던 곳

서울역에서 북쪽으로 향하는 경의선에는 일산一山역이 있다. 이 역에서 내려 파주시 봉일천奉日川(공릉천恭陵川)을 향하여 2킬로미터를 지나면 감내甘川란 마을에 이르게 된다. 이곳은 물이 달다고 하여 옛날부터 불리던 이름이다. 또 일명 한 여인이 지아비에 대한 정성 어린 기구가 부족해 지아비가 참혹한 죽임을 당하게 됐다고 자책하여 스스로 목매어 죽음으로써 왕이 열녀문을 내려 주었기 때문에 이 마을을 부사문촌婦死門村이라고도 했었다.

이곳은 조선 시대에 한성부 고양군 구이동면九耳洞面에 속했던 곳으로 현재의 식사동 일대이다. 고려 공양왕이 정사政事에서 쫓겨나 이곳에 와서 절을 짓고 밥을 지어 먹으면서 공양을 올렸다는 전설에서 붙여진 이름이다.

부사문촌과 충신 박순의 부인 열녀 임씨

부사문촌은 숲이 우거진 황룡산 자락 동남 방향의 양지바르고 수려한 경관과 감천이 있었다. 이곳에 조정에서 높은 벼슬을 하던 박순朴淳이 살게 됐으므로 인근 마을에서는 박 대감댁이라 불렸다. 이 댁의 안방마님 장흥長興 임任씨는 성품이 겸손하고 온후하였기 때문에 고을 주민은 우러러 사모와 칭송이 자자하였다.

그러던 장흥 임씨에게 태산 같은 근심이 생기게 되었는데, 박순이 함흥咸興에 차사로 가기를 자청했기 때문이다. 지금까지 수차에 걸쳐 함흥에 차사로 간 사람 중 살아서 돌아온 사람이 한 사람도 없었기 때문에 임금이

"경이 함흥에 차사로 다녀오시오."

라고 명할 때는 죽으러 가라는 것이나 마찬가지로 여기는 판인데 대감이 함흥 지사를 자청한 것이었다.

궁중에서 어전회의가 열리던 날, 문무백관이 어전에 부복하여 태종의 옥음을 기다리고 있을 때

"경들은 들으시오. 짐이 옥좌에 앉은 지도 어언 3년여 세월이 흘러 국태민안이 어느 정도 이룩됐건만 함흥에 계신 대왕(태조)을 모셔오지 못함이 어찌 자식 된 짐의 도리겠는가? 더구나 나라의 이념이 효孝를 바탕으로 한 충忠이거늘 지금까지 차사로 갔던 사람이 부왕 마마의 노여움을 사고 모셔 오는 뜻을 이룩하지 못했으니, 짐은 밤낮으로 근심을 놓을 수 없소! 경들은 누가 짐의 근심을 풀어줄 수 있는가를 숙의하여 차사를 천거해 주기 바라오."

박순 제단비   박순의 아내 장흥 임씨의 묘비. 경기도 일산시

하니 모두들 고개를 들지 못하고 공포에 찬 곁눈질을 하며 혹시 자신
이 지적을 당하게 될까 전전긍긍하였다. 순간 박순이 아뢰었다.

　"신 박순 아뢰오. 신은 일찍이 상왕 마마를 모셨던 사람으로 상왕 마
마를 친히 알현코자 하는 심저의 뜻이 있사오니 노구이오나 소인에게
직책을 맡겨 주시옵소서. 상감마마!"

　만족백관은 깜짝 놀라 고개를 들어 박순 대감을 바라보았다. 왕은

박순의 제단비와 부인 장흥 임씨의 묘소

놀라움과 기쁨 속에 입가에 웃음을 띠었다. 그런 태종에게 박순은 한 가지 소청을 하였다. 왕은 반면에 미소를 띠우며

"어서 말을 하오. 무슨 소청인들 못 들어주겠는가."

하였다. 이에 박순은 말하기를

"저에게 새끼가 달린 어미 소를 한 마리 주시옵고 별배가 따르지 않게 하여 주시옵소서."

하였다. 이렇게 하여 박순은 차사로서 여장을 꾸려 함흥을 향한 장도에 오르게 되었다.

한편 아내 장흥 임씨는 죽음의 길을 자청하여 험하고 먼 길을 외로이 떠나는 남편과 작별해야 하는 심회에 어찌해야 할 바를 몰랐다. 그러나 오직 한마음으로 신령님께 남편의 무사 귀환을 축원하는 것이 자신이 할 수 있는 일이라 생각했다.

부인 임씨는 대감이 함흥을 향해 떠나던 날 밤부터 온갖 사물이 깊이 잠들고 고요가 무겁게 내리는 1경을 가리키는 별빛을 따라 뒤란 우물물을 손수 떠서 목욕재계를 끝마친 다음 단정한 옷차림을 하였다. 그리고 장독대 위에 정화수를 찰랑이게 담은 시발을 고이 놓고 백배를 하며 남편 박순의 무사 귀환을 빌었고 집안의 가솔에게는 물론 이웃에게도 대감의 안녕을 비는 마음과 연계하여 마음 쓰기에 한순간도 벗어난 때가 없이 더욱 덕을 끼치려 하였다.

함흥차사, 태조에게 죽임을 당해 돌아오지 못하다

여러 날을 지나 박순은 함경도 용흥강龍興江에 이르렀다. 지금껏 차

사들은 많은 별배들을 거느리고 이곳에 이르렀고 강을 건너다가는 선왕을 모시는 병사의 화살에 맞아 죽었기에 떠나간 즉, 소식이 없는 사람을 일러 함흥차사咸興差使란 속담까지 만들어지게 되었다.

그러나 박순은 한낱 길손이요 농부가 되어 어미 소를 몰며 용흥강을 아무 일 없이 건널 수 있었다. 송아지는 강가 말뚝에 동여매어 놓고 말이다.

박순은 어미 소를 몰고 상왕이 거처하시는 별궁에 도착하여 마당의 말뚝에 소를 매어 놓고 문으로 다가가 병사에게 말하기를

"내 일찍이 상왕 마마를 모시던 별장 박순이니라. 박순이 팔도를 유람 중 상왕 마마를 알현코자 왔노라 아뢰어라!"

하였다. 병사의 말을 들은 상왕은 벌떡 일어나 버선발로 대문까지 뛰어 나와 박순을 얼싸안으며 눈에 눈물이 어리었다.

박순은 상왕 태조와 주안상을 마주하며 지난날의 이야기를 꽃피우며 거나하게 취하였다. 석양은 어둠을 재촉하기에 이르렀고 밖에서는 새끼 송아지를 찾는 어미 소가 처절히 울부짖는 음매 소리를 연거푸 내었다. 상왕이 역정 어린 음성으로

"어찌, 밖이 저리 소란한가?"

묻자 박순은 급히 일어나서는 엎드려 배하며 말하였다.

"대왕 마마! 불경한 죄를 용서하여 주옵소서. 소인이 팔도의 산천을 구경하는 길에 오른 지 벌써 오래 됐사온데 이제는 말이 겁이 나 순한 암소를 골라 타고 다녔사옵니다. 그런데 어찌하여 송아지를 낳아 여기까지 이르렀사옵니다. 선왕 마마를 뵈어야겠다는 생각으로 용흥강을

건너려니 송아지는 위험하여 강 건너에 매어 두고 어미 소를 타고 강을 건넜사옵기에 어미 소가 새끼 송아지를 애타게 찾는 소리이옵니다. 이 점 통촉하옵시고 용서하시옵소서."

태조의 눈길이 먼 길을 바라보듯 초점이 허공을 향하였고, 낮은 음성으로 말하였다.

"세월이 많이 갔구려!"

때를 맞춰 박순이 더욱 깊이 부복하며

"상왕 마마! 아뢰옵기 황공하오나 만물도 어미와 새끼의 정이 저러하거늘 상왕께서는 한양의 자손들에 대한 그리움이 얼마나 깊으시겠사옵니까? 한양의 저하 마마께서는 상왕 마마에 대한 경모에 애끓는 감회가 극한 줄 아옵니다. 상감마마! 한양으로 회정하시옵소서. 신은 간청하여 상주드리옵니다."

하니, 태조의 눈에서는 눈물이 어리더니 시각을 격하여

"내 생각하리다. 공은 이제 지체 말고 어서 이곳을 뜨도록 하시오!"

하였다. 상왕의 뜻을 안 박순은 행장을 수습하여 소를 몰 필요 없이 급히 나루터로 향했다.

박순이 태조의 별궁을 나온 후 선왕을 모시는 별장은 부복하며 노기 찬 음성으로 상주하였다.

"상왕 마마! 아뢰옵기 황공하오나 상왕 마마께서 한양에서 보낸 차사가 용흥강을 건너려거든 그 누구를 막론하고 사살하라 하셨사온데, 박순 그는 한양에서 보내온 차사임에 틀림없사옵고 상왕마마의 심금을 미물에 비유하는 망언을 하였으니 그를 처단토록 하명하시옵소서!"

충성 어린 별장의 애절한 말에 사실을 인정할 수밖에 없는 태조는 상당한 시간이 흘렀기에 박순이 이미 용흥강을 건넜으리라 생각하고는

"그대의 충성스런 말을 내 받아들이노니 그를 죽이라. 그러나 만약에 그가 용흥강을 건넜을 때는 절대 뒤를 쫓지 말라."

말하였다. 별장은 급히 물러나 말을 달려 박순의 뒤를 쫓아 달렸다.

한편 태조를 떠난 박순이 나루터에 다다라 뱃사공을 만났을 때는 복통으로 인하여 몸에는 온통 식은땀이 흐르고 걸을 수가 없을 정도였다. 이에 사공은 자신의 집으로 모셔 안정을 시켰다. 정성껏 돌보아 어느 정도 진정이 되자 박순은 태조의 "지체 말고 어서 이곳을 뜨라"는 말씀이 떠올라 사공을 재촉하여 배에 올라탔다. 그 찰나 말발굽 소리 요란히, 먼지를 날리며 달려오는 병사들의 명령이 떨어졌다.

박순은

'아! 하늘이 나를 버리는구나!'

생각하며, 배 위에서 태조가 계신 곳을 향해 사배를 마치고 일어섰고, 말에서 내린 별장의 장검은 박순의 목을 내리쳐서 그의 머리는 용흥강에 떨어지고 말았다. 박순 역시 함흥차사의 제물이 된 것이다.

그처럼 박순의 무사귀환을 정성 기울여 기구하던 부인 임씨에게 들려온 소식은 처절하고 기구한 비보였으니 실신으로 끝날 일이 아닌 자신의 정성이 부족한 죄악이라 생각하였다. 소식을 듣던 날 주변을 멀리하던 임씨는 여느 때와 같이 깊은 밤, 목욕재계 후 정화수를 놓고 남편 박순의 명복을 빌고는 방에 들어가 목을 매어 운명을 달리하고 말았다.

박순과 장흥 임씨에 대한 충성심과 지아비에 대한 애끓는 죽음의 소식을 접한 태종은 장흥 임씨에게 산을 하사하고 묘를 쓰도록 하였다. 지금의 황룡산에 장흥 임씨의 묘가 있으며 그 당시 열녀문을 내려 추모하였기에 부사문촌이라 불려온 것이다. 6백여 년의 세월 속에 열녀문은 소실되고 그 무덤과 이름만 전해지고 있다.

결국 한양으로 돌아온 태조

조정에서는 다시 어전회의를 열고 대책을 논의하였다. 그러나 서로 눈치만 살폈지 성큼 다녀오겠다는 신하는 없었다. 이때 태조와 혁명 동지이며 조선 창국에 혁혁한 공을 세운 성석린成石璘은 벼랑에 선 자신의 직분을 더 이상 감출 길이 없어 자의반 타의반으로 다녀오기로 하여 무거운 마음으로 길을 나섰다. 함흥궁에 당도한 영의정 성석린은 태조 이성계가

"그대는 지금 조정에 할 일이 많을 것인데 어찌하고 여기까지 왔는

성석린과 부인 화숙 택주 순흥군 안씨의 묘소. 경기도 포천시

가."

묻자 엉겁결에

"신은 지금 벼슬을 놓고 한가로이 지내는 사람입니다."

하고 아뢰었다. 이 말에 태조는 믿지 않고 또다시 물었다. 이에 다급한 나머지 성석린의 대답은 이러하였다.

"만약에 소신이 전하께 거짓을 아뢴다면 소신의 후손들은 모두 눈이 멀 것입니다."

심약한 성석린은 거짓말로 죽음을 잠시 모면하고 살아 돌아왔으나, 일설에 의하면 후일 그의 손자들은 모두 장님으로 태어났다고 한다.

일설에는 함흥에 간 차사는 수없이 죽었다고 하나 실제로 희생된 사람은 박순뿐이다. 성석린이 성과 없이 돌아오자 국사인 무학 대사가 찾아가 선왕의 마음을 돌렸고 후일 남재南在가 차사로 자청해서 파견되었다. 그는 사전에 매 사냥꾼에게 함흥 근처에서 사냥을 하도록 하고, 자신은 새끼를 낳은 지 얼마 되지 않은 암소를 타고 태조를 찾아갔다. 태조를 만난 남재는

"신은 벼슬에서 물러나 어떤 매 사냥꾼을 만나 여기까지 왔습니다."

하면서 대화를 시작하였다. 그때 새끼를 두고 온 암소가 울자 새끼가 그리워서 우는 것이라고 말하여 태조가 아들을 생각하도록 부추겼다. 잠시 후 매 사냥꾼이 꿩을 몇 마리 잡아 가지고 와서 천성적으로 무인의 기질을 타고 난 태조의 마음을 사로잡았고, 매가 꿩을 산 채로 잡는 것을 지켜보며 태조는 자신도 모르게 차츰 남쪽으로 내려와 남양주에 와서 여덟 밤을 지냈다. 이로써 이곳은 팔야리八夜里라는 지명을 얻었

다. 얼마 안 가 북한산이 보이자 태조는 속은 것을 알고 후회하였으나 어찌할 수 없이 마음을 굳혔다고 한다.

고양시 덕양구 주교동의 유래
- 홍수에 배로 다리를 만들다 -

주교舟橋는 배다리라는 뜻으로 이 이름은 1925년 대홍수로 인하여 배가 이곳까지 떠밀려 내려왔을 때, 주민들이 배로 다리를 놓고 건너 다니면서 불리게 되었다. 또 마을 지형이 배 모양처럼 생겼기 때문에 배다리라 부르게 되었다는 설도 있는데 첫 번째 설이 유력해 보인다. 이후 '舟배주' 자와 '橋다리교' 자를 써서 주교리라고 부른 데서 동 이름이 유래하였다.

영글이와 단산부원군 이무의 묘

고양시청에서 일산으로 가는 도로를 따라 3백여 미터를 가게 되면 원당중학교에 다다르는데, 이곳에서부터 학교 뒤 북쪽으로 연결되는 골짜기 및 전야 지대를 영글이(영문리永文里)라고 부른다.

1987년 『고양군지』의 소지명 유래담 난에는 영글이에 대해

〈이곳은 예전에 글공부하던 글방(서당書堂)이 있었던 골짜기여서 영 문리로 명명된 것으로 짐작된다. 조선조 세종 때 단산부원군에 봉군 된 이무李茂의 묘가 있으며 그에게 사패지賜牌地로 내려진 땅이 산야

의 전체에 이르렀다고 한다.〉

라고 소개되어 있다.

이 묘는 배配 정경부인貞敬夫人 해평海平 윤尹씨와 계배繼配 정경부인 능성綾城 구具씨가 합폄되어 있는 사각 묘로 석대石帶가 둘러 있다.

1785년(정조 9)에 건립된 묘갈墓碣은 윤득관尹得觀이 지었고 글씨는 이의현李義玄이 썼다. 묘 앞의 석물로는 상석 외에 석양羊 2기, 문관석 2기, 장군석 2기, 장명등 1기, 망주석 2기가 갖추어져 있으며, 1백 미터 전방 입구 쪽에 신도비와 영모비가 세워져 있다. 1986년에는 당시 고양군(현 고양시)에서 향토유적 제9호 지방문화재로 지정하였다.

지금도 이곳은 지형이 산자수명山紫水明하여 봄가을 소풍철이면 학생들의 소풍처로도 이용되곤 한다. 자고로 명당에는 샘이 같이 한다는 고사故事에 걸맞게 오래된 약수터도 묘비 아래쪽에 있다.

이곳에 묻힌 이무는 고려 말에서 조선 초의 인물로 자는 돈부敦敎, 호는 중정中亭, 본관은 단양丹陽이며 판서 이거경李居敬의 아들이다.

단산부원군 이무와 정경부인 해평 윤씨. 능성 구씨의 합장

공민왕 때 문과에 급제하여 1390년에 전라도 도절제사로 왜구를 격멸할 때 무려 70여 급이나 참하여 논공행상 시 국왕으로부터 의주를 하사받았다. 그 공적을 영구히 기리기 위해 그 주둔 지었던 주계朱溪 지방을 그의 이름 '무茂' 자를 따서 개칭하였으니 오늘날 무주군茂朱郡이 바로 그곳이다.

조선 태조 때에는 개성윤을 거쳐 중추원사가 되어 서강(예성강) 및 강화도

이무의 묘비. 경기도 고양시

의 병선을 점검하는 등 문관으로서 국방 문제에 주력하였다. 또 사은사로 명나라에 갔다가 귀국하여 왜구의 침입에 대비하였으며, 도체찰사가 되어 5도의 병선을 거느리고 일지도와 대마도의 왜구를 토벌하여 국위를 크게 선양하였다.

2년 뒤인 1398년(태조 7) 8월 왕자의 난 때 참찬문하부사로 있으면서 정사공신1등으로 단산부원군에 봉해졌다. 그 후 동북면 도순문사로 영흥 부윤을 겸임하고 판삼군부사를 거쳐 좌명공신1등으로 우정승에 승진하였다. 영승추부사 우정승 겸 판병조사를 역임하고 조선 개국 초에 기로소耆老所에 들었다.

세계 최초의 세계 지도 혼일강리역대국지도 편찬

1402년(태종 2)에는 김사형金士衡, 이무 등과 함께 지리에 관계되는

자료를 수집하여 세계 최초의 세계 지도인 혼일강리역대국도지도混一疆理歷代國都之圖를 편찬하여 세계를 향한 인식을 새롭게 하고 지리학적인 업적을 남겼다.

오늘날 이 지도는 일본 류코쿠대학(용곡龍谷대학)에 소장되어 있는데, 아마도 임진왜란 때에 유출된 듯하다. 이 지도는 콜럼버스가 아메리카 대륙을 발견하기보다 90년 전에 제작되었기 때문에 남북 미주 대륙은 표기되어 있지 않다. 서울대학교 규장각에 모사본이 보관되어 있으며, 중고등학생 지리부도에 소개되어 있을 뿐이다.

지도의 아랫부분에는 권근의 발문이 기재되어 있는데, 그 일부를 우리말로 옮겨 보면 다음과 같다.

〈천하는 대단히 넓다. 안으로는 중국에서부터 밖으로는 사해四海에 이르기까지 몇 천만 리인지 모른다. 지도는 수척 지폭에 요약하여 그리는 관계로 상세하게 함이 극히 어렵다. …(중략)… 건문 4년(1402) 좌정승 상락 김사형, 우정승 단양이공 무茂는 나라 다스리는 여가에 이

익원공 김사형 묘비. 경기도 양평군 목왕리

지도를 참고하고 연구하여 신도新圖를 만들었으나 정연함이 가히 볼만하다. 진실로 문 밖에 나가지 않고도 천하를 알 수 있게 되었다. 지도를 보고 지역의 멀고 가까움을 아는 것은 또한 다

스리는데 도움을 주기 위함이다.〉

김사형과 이무가 지도에 대하여 마음 깊이 생각함에 있어서 그 규
모와 국량局量이 큰 것을 가히 알 수 있다 하였으니, 이 지도가 일본으
로 유출되지 않고 국내에 현존한다면 국보가 되고도 남음이 있었을
것이다.

2002년에는 후손들이 사당을 묘 아래에 재건하여 선생의 넋을 더
한층 기리고 있다.

고양시 덕양구 대자동의 유래
- 어버이의 사랑으로 세종의 눈이 낫다-

최영崔瑩 장군의 묘와 성녕誠寧 대군의 묘가 있는 대자산 아래 동네
를 대자골이라 하고 법정 마을 명으로 대자동大慈洞이라 하는데, 대자
동이란 이름이 생겨나 유래는 다음과 같다.

세종은 집현전을 설치하여 많은 학사들과 더불어 여러 분야의 학문
에 몰두하기에 밤낮이 없었고, 이렇게 잠을 제대로 못 자고 피곤이 쌓
이다 보니 눈병이 나서 고생을 하게 되었다. 그래서 전국의 이름난 의
원을 불러 치료를 했으나 백약이 무효였다. 병은 점점 악화되어 그 고
통은 말이 아니었고 궁중에서는 걱정으로 수런수런한 분위기였다. 집
현전의 학사나 궁인들이 매우 걱정을 하던 중에 집현전의 어느 학사
가 어전에 부복하여 아뢰었다.

"대왕 마마! 아뢰옵기 황공하오나, 듣자옵건대 고양의 깊으내골(대자골)에 성녕 대군의 위패를 봉안한 암자에서의 기원祈願이 신통하다 하옵니다. 대왕 마마께서 그곳에 한번 나심이 어떠하올지 하여 아뢰옵나이다."

이 말을 들은 세종은 잠시 웃음을 입가에 띠우며

"그래 공의 그 말을 들으니, 그간 일에 여념이 없어 부모님의 정성을 잊고 먼저 간 아우에 대한 회심을 잊었었구려."

허공을 헤매듯 한 눈길로 잠시 천장을 바라보던 세종은,

"공이 나를 깨우쳐준 바 크구려! 그래 짐은 경의 뜻을 깊이 받아들이기로 하겠소."

하였다. 이런 일이 있은 지 며칠 후 왕의 어가는 고양 깊으내골을 향하게 되었다. 옛날의 길은 오늘날과 같지 않았으니 한양에서 출발한 어가는 산을 넘고 좁고 굽은 길을 따라 송강 고개(신원동新院洞 송강 마을)까지 다다랐다. 왕은 오랜 시간의 행차에서 오는 고생에 더해 또한 지루한지라

"여봐라! 그래, 아직도 멀었느냐?"

하며 어가 주위의 별배別陪에게 물었다. 그때 신하는 눈가에 손을 차양으로 하여 깊으내(곡릉천) 건너 골짜기를 바라보던 끝에

"마마! 거의 다 온 듯하옵니다. 그 암자의 지붕 끝이 숲 그늘 사이로 보이옵니다."

하였다. 이 말에 세종은 지리함 끝에 희망을 찾은 듯한 기쁨으로

"그래, 어디 어디 보인단 말이냐?"

하며 신하가 하듯이 손을 눈가에 대고 신하가 가리키는 곳을 향하여 바라보았다. 세종은 그처럼 쓰리고 아프던 눈의 고통이 사라진 것을 느끼고 부드러운 눈길로 암자의 지붕 끝을 바라보았다. 참으로 신기한 일이었다.

어가는 그 암자에 다다라 의식을 치르고 돌아서는 길에 올랐다. 세종의 가슴에 회오리쳐 오는 것은 어버이의 지극한 사랑이었다. 흐르는 개울물 소리에도 스치는 바람결 나뭇잎의 속삭임에도 어버이의 음성을 듣는 듯했다.

"여봐라! 이 골짜기는 어버이의 사랑과 숨결이 숨 쉬시는 곳이 아니겠느냐? 그렇거늘 암자의 이름을 대자암大慈庵이라 부르도록 하라!" 하였기에 그 후부터 임진왜란으로 소실되기 전까지는 대자암이라 불리게 되었고, 이 암자가 있는 곳을 대자골이라 하였다.

흔적만 남은 대자사와 터

통일로변 필리핀 참전비를 옆에 두고 관청령을 향해 가다가 최영의 묘를 가리키는 이정표를 향해 가면 최영 묘가 있는 대자산을 향한 마을 끝 대여섯 계단을 올라 바로 오른쪽 50여 개 지점이 대자사大慈寺 터였던 것으로 기록이 전해진다. 자세히 살펴보면 깨어져 흩어진 기와 조각을 발견할 수 있어 이곳이 대자사지였음을 짐작해 보게 된다.

이 터는 경기도 고양시 덕양구 벽제동 대자2리 산65-1로 산을 향한 바로 앞에는 묘와 석비가 있다. 그 기록을 살펴보면 역사에 많은 사연을 남기고 일찍 유명을 달리한 소현昭顯 세자의 셋째 아들 경안군慶安

소현 세자의 셋째 아들 경안군 이회와 배위 허씨의 묘. 경기도 고양시

君과 부인 허許씨의 묘가 위에 있고, 그 아래로 경안군의 장남 임창군 臨昌君과 그 부인의 묘임을 알게 해 준다.

그런데 대자사의 흔적이 오직 와편瓦片으로 보여지고 마는 것은 임진왜란 때 병화兵火에 의한 것으로 알려진다. 다만, 이 대자사가 이곳에 있어 웅장하고 화려하기가 회암사檜巖寺와 우열을 다루었다고 기록되어 있다. 그리고 많은 문객文客이 다녀갔던 기록이 있으니 성종 때 유학자 서거정徐居正의 시 한 수를 적어 본다.

산 속에 여윈 말 채찍질하고
절 안에 고승高僧과 이별한다.
빽빽한 수목에 구름이 어둡고
명랑한 모래에 몸이 절로 맑다.
거친 둔덕에 예전 비碑들을 찾고

기우는 날에 전조前朝의 능을 조문弔問한다.

가을을 슬퍼하는 객客이라 마소

다락집 오르니 한이 없네.

대자사라는 이름으로 불리기 전에는 대자암이라 불리었는데 후일 대자사로 바뀌 불리게 된 것이다. 대자암이 서게 된 데는 이유가 있다.

대자암지에 거의 닿는 길 왼편에 성녕 대군의 제당이 보이고, 제당 뒤 산을 오르는 곳에 성녕 대군의 묘가 있다. 성녕 대군은 태종의 넷째 아들로 세자 양녕 대군이 세자 직위를 사양함에 따라 태종은 세자를 다시 정하는 일로 고심하던 끝에 성녕으로 택하였다. 성녕이 총명하고 성품이 웅대하면서도 겸양하였기 때문이다.

그러나 성녕은 13세에 무서운 열병으로 타계하고 말았다. 태종과 왕비 민씨는 사적인 정으로는 어느 아들보다 제일로 귀엽게 여겼음은 물론이려니와 그 총명함, 온후, 겸양한 아들이 요절을 함에 애통함이 극에 달할 수밖에 없었다. 그렇기에 명복을 빌기 위한 암자를 짓게 된 것으로 이 암자에 태종이 들렀고 민비는 수없이 들렀다고 한다. 그래서 대자골은 왕이 다녀간 골짜기이라 하여 왕래 王來골이라 불리기도 했다.

성녕 대군과 부인 창녕 성씨 합장묘. 경기도 고양시

고양시 덕양구 효자동의 유래
- 인왕산 호랑이와 효자 박태성 -

지금으로부터 330년 전 고양 땅과 한양 땅의 경계를 이루는 박석 고개(현 구파발과 갈현동 사이)에 큰 상여 하나가 고개를 넘고 있었다. 상여의 주인은 1681년(숙종 7) 춘색이 완연하던 신유辛酉 3월 24일 27세의 청년 밀양密陽 박朴씨 세걸世傑의 상여였다. 젊은 죽음을 맞은 상여 뒤로 상제喪制로 보이는 어린아이가 베옷과 두건을 쓰고 따르고 있었다. 상여는 슬프디슬픈 상여소리에 맞춰 고개를 넘어 야산에 당도해 무사히 장례를 마쳤다.

아버지 상여의 뒤를 따르던 박태성朴泰星은 상을 마친 다음날부터 날마다 한양을 떠나 무악재, 박석 고개를 넘어 아버지 무덤이 있는 고양 땅을 찾아와 아침 인사를 올리고 되돌아가곤 했다. 비가 오나 눈이 오나 아이는 농사일이 시작되기 전 새벽이면 여지없이 일찍 일어나 험한 산길을 따라 아버지의 묘소에 다녀왔다.

어느 추운 겨울날 아이는 어김없이 아버지에게 아침인사를 드리기 위해 모화관(현 독립문)을 나서 험하기로 소문난 무악재 고개에 이르렀다. 그런데 갑자

영은문주초. 옛 모화관 현 독립문 자리

기 인왕산 쪽에서 커다란 호랑이가 나타나 길을 막고는 머리를 좌우로 흔들며 등 위에 올라타라는 시늉을 하였다.

박태성이 너무 놀라 뒤로 물러서자 호랑이는 아이를 안심시키기 위해 발짓을 하였다. 그것이 꼭 매일 고개 위에서 태성이의 효심을 확인한 후 아버지의 무덤까지 데려다 주기 위해 내려온 것이라는 설명을 해주는 것 같았다.

시간이 지나 호랑이의 눈에 살기가 서리지 않고 그 울음소리 또한 부드럽게 느껴져 등에 기대니 호랑이가 일어서는 것이었다. 박태성은 호랑이의 등가죽을 가만히 움켜잡았다. 인왕산 호랑이는 일어서더니 바람을 가르며 달리기 시작해 눈 깜짝할 사이에 북한산 기슭 아버지의 묘에 당도하였다.

박태성은 아버지 무덤에 인사를 드리고 묘를 돌며 여기저기를 어루만졌다. 호랑이는 인사가 끝나기를 기다려 다시 박태성을 등에 태우고는 무악재 고개에 내려주었다.

이렇게 매일 시작한 일이 40년 동안 계속되었다. 지극한 효자 박태성도 나이가 들어 장가를 들고 열심히 살았으나 늙게 되니 자연히 병이 나 죽게 되었고, 아버지의 무덤 옆에 안장하게 되었다. 40년 전 아버지의 상여가 가던 길을 박태성의 상여도 그대로 뒤따랐다.

따스한 봄날 진달래가 곱게 피고 새소리를 들으며 상여는 너울너울 북한산으로 향했다. 오후 2시쯤 박태성의 시신이 땅에 묻히고 자손들이 집으로 돌아가려 할 때였다. 늙은 호랑이 한 마리가 나타나 "어흥 어흥" 큰 소리를 치더니 차차 가는 소리로 처절하리만큼 울부짖고는 효자 박태성의 무덤 앞에 쓰러져 죽고 말았다. 그 호랑이는 40여 년 간 박태성을 등에 태우고 다닌 그 호랑이였다.

이에 자손들은 박태성의 묘 옆에 인왕산 호랑이의 무덤을 정성 들여 만들어 주었으며, 이곳에 올 때마다 호랑이 무덤에도 제사를 지냈다고 한다. 그리하여 부근 마을의 명칭을 박태성과 같은 효자가 묻혀 있는 곳이라 하여 효자동이라 하기에 이르렀다. 박태성의 효성이 지극하였기에 하늘이 감동하여 영물이라는 호랑이까지 보내 그의 효행을 돕고, 고귀한 혼을 흠모한 호랑이가 죽음까지 따랐다는 인왕산 호랑이와 박효자 전설의 주인공으로 남겨졌을 것이다.

그 시대 나라님인 고종도 그 효성을 높이 사, 백성들의 본이 되게 하리란 뜻으로 정려비旌閭碑를 세워 주었다.

박태성 정려비와 부자의 묘

박태성 정려비(효자비)는 북한산성에서 의정부로 이어진 63번 지방도로 제청말 입구에 세워져 있다. 오석烏石 재료로 된 바위에는

朝鮮 孝子 朴公泰星 旌閭之碑

조선 효자 박공태성 정려지비

라 표기되어 있다.

비의 규모는 높이 117센티미터, 폭 40센티미터, 두께 12센티미터로, 비문은 증손 박윤묵朴允黙이 썼다. 대좌까지 갖추어진 이 비는 조선조 후기 효자로 널리 알려진 박태성의 효행을 기리기 위한 것으로 1893년(고종 30)에 세워졌다.

효자비 뒷편 250미터 지점에 위치한 박태성의 묘는 좌우로 배配 의 인宜人 완산完山 이李씨와 계배繼配 선인 김해金海 김金씨의 묘 3기基 가 있다. 봉분 앞으로는 상석 1기, 망주석 2기, 문인석 2구가 있다.

또 1778년(정조 2) 5월에 건립된 묘비에는

有名朝鮮 孝子 通德郎 密陽 朴公泰星 字景淑之墓

유명조선 효자 통덕랑 밀양 박공태성 자경숙지묘

라 새겨져 있다. 어석 묘비의 규모는 높이 145센티미터, 두께 30센티 미터, 폭 60센티미터로 비문은 사면四面에 표기되어 있다. 묘비의 비 문은 이성중李聖中이 짓고 후손 박홍제朴弘悌가 썼다.

박태성의 자는 경숙景淑이며 본관은 밀양이다. 박태성의 묘소를 자 손들은 잘 단장해 놓았고 호석상虎石像도 만들어 놓았다. 봉분 옆으로 는 호랑이의 묘라 전해오는 민 무덤이 남아 있다.

기록된 대로 박태성이 매일 찾아와 모시던 아버지 박세걸의 묘소는 약 50미터 정도 떨어진 아래쪽에 모셔져 있다. 그런데 박태성의 묘소

박태성 묘소와 호랑이상. 경기도 고양시

박태성 정려비

에 비해 관리가 잘 되어 있는
편은 아니라 아쉽다. 박세걸
의 비문에는

學生 密陽 朴公 諱 世傑 墓

학생 밀양 박공 휘 세걸 묘

라 씌어 있다.

고양시 덕양구 동산동의 유래
- 일본군을 퇴치한 밥 할머니 -

동산동東山洞은 고양동에 있었던 예전 고양군청에서 볼 때 동쪽의
산 밑에 있는 마을이라 하여 붙여진 지명이다.

논밭 농사가 주요 업인 전형적인 농촌이었으나 1970년 중반 비닐하
우스가 조성되면서 화훼나 채소 등 근교농업으로 전환하였다.

옛 자연 마을로 감제비골, 군갈미, 넓적골, 창릉모탱이, 비석거리,
상이용사촌, 상촌, 하촌, 새말, 큰골, 응달말, 바깥말, 뱀골, 황새말, 장
터거리, 샘취 등이 있다.

그중 비석거리는 밥 할머니의 석상과 신도비 등이 있어 생겨난 이름
이다. 지혜로운 오씨 할머니는 임진왜란이 전개되던 1593년(선조 26) 1
월 27일의 벽제관 전투에서 왜군에게 패하고 북한산 노적봉 밑에 집결
한 명나라군 이여송李如松 장군과 조선과 명의 군사들에게 짚단과 가

마니를 이용하여 병력과 군량미가 많다고 속이도록 지혜를 짜내 아군을 전멸의 위기에서 구출하였다고 한다.

또 덕수천德水川(현 창릉천昌陵川)에는 횟가루를 풀어 청나라군을 퇴치케 한 곳으로 또한 군병들의 밥을 지어 주기도 하여 밥 할머니로 불리게 되었다. 밥 할머니는 고석 할머니, 보시 할머니, 보살 할머니 등으로도 불리었다.

고양시 동산동에 있는 밥 할머니 석상

할머니의 이야기는 고양시 일대는 물론 전란이 치열했던 서울 서북쪽 일대 은평구 지역에서도 구전되어 왔으며, 노적봉에서 왜군을 퇴치하였다는 이유로 석상의 방향 또한 노적봉이 보이도록 세웠다.

전투 전략을 일러 준 할머니는 떡장사로 변장하고 덕수천 근처로 향했다. 밥 할머니를 본 왜군들은 물이 왜 뿌옇게 변했는지 물었고 이에 할머니가 노적봉을 가리키며

"산에 조선과 명나라군의 병력이 얼마나 많은지 커다란 노적가리(곡식 더미) 근처에서 쌀을 씻어 이렇게 물이 혼탁하게 되었다."

말하자 왜군들은 겁을 먹어 서서히 후퇴하였다. 포위망이 풀리자 조선과 명의 연합군은 일시에 왜군을 공격하여 무사히 탈출할 수 있었다.

왕은 할머니의 공덕과 애국심을 기리기 위해 비석거리에 석상과 비를 만들도록 했고 이후 밥 할머니 석상은 동산동 일대의 수호신으로 모셔져 왔다. 일제 강점기 때 목이 떨어지는 등 관리가 제대로 되지 못

했고, 1993년에는 통일로 확장 사업을 하게 되어 삼송동三松洞 숫돌고개 중턱 도화공원으로 석상과 신도비를 옮기게 되었다.

한편 할머니의 묘소는 서울 불광2동 331번지 40호 일대에 있었는데 현재는 없어지고 주택이 들어섰으며, 친정인 오씨 댁과 시댁인 문씨 문중에서는 1년에 한 번씩 합동으로 밥 할머니를 기리는 제사를 지내오고 있다.

연천군 전곡읍 은대리의 유래
- 고려 충신 김양남이 은거한 곳 -

김양남金楊南은 1382년(고려 우왕 8) 어려서부터 함께 동문수학하던 이방원(태종)과 같이 과거에 급제하여 교우가 두터웠던 인물이다. 고려가 망하고 조선이 건국되면서 태조가 사헌부 지평으로 여러 번 등용하려 했으나 고려의 신하로서 절의를 품고 충절을 지켜 끝까지 나아가지 않았다.

일로정 김양남 신도비

김양남은 정계로 나아가지 않고 세상을 피해 연천군 전곡읍 은대리隱垈里의 반곡盤谷에 은거하였다. 여기서 반곡의 '반盤'이란 여기저기 돌아다닌다는 뜻이며, 움터로도 알려진 은대리隱垈里의 의미 역시 김양남이 숨어 살았던 것에서 연유하였다. 은대리는 본래 양주

송산 조견 신도비   양촌 원선 신도비   주초 이중인 신도비

군 영근면 지역으로서 고려 멸망 후 김양남이 불사이군의 절개로 음터에 은거했다는 고사에 의하여 그 이름이 유래되었다. 1914년 행정구역 폐합에 따라 명천리와 전곡리의 일부를 병합하여 은대리라 하고 연천군에 편입된 이후 오늘에 이른다.

김양남은 반곡에서 은거하면서, 남쪽 한탄강 건너에 있는 산에 매일 올라 고려의 도읍이었던 송악을 향해 망배望拜하며 통곡하였다. 이러한 이유로 이 산의 이름이 국사봉國思峰이 되었으며 또한 집 근처 풍광이 빼어난 장진천 절벽 위에 초정草亭인 학소대鶴巢臺를 짓고 의분에 복받쳐 슬퍼하고 한탄하였다. 김양남은 노래를 부를 때마다 고고히 날아드는 백학白鶴을 벗 삼아 함께 놀며 스스로 '숨어살다가 일생을 마치겠다' 는 뜻의 일로逸老라고 호를 하여 그 고상高尙한 뜻을 지키며 일생을 마쳤다.

김양남의 호는 일로정逸老亭, 본관은 강릉江陵이며 아버지는 공조판

우암 김주 신도비　　　　　　송은 유천 신도비　　　　　　송산사 문화재 지정 기념비.
　　　　　　　　　　　　　　　　　　　　　　　　　　　　　　　경기도 의정부

서 김추金錘, 어머니는 순흥順興 안安씨로 정당 문학 안원숭安元崇의
딸이다. 그의 생몰년은 확실히 전해지는 것이 없다.

　현재 고려 말 절의를 버리지 않은 충성의 높은 품격으로 널리 알려
진 송산松山 조견趙狷, 양촌陽村 원선元宣, 주초奏楚 이중인李中仁, 우
암寓菴 김주金澍, 송은松隱 유천兪蕆 등과 함께 의정부시의 송산사에
배향되어 있다.

　김양남의 묘는 연천군 전곡읍 고릉리 능골에 있으며 11세손 경기 감
사 상성尙星이 지은 묘비가 있다. 이후 김양남의 후손은 조선 후기 강
릉 김씨 여덟 판서와 열부 기계杞溪 유兪씨를 배출하기도 했다.

　또한 연천군 전곡읍의 고릉리高陵里에 있는 국사봉國思峰은 넘점 고
개 북쪽에 있는 높은 봉우리로서, 김양남이 송도를 향하여 매일 망궐
례望闕禮를 올린 곳이라 하여 지어진 이름이다. 한국전쟁 전까지만 해
도 봉우리 정상에는 두 그루의 큰 소나무와 말을 타고 군장을 갖춘 여

러 무관武官 소상塑像의
위位를 모신 조그만 당집
이 있었으나 한국전쟁으
로 모두 파괴되었다.

경기도 연천군 전곡읍 고릉리의 국사봉

국사봉은 미녀가 마주
대하고 앉아 치장할 때
보는 거울과 같다 하여

면경산面鏡山으로도 불리며, 주변에서 묏자리를 잡을 때 이 산을 안산
案山으로 많이 잡는다 하여 안산으로도 많이 불린다.

강릉 김씨의 권세가 드높았던 팔판서 마을

팔판서 마을은 현 경기도 연천군 연천읍 통현리通峴里 통재 동쪽에
있던 자연 마을이다. 통현리는 본래 연천현 현내면 지역인데, 1895년
(고종 32) 지방 관제 개정에 의해 현내면을 군내 면으로 개칭하면서 통
현리라 하여 군내면에 속하게 되었다. 1945년 해방과 동시에 38선 북
쪽에 위치하여 공산 치하에 놓였다가, 한국전쟁이 끝난 후인 1954년
11월 17일 '수복 지구 임시 행정 조치법'에 의거하여 행정권이 수복되
었다.

팔판서 마을은 한국전쟁 이전까지 강릉 김씨 25호가 집성촌을 이루
고 살던 곳으로, 조선 후기까지 8명의 판서가 배출되는 등 강릉 김씨의
권세가 하늘까지 닿을 정도였다고 해서 건쟁이(건정동乾貞洞)라고 불리
었다. 지금은 군부대가 들어서 있고 민간인은 살지 않는다.

강릉 김씨 증 영의정 김흥주를 중심으로 한 가계도

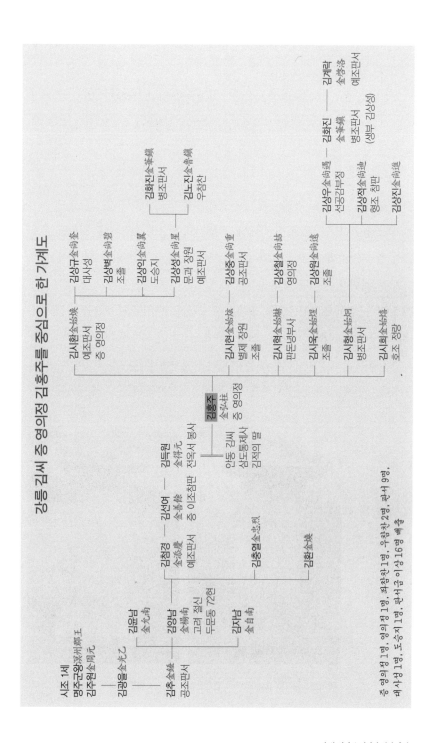

시조 1세
명주군왕溟州郡王
김주원金周元

김명金光乙

김영金鎔
공조판서

김음남金允南

김양남金楊南
고려 절신
두문동 72현

김자남金自南

김첨경金添慶
예조판서

김선여金善餘
증 이조참판

김득원金得元
전옥서 봉사

김충열金忠烈

김환金堤

김흥주 金弘柱
증 영의정

안동 김씨
삼도통제사
김적의 딸

김사환金始煥
예조판서
증 영의정

김사현金始垓
별제 정원
조졸

김사혁金始爀
판도녕부사

김사옥金始煜
조졸

김사형金始炯
병조판서

김사희金始熺
호조 정랑

김상규金尙奎
대사성

김상벽金尙碧
조졸

김상익金尙翼
도승지

김상성金尙星
문과 장원
예조판서

김상중金尙重
조졸

김상철金尙喆
영의정

김상원金尙遠
조졸

김상우金尙遇
선공감부정

김상적金尙迪
형조 참판

김상진金尙進

김화진金華鎭
병조판서

김노진金魯鎭
우참찬

김화진金華鎭
병조판서
(생부 김상성)

김계락金啓洛
예조판서

증 영의정 1명, 영의정 1명, 좌참찬 1명, 우참찬 2명, 판서 9명,
대사성 1명, 도승지 1명, 판서급 이상 16명 배출.

제2부 경기도 지역의 지명 유래
283

김홍주 신도비神道碑 번역문

　서울의 동리東里에는 사대부가 많이 살고 있는데 그중에서 후덕장자厚德長 者로 추중推重을 받고 있는 사람으로는 반드시 김봉사金奉事를 들고 모두 이 르기를

　"그 마음과 행실이 인후하니, 반드시 뒤가 있을 것이다."

라고 하였고 또 좀 더 자세히 아는 사람은 말하기를

　"바깥양반만 그러는 것이 아니라 그 부인도 참으로 숙녀이다. 집안을 유지 함에 한결같이 화순和順으로 하고 있는데 이는 반드시 가장家長의 복록을 이 루게 될 것이다."

고 하였다. 그 후 30년 동안에 그 자손이 크게 창성하였으니 큰 아들 시환始煥 은 예조판서에 판의금부사요, 그의 아들 상규尙奎는 성균관 대사성이며, 상익 尙翼은 홍문관 교리요, 상성尙星은 문과에 장원하여 홍문관 응교이며, 다음 시 현始炫은 별제別製에는 장원하였으나 사제賜第(급제와 같은 자격을 줌)를 받지

예조판서 김시환 묘비. 경기도 연천군

김홍주와 배위 남궁씨의 묘비.
경기도 연천군

명주군왕 김주원 묘소(좌)와 묘비(우). 강원도 강릉시

못하고 죽었고, 그의 아들 상중尚重은 사헌부 지평이며, 다음 시혁始爀은 사간원 대사간이요, 그의 아들 상철尚喆은 진사이다. 시형始燗은 사헌부 대사헌이고 그의 세 아들은 상우尚遇, 상적尚迪, 상진尚進인데 상적은 승문원 정자이며 시회始爔는 호조정랑이고 네 딸도 모두 명가로 출가하여 생육이 있으나 오직 넷째 아들 통덕랑通德郎 시욱始燠과 그의 아들 진사 상원尚遠과 판서判書(시환)의 차자次子 상벽만이 일찍 죽었고, 8문과가 모두 조정에 있으므로 성한 복이 지금도 다하지 않았음이다. 아! 천도天道는 거짓이 없다고 하겠다.

내가 판서의 형제들한테 들으니 공의 선계先系는 강릉인으로 시조 주원周元은 신라 때 명주군왕溟州郡王으로 봉해졌다. 그 후 고려의 태부太傅 상기上琦와 시중侍中 인존仁存 평장사平章事 영석永錫과 아조我朝(조선)의 공조판서 추鍾가 가장 저명하였고 거기에서 몇 대를 전하여 예조판서 휘 첨경添慶에 이르니 이가 공의 증조이다. 조부는 예조 좌랑에 증 이조참판 휘 선여善餘요, 아버지는 전옥서 봉사典獄署奉事 휘 득원得元이고 어머니는 안동 김씨安東金氏인데 삼도통제사三道統制使 적의 따님이다.

한결같이 효우孝友와 인선人選으로 처신하면서 본인이 그 복을 받지 않고 후대에 물려주었다. 평소에 화후和厚 중신하여 일신은 오직 천진 그대로였고 털끝만큼이라도 가식을 용납하지 않았으며 어버이를 섬김에는 오로지 그 뜻에 맞도록 받들기에 힘썼고 집이 가난하여 몸소 농사를 지어 봉양하였으나 한 번도 살림살이의 있고 없고로 부모가 마음을 쓰게 하지 않았다.

장지를 물색 중이었는데 꿈에 노인 하나가 나타나 조부의 묘소 곁의 산록을 가리키면서 거기에다 쓰라고 하여 그 곳에 썼는데 지사地師라고 하는 사람들이 모두 좋다고 칭찬하였다.

아우 하나가 일찍 죽으니 몹시 슬퍼하여 자기의 신후지身後地로 잡아 놓은 땅에 장사지냈고 막내 동생이 이미 늙으니 크게 애련하여 보호하기를 마치 어린이 돌보듯 하니 보는 사람들이 모두 감동하였다. 일찍이 의탁할 곳이 없는 종인宗人 한 사람을 매우 후하게 거둔 일이 있었는데 공의 상喪을 당하자 그 사람이 밥을 가까이 하지 않고 죽었으니 공의 덕이 이토록 사람을 감명시켰음을 볼 수 있겠다.

공은 명경明經(경서를 분명하게 이해함)을 공부하여 일찍이 자제들에게 이르기를

"경서經書는 이치를 밝히는 근본이니 선비는 마땅히 잠심潛心하여 연구하고 적공積工을 들여 이해하기에 힘쓸 일이지 한갓 기송記誦에만 힘써서는 안 된다."

고 하였는데, 갑자년(1684, 숙종 10)의 과거에 명경과 대책對策에서 모두 권내圈內에 들었으나 시소試所를 주관하던 사람이 짐짓 빼버렸다. 이에 공은 조금도 개의하지 않았으나 시론時論이 원통하게 여겼다. 선원전璿源殿 참봉參奉에 제수되어 헌릉 참봉과 제용감 봉사에 옮겼다.

부인 남궁씨南宮氏의 본적은 함열咸悅인데 성균관 학유 배培의 따님으로 홍문관 부제학 찬燦의 후예이다. 한번은 큰 구렁이가 들보 사이로 들어와 입을 벌리고 제비 새끼에게로 달려들고 있는데 어미 제비는 들보를 돌면서 다급히 울고 있었다. 부인은 마음에 측연한 생각이 들어 급히 나무를 찍는 낫으로 쌓

아 놓은 물건 더미에 올라가 구렁이의 머리를 낫으로 찍어 구렁이가 뒤뚱거리다가 아래로 떨어지니 그제서야 숙부를 불렀다. 숙부가 크게 놀라 무릎 위에 올려놓고 등을 어루만지면서 이르기를

"하늘이 우리 집안을 일으키고 싶지 않아서 너를 여자로 태어나게 한 것이다."

라고 하였다.

신해년(1671, 현종 12)의 대기근에 걸인의 모녀가 먹을 것을 다투는 것을 보고 탄식하기를

"사람의 천성이 없어져 버렸다."

하고 머물러 있게 하여 사흘을 잘 먹이고 나니 그제서야 먹을 것을 서로 양보하였다. 부인이 마음에 흐뭇하게 여기고 보냈는데 며칠 뒤에 그 여인이 들에 있는 과실을 따 가지고 와서 감사해 하였다. 한번은 묘소의 여막에서 고총古塚 하나가 바라다 보였는데 어느 때 누구의 묘인지 알 수 없었다. 부인이 탄식하기를,

"저 무덤만이 자손이 없어 찾아와 향화香火를 올리지 못하는구나! 가상하다."

하고 주과酒果를 덜어서 늙은 종으로 하여금 제祭를 올리게 하였다. 한번은 집 뒤 동산에 꾀꼬리가 새끼를 쳤는데 갑자기 어미의 모습은 보이지 않고 새끼들만이 슬피 울어댔다. 부인이 마음속으로 딱하게 여겨 둥지를 뜯어다가 집의 처마에 안치해 놓고 쉴 사이 없이 거두어 털과 깃이 난 뒤에 날려 보내 주었는데 그 뒤 꿈에 꾀꼬리 한 떼가 부인의 몸을 쪼아서 모두 '福복복'자를 만들었다.

아! 이 세 가지 일이 부인의 모든 면을 다 말해 줄 수는 없으나 어진 마음씨가 가히 측단하여 미치지 않은 바가 없었음을 알 수 있겠다. 부인은 큰 아들의 영화로운 봉양을 받고 영유현永柔縣(평안남도 평원군에 속한 지명)의 공해 公廨

에서 생을 마쳤는데 그날 저녁에 흰 새 수백 마리가 정원에 모여들었고 무지개가 청사廳事에서 일어나니 외인들이 보고 모두 괴이하게 여겼다.

공의 휘는 홍주弘柱요, 자는 석보石甫이다. 연천의 건정리乾貞里 곤좌원坤坐原에 장사지냈다. 부인은 갑신년(1704, 숙종 30) 8월 9일에 돌아가 이듬해 2월 공의 묘소 우측에 합폄合窆 하였다. 판서공이 귀하게 되자 여러 차례 공에게 증직이 내려 의정부 영의정이 되었고 부인은 정경부인에 증직되었다. 장차 묘도墓道에 비를 세우려 하면서 나 광좌光佐에게 명을 부탁하였다. 나는 매양 공이 착한 일을 하고도 겉으로 나타내지 않은 것은 더욱 조물자의 뜻에 맞는 일이라고 여겨왔는데 더군다나 둘의 아름다움이 서로 어울려 이와 같은 순수한 복을 만들어냄에 있어서랴? 아! 참으로 기록할 만하도다.

명銘하기를

나는 공의 세대를 알지 못하고,

오직 대종백大宗伯의 형제만 보았는데,

순후淳厚 근량謹良하여,

극히 귀하게 되고도 형적이 들어나지 않았네.

이것이 바로 공이 끼친 바 큰 것이요,

이것이 복록이 시들지 않는 까닭이로다.

세재 경신(1740, 영조 16) 월 일에 광좌光佐는 삼가 추기追記한다.

숭정崇禎 기원 후 재임술(1742, 영조 18) 월 일 세움.

김홍주 신도비는 경기도 연천읍 통현1리에 있으며 이광좌李光佐이 찬하고 서명균徐命均이 썼으며, 조현명趙顯命이 전하였다.

* 강릉 김씨 김양남의 후손들

김시환金始煥은 1661년(현종 2) 태어난 조선 후기의 문신으로 자는 회숙晦叔, 호는 낙파駱坡이며 제용감 봉사濟用監奉事 김홍주金弘柱와 주서注書 남궁배南宮培의 딸 사이에서 태어났다. 1700년(숙종 26) 문과에 급제한 후 여러 요직을 거쳐 각 조의 참판, 대사헌, 공조·형조·예조판서, 좌·우참찬, 도총관을 역임하였고 1730년(영조 6) 기로소에 들어갔다. 후에 영의정에 추증되었다. 1739년(영조 15) 세상을 떠난 그의 묘는 건정동, 현재의 경기도 연천읍 통현1리에 있다.

김시혁金始爀은 김홍주의 셋째 아들로 1676년(숙종 2) 태어났다. 1708년(숙종 34) 식년시에 병과로 급제하여 1710년 시강원 설서侍講院說書를 지냈으며 이후 영광靈光 군수로 나가서 큰 치적을 올렸다. 특히, 삼남 지방 양전量田의 전부田賦를 배로 올려 국가에 이익이 되게 하였다. 1722년(경종 2) 호서 지방의 안찰사로 나가 사정을 살피고 난 뒤 양역良役의 변통을 주장하면서 당시 시행 중이던 군포감반지법軍布減半之法은 각 읍의 잡역미雜役米로써 충당하도록 한 이후에야 가능하다고 상주하였다. 그 뒤 동지사서장관冬至使書狀官으로 청나라에 다녀왔으며, 1724년(경종 4)에 수원 부사로 나갔다. 영조 즉위 후 물러났으나 1727년(영조 3) 정미환국丁未換局 이

김시혁과 정경부인 전주 이씨 묘비.
경기도 연천군

후 다시 기용되어 황해도 관찰사로 나갔다.

1741년(영조 17) 강화 유수에 부임하여 청나라에서 본 바 있는 번벽법燔甓法을 도입하여 강화외성江華外城을 쌓아올리는 데 공을 세웠다. 1744년 대사헌이 되었고, 1745년(영조 21) 기로사耆老社에 들어갔다. 그 뒤에도 공조판서, 대사헌, 의정부 좌참찬, 지중추부사 겸 빙고제조氷庫提調 등과 숭정崇政에 승계하여 판돈녕부사判敦寧府事에까지 제수되었다. 1750년(영조 26) 세상을 떠났으며 자는 회이晦而, 호는 매곡梅谷, 시호는 경헌景憲이다.

김시형金始炯은 김홍주의 다섯째 아들로 1681년(숙종 7) 태어났다. 1713년(숙종 39) 성균관생으로서 김장생金長生의 문묘종사文廟從祀를 위해 권당捲堂을 주동하였다 하여 정거停擧당하였다. 1717년(숙종 43) 식년문과에 을과로 급제하여 여러 관직을 역임하였으며, 1728년(영조 4) 호서·호남 지방의 안무사 겸 순찰어사가 되어 이인좌李麟佐의 난(무신란戊申亂)으로 소란해진 이 지역의 민심 수습을 위하여 노력하였다. 1732년 경상도 관찰사가 되어 특히 교학敎學의 진흥을 위하여 힘썼으며 1736년 호조 참판 등을 역임하고, 그해에 동지부사冬至副使로 청나라에 갔다가 이듬해 귀국하여 도승지가 되었다. 1738년(영조 14) 형조판서, 좌참찬을 역임한 뒤 이어서 호조판서, 병조판서, 판의금부사를 거쳐 1744년(영조 20) 평안도 관찰사로 나갔다가 돌아왔다. 이듬해 다시 판의금부사가 되었으며, 그 뒤 판돈녕부사, 병조판서 등을 역임하였다. 1750년(영조 26) 세상을 떠난 그의 자는 계장季章, 시호는 효헌孝獻이다.

김상규金尚奎의 자는 사창士昌으로서, 아버지는 김시환이며 어머니는 유정기俞鼎基의 딸이다. 1682년(숙종 8) 태어나 1705년(숙종 31) 증광문과에 병과로 급제하여 관계에 진출하였다. 1712년에 사간원 정언에 임명된 이래 홍문관과 사헌부의 청요직淸要職을 두루 거쳤다. 경종이 죽고 영조가 즉위하자 고부告訃 겸 주청사奏請使의 서장관書狀官에 발탁되어 청나라에 다녀왔으며 1728년(영조 4) 이인좌의 난이 일어나자 광주廣州 부윤으로 남한산성을 방어하는 책임을 맡았다. 그 뒤 여러 차례 승지, 대사간 등 요직을 거쳤으며, 특히 학식과 덕망이 있어 다섯 차례에 걸쳐 성균관 대사성에 임명되기도 하였다. 1736년(영조 12) 승지로 재직 중 죽었다.

김상익金尚翼의 자는 사필士弼이며 김시환의 셋째 아들로 1699년(숙종 25) 태어났다. 1725년(영조 1) 정시 문과에 병과로 급제하여 1729년 사헌부 지평, 사간원 정언이 되었다. 1732년(영조 8) 충청도 어사를 거쳐 홍문관 수찬, 교리, 사간원 헌납 등 청환직淸宦職을 두루 역임하였다. 1735년 이조 좌랑, 이듬해 세자시강원필선世子侍講院弼善을 거쳐 대사간에 오르고, 1738년에 승지, 1750년(영조 26)에 경기도 관찰사와 대사헌 등을 지냈으며 1757년에는 사은부사가 되어 청나라에 다녀왔다. 1759년(영조 35) 도승지, 1763년 지경연사知經筵事, 1765년(영조 41) 강화 유수를 거쳐 1767년 기로소에 들어가 봉조하奉朝賀가 되었는데, 형제와 숙질 가운데 기사耆社에 들어간 사람이 6명이나 되어 세상에서 복문福門이라 일컬었다. 1771년(영조 47) 세상을 떠났다.

김상성金尚星은 김시환의 넷째 아들로 1703년(숙종 29) 태어났다. 어려서부터 글을 잘 지었으며, 13세 때 영평永平의 「금수정기金水亭記」를 지어 신동이라는 평을 들었다. 1723년(경종 3)에 진사가 되고, 그해 정시문과에 장원한 뒤 사서가 되었다. 이어 여러 관직을 거쳐 1752년(영조 28) 병조판서가 되었으며 예조판서, 좌빈객, 판의금부사를 거쳐 1755년 이조판서를 역임하였다. 앞서 말한대로 문장에 능하였으며, 특히 소장疏章을 잘 지어 당대에 이름이 높았다. 1755년(영조 31) 세상을 떠났으며 자는 사정士精, 호는 도계陶溪와 손곡損谷, 시호는 문헌文憲이다.

김상중金尚重은 김시현金始炫의 아들로 1700년(숙종 26) 태어났다. 1732년(영조 8) 정시 문과에 병과로 급제하고 여러 관직을 거치던 중 1737년(영조 13)에 재상을 모욕하였다 하여 파직되었다. 1745년 사간과 집의執義를 역임하였다. 1747년 동래부사를 거쳐, 1749년 승지가 되었으며 이어 대사간에 임명되었다. 1757년 정성貞聖 왕후가 죽자 고부사告訃使로 청나라에 가서 부음을 전하였다. 1764년(영조 40)에는 양주 목사로서 민폐의 유무를 아뢰었으며 일자一資를 올려 받았다. 대사성, 도승지, 한성부 부윤 등을 거쳐 1768년(영조 44) 공조판서에 이르렀으나 곧 사직하였다. 그의 사망한 해는 확실하지 않다.

김상철金尚喆의 자는 사보士保, 호는 화서華西이며, 김시혁의 아들로 1712년(숙종 38) 태어났다. 1733년(영조 9) 사마시를 거쳐, 1736년 정시문과에 을과로 급제하여 지평과 교리를 지냈다. 1757년(영조 33) 충청도 관찰사에 이어 대사간, 한성부판윤을 지냈고 이조 · 형조 · 병조의 판서를 역임했다. 그 뒤 평안도 관찰사를 거쳐 1766년 우의정에 이어 좌의정과 영의정에 올랐으며 학덕이 뛰어나 영조의 신임을 받았다. 우의정 때 우리나라의 문물이나 제도를 부문별로 망라한 문헌의 필요성을 느껴 왕에게 건의하여 찬집청纂集廳을 두어 1770년 『동국문헌비고』를 편찬하게 했다. 한편 1771년(영조 47)에는 『명사明史』에 실린 「강감합찬綱鑑合纂」에 조선 왕실의 계보가 잘못 올라 있다는 대간의 상소가 있자, 자진해서 선계변무사璿系辨誣使로 북경에 가서 그 책의 개인 소장을 금하겠다는 청나라의 약속을 받고 돌아와 『신묘중광록辛卯重光錄』을 편집, 간행하였다. 1781년(정조 5) 기로소에 들어간 뒤 영중추부사가 되었다. 1786년(정조 10) 아들 김우진金宇鎭이 숙종이 소론 윤선거尹宣擧의 문집을 훼판毀板한 병신처분丙申處分의 잘못을 지적하고, 소론인 조태구趙泰耈와 유봉휘柳鳳輝를 옹호한 죄로 제주도에 유배될 때에 그도 아들을 전보全保하지 못했다는 죄목으로 삭탈관작되었다. 1791년(정조 15) 죽은 뒤 정조의 조처로 복관되었다. 시호는 충익忠翼이다.

김상적金尙迪은 김시형의 아들로 1708년(숙종 34) 태어났다. 1733년(영조 9) 알성문과에 병과로 급제하여 승문원에 등용되고 교리가 되었다. 1735년 사관史官이 되어 사초史草의 작성에 종사하였으며, 1741년(영조 17) 홍상한洪象漢을 대신하여 관동 어사로 파견되었다. 곧 지평과 장령을 거쳐 1743년 서장관으로 청나라에 다녀왔으며, 이듬해 응교

應敎로서 궁중에서 사용할 가인례家人禮에 대해 진술하였다. 1746년(영조 22) 경상도 심리사審理使를 역임하고, 이듬해 대사간이 되었다. 1748년 형조참의로 있으면서 참핵사參劾使로 봉황성鳳凰城에 가서 압수한 것을 영수할 것과 잃어버린 은銀에 대한 두 안건을 추고하도록 하였다. 이듬해 동지의금부사同知義禁府事와 예조참판, 1750년에 형조참판을 지냈다. 그해에 어염세를 균등히 하기 위하여 6도에 삼사三使를 파견할 때 경기도와 황해도의 균세사均稅使로 나가 민정을 살폈다. 풍모와 지기가 뛰어났고 직언도 서슴지 않았다. 1750년(영조 26) 세상을 떠났으며 자는 사순士順이다.

김노진金魯鎭의 자는 성첨聖瞻으로 이조판서 김상성의 아들이다. 1735년(영조 11) 태어나 1757년(영조 33)에 정시문과에 병과로 급제, 수찬이 되었으나 1761년에 경현당景賢堂의 『대학大學』 강의에 불참한 죄목으로 파직되었다. 이후 다시 복직되었으며 1781년(정조 5) 형조판서가 되어 형조의 관장 사무, 판결 및 처형에 관한 절차의 관리를 통일적으로 체계화하기 위해 낭관 박일원朴一源에게 위촉하여 『추관지秋官志』를 편찬하게 하였다. 또한 『국조보감國朝寶鑑』의 찬집당상도 겸임하였다. 1784년 청나라 사신이 돌아갈 때 반송사伴送使가 되었으며, 뒤에 벼슬이 이조판서에 올랐고 우참찬이던 1788년(정조 12) 사망하였다. 편서로는 『강화부지江華府誌』가 있다.

김화진金華鎭의 자는 성재聖載로 1728(영조 4) 태어났다. 아버지는 김상적이며, 종숙부인 선공감부정繕工監副正 김상우金尙遇에게 입양되었다. 1755년(영조 31) 정시문과에 을과로 급제하여 검열이 된 이래 여러 관직을 거쳤다. 1778년(정조 2) 예조판서에 제수되었고 호조와 병조의 판서에도 제수되었으나 파직되었다. 1781년 평안도 관찰사에 임명되었으며 같은 해에 다시 호조판서가 되어 판의금부사判義禁府事를 겸임하였으며, 숭록대부로 가자加資되었다. 1782년(정조 6) 형조판서가 되고 우참찬, 예조판서, 호조판서, 형조판서를 두루 지내면서 공부貢賦와 식화食貨, 조운 문제에 깊은 관심을 가지고 이의 시정에 힘썼다. 1783년 서학 문제로 채제공蔡濟恭의 죄를 탄핵하다 일시 파직되었으나 도감제조都監提調에 다시 임명되었다. 1784년(정조 8) 형조판서에 임명되어 김범우金範禹의 집에 모인 천주교도들을 체포했으나, 대부분이 양반의 자제들이라 타일러 보내고 중인中人 김범우만을 단양으로 귀양보냈다. 1796년 호조판서에 제수되어 주전鑄錢 사업과 전세錢稅 문제를 관장하였고, 특히 동전이 박열薄劣해지는 것을 근심하였다. 1797년(정조 21)에 파직되었다가 이어 동지冬至 겸 사은사謝恩使에 임명되었으나 병을 이유로 사양하였다. 그해 12월에 다시 이조판서에 제수되었으나, 김재찬金載瓚이 직을 대신하고 판중추부사에 임명되었다. 그는 노론으로 남인의 규탄에 참가했으나 비교적 완론緩論에 속하였다. 1803년(순조 3) 세상을 떠났으며 시호는 익헌翼憲이다.

김계락金啓洛은 김화진華鎭의 아들로 1753년(영조 29) 태어났다. 1773년(영조 49) 성균관시에 합격하여 만녕전참봉萬寧殿參奉에 임명되었고, 이듬해 진사가 되었다. 1783년(정조 7) 증광 문과에 갑과로 급제하여 병조 좌랑이 되었으며, 이어 홍문관 교리, 수찬, 시강원 사서, 검상檢詳, 동학 교수東學敎授, 서학 교수를 거쳐서 1785년에는 충청도 경시관京試官이 되었다. 이듬해에 강촌江村 4백 호가 불에 타자 지평으로 왕의 특명을 받고 파견되어 그 실정을 조사한 뒤 이들의 조세 감면을 건의하였다. 1788년에는 전라도 경시관이 되었고, 1791년(정조 15)에는 경상도 장시도사掌試都事가 되었으며, 당시 영남 지방에 수재가 나자 왕명을 받아 각종 민폐를 개선하였다. 1803년(순조 3) 충청 감사에 제수되었으나 아버지상으로 사퇴하였고, 상을 마친 뒤 형조판서, 예조판서, 우참찬을 지냈다. 변려문에 능했고 경사백가經史百家에 통달하였으며 사부詞賦, 시율詩律, 표전表箋, 송頌, 조詔, 책策 등의 문장에 뛰어났다. 1815년(순조 15) 세상을 떠났으며 시호는 문정文靖이다.

김첨경金添慶은 김양남金楊南의 아들로 자는 문길文吉, 호는 동강東岡 또는 장주漳洲이다. 1525년(중종 20) 태어나 1546년(명종 1) 진사가 되고, 1549년 식년 문과에 을과로 급제한 뒤, 승문원의 천거로 사국史局에 들어갔다. 1559년(명종 14) 정언으로 있을 때 당시의 이조판서 윤개尹漑가 불공평한 인사행정을 하자, 이를 비난한 김규金虯가 모욕죄로

우참찬 김첨경의 묘비. 경기도 연천군

몰려 죽게 된 것을 구하였다가 이듬해 탄핵을 받고 파직되었다. 곧 복직되었으며 1572년(선조 5) 천추사로 명나라에 다녀온 뒤 이어 대사간, 병조 참의, 전주 부윤, 부제학, 대사헌, 호조 참판, 형조 참판을 거쳐 예조판서에 이르렀다. 그는 역학에 자득自得의 묘를 얻었고 경학에 전력하여 모든 의론이 다 거기에서 유출되었으며, 기품이 청아하고 효우孝友가 매우 뛰어났다. 시호는 숙간肅簡이며 1583년(선조 16) 사망하였다.

　김상집金尙集의 자는 사능士能이며, 김시영金始煐의 아들로 1723년(경종 3) 태어났다. 1755년(영조 31) 정시문과에 을과로 급제하여 사관을 거쳐 1761년 정언이 되고, 경현당景賢堂의 문신 제술에서 장원하여 문명을 떨쳤다. 이듬해 김상숙金相肅, 유한길俞漢吉 등을 탄핵하였으며 1763년(영조 39) 3월에는 송명흠宋明欽 사건으로 홍양한洪良漢과 함께 삭직되었다. 같은 해 다시 복작되어 경기도와 강원도의 암행어사를 지냈는데, 강원도 어사로 있을 때는 영남과 호남의 곡식을 옮겨다가 여섯 읍의 백성을 진휼하기도 하였다. 여러 관직을 거쳤으며, 1773년(영조 49) 대사간이 되었다. 1784년(정조 8) 이조판서로 사은謝恩 겸 진주陳奏 부사로 청나라에 다녀온 뒤 대사헌과 형조판서에 올랐다. 1787년(정조 11)에는 경상도 관찰사로서 화전火田이 늘어나는 것을 사전에 방지하지 못한 책임으로 한때 파직되었다가, 다시 한성부 판윤을 거쳐 병조·공조·예조의 판서와 우참찬을 지냈다. 그의 사망한 해는 확실하지 않다.

김시위金始煒의 자는 계문季文으로 아버지 김홍기金弘機과 어머니인 남취명南就明의 딸 사이에서 1694년(숙종 20) 태어났다. 1730년(영조 6) 정시문과에 병과로 급제하여 정언이 되었다. 1739년(영조 15) 소론이 밀려나고 노론이 정국을 담당하게 되었을 때 지평으로 있으면서 직언을 하다가 장기長鬐에 유배되었다. 이듬해 석방되어 1741년 다시 지평에 올랐으며 부수찬, 수찬, 부교리 등을 역임한 뒤 1751년(영조 27) 승지가 되었다. 그 뒤 영광 군수 등 지방관을 지냈다. 사망한 해는 확실치 않으며 저서로 『동포휘언東圃彙言』이 있다.

김기종金起宗은 김철명金哲命의 아들로 1585년(선조 18) 태어났다. 서울 출신으로 1618년(광해 10) 증광문과에 장원급제하여 정자正字가 되고, 이듬해 사은사謝恩使의 서장관으로서 명나라에 다녀왔다. 1623년(인조 1) 인조반정으로 인조가 왕위에 오르자, 전날 이이첨李爾瞻이 사당私黨을 심기 위한 과거에 참여하여 장원하였다는 지적을 받고 청의淸議를 주장하는 사람들의 비난을 받아 청요직에 허락되지 않았다. 1624년 관서 원수關西元帥 장만張晚이 이괄의 난을 평정할 때 종사관으로 종군하여 공을 세우자, 조정은 잘못을 용서하고 등용하였다. 양사兩司의 벼슬을 거쳐 진무공신振武功臣 2등에 책록되었으며 영해군瀛海君에 봉해지고 당상관에 올랐다. 청렴하고 조신하여 과거에 오른 지 12년 만에 호조판서가 되었다. 편서로 『서정록西征錄』이 있다. 자는 중윤仲胤, 호는 청하聽荷. 시호는 충정忠定이며 1635년(인조 13) 세상을 떠났다.

연천군 차탄리의 유래
- 이양소를 만나려다 태종이 빠진 여울-

차탄리車灘里는 차탄車灘에서 유래한 이름이다. 차탄은 수레여울 또는 수레울로도 불리는데, 공굴다리 북쪽의 장진천에 있는 여울을 말한다. 도당골(도당곡陶唐谷)에 은거했던 고려 진사 이양소李陽昭를 만나기 위해 연천으로 친행하던 태종의 어가御駕가 이 여울을 건너다 빠졌다 하여 수레여울로 불리게 되었다 한다. 이양소의 집은이 연천의 청화동淸華洞에 있었다.

고려 말에 이방원(태종)과 같은 때 대과에 합격하였으나 조선이 건국되자 출사하지 않고 물러났으며, 친교가 있던 태종 또한 그를 여러 차례 불렀으나 나아가지 않았다. 태종이 직접 그 집으로 가서 술을 나누며 옛 정을 풀고 같이 가기를 청하였음에도 끝내 사양하였다. 이양소가 살았던 마을의 이름을 따서 그의 호도 청화淸華라 한 것으로 보인다.

청화공 이양소의 묘 안내 표석

이양소 묘소의 문인석. 경기도 연천군

한편 술을 함께 마시며 즐기는 중 술이 거나해진 태종이 연구聯句를 지었다.

秋雨半晴人半醉 추우반청인반취

가을비 반쯤 개니 사람도 반쯤 취했네.

라 하자 이양소는 즉시

暮雲初捲月初生 모운초권월초생

저녁 구름 막 걷히니 달도 막 돋네.

하고 말하였다. 개성의 기생 중에 이름이 월초생이라는 이가 있었는데 태종이 잠저시에 좋아하던 여인이었기에 옛일을 기억하고 이렇게 시를 지은 것이다. 이에 태종이 크게 웃고 평생의 벗이라 하였다.

태종이 곡산谷山 군사의 벼슬을 내렸으나 이양소는 3일 만에 돌아와 버렸다. 이는 일찍이 이방원과 더불어 곡산의 청룡사靑龍寺에서 함께 공부하고 태학太學에도 같이 들어갔던 기억을 되살렸던 데 뜻이 있을 것이다. 태종은 그의 뜻을 아름답게 여겨 이양소가 있는 곳의 산을 청화산淸華山이라 하고 저택을 하사하였다.

죽음에 다다라 스스로 명정銘旌에 〈고려 진사 이모지묘高麗進士李某地墓〉라 썼는데, 태종이 듣고

"살아서 그 마음을 굽히지 않고 죽어서 그 벼슬을 더럽히지 않았다." 찬탄하면서 시호를 내렸으며 그가 죽자 태종이 장지葬地를 내려 장사를 지내게 하고 수총군守塚軍 4호를 두었다. 마을 사람들은 벼슬을 한 것으로 여겨 '이곡산李谷山의 묘'라 불렀으며, 이곳에는 그가 지은 은행정銀杏亭이 있었다.

이양소의 자는 여건汝健, 호는 금은琴隱, 시호는 청화淸華, 본관은 순천順天이다. 한편 그 후손들이 계속 이곳에 살았으나 벼슬을 크게 하지는 못하였다. 그러나 효자와 열부가 여럿 나온 명가가 되었다.

연천군 재인폭포의 유래
- 원수를 갚고 자결한 여인의 혼이 서린 곳 -

재인才人폭포는 경기도 연천군 연천읍 고문리古文里 가마골 입구에 있는 높이 18.5미터의 폭포이다. 이 폭포에는 고을 원님의 탐욕으로 인한 어느 재인의 죽음과 그 아내의 정절을 담은 이야기가 전해 온다. 『연지도서』를 보면 옛날 어느 원님이 재인 아내의 미색을 탐하여 현재의 재인폭포에서 재인으로 하여금 광대줄을 타게 한 후 줄을 끊어 죽게 하고 재인의 아내를 빼앗으려 하였다. 그러나 절개 굳은 재인의 아내는 남편의 원수를 갚기 위해 원님의 코를 물어뜯고 자결하였다고 한다. 그 후부터 원님의 코를 물었다 하여 '코문리'라 칭하게 되었으나 차츰 어휘가 변하여 고문리라 부르게 되었다고 한다.

한편으로 같은 책 연천현 산천조에는

〈재인폭포는 연천 관아에서 동쪽으로 20리 거리인 원적사圓寂寺 동구에 있는데, 벽립해 있는 양 절벽 사이로 수십 길 높이를 수직으로 흐르며 떨어진다. 옛날에 재인이 마을 사람과 함께 폭포 아래에서 놀다가 그 마을 사람 아내의 미모가 뛰어난 고로 흑심을 품은 재인이 자기

고문리 가마골 입구에 있는 재인폭포

재주를 믿고 그 자리에서 장담하며 말하기를

"이 절벽 양쪽에 외줄을 걸고 내가 능히 지나갈 수 있다."

하였다. 마을 사람은 재인의 재주를 믿지 못하고 그 자리에서 자기 아내를 내기에 걸게 되었다. 잠시 후, 재인은 벼랑 사이에 놓여 있는 외줄을 타기 시작하는데 춤과 기교를 부리며 지나가는 모습이 평지를 걸어가듯 하자, 재인이 반 정도 지났을 때 마을 사람이 줄을 끊어 버려 재인을 수십 길 아래로 떨어져 죽게 하였다. 이 일로 이 폭포를 재인폭포라 부르게 되었다 한다.〉

고 기록되어 있다. 현재 재인폭포는 보개산寶蓋山과 한탄강漢灘江이 어울리는 주위의 빼어난 경관과 맑은 물로 인하여 사시사철 방문객들이 끊이지 않는 명승지이다.

한탄강의 유래
- 남북의 경계로 한恨을 담은 강이 되다 -

한탄강은 임진강臨津江의 상류로서 강원도를 원류로 하여 경기도 포천시抱川市 관인면官仁面에서 본줄기를 이루고, 화적연禾積淵 물과 합류하여 영북면永北面을 거쳐 이동면二東面 백운산白雲山에서 비롯한 물줄기가 영평천永平川과 만나 연천군 미산면嵋山面, 전곡읍全谷邑의 경계에서 임진강에 흘러들기까지 그 길이가 장장 139킬로미터나 된다. 한편 포천시의 유일한 강이기도 하다.

파주의 임진강은 남북 교통의 요지로 많은 사람과 문물이 왕래했으나 지금은 분단의 상징인 이별과 눈물의 강이 되어 실향민의 향수와 민족의 비원을 간직한 채 말없이 흐르고 있다.

이 강은 다른 강과 달리 물길이 뭍에서 푹 꺼져 들어가 있는 것이 특징이다. 수직으로 10여 미터, 깊은 곳은 30미터나 되는 벼랑은 그 모습이 특이한 데가 있고 길고도 먼 유역에는 명승과 고적이 굽이마다 산재해 있다.

이 강의 언덕은 오랜 옛날 화산활동으로 말미암아 생긴 용암석, 일명 곰보 돌의 편암片岩이 층층이 쌓여 강 둘레에 깎아지른 듯이 늘어서 단애斷崖를 이루어 보는 이의 간담을 서늘하게 한다. 더욱이 단애 절벽을 이루고 있는 강안江岸의 층암層岩 사이사이 크고 작은 소나무 등이 매어달린 듯이 어우러져 미풍에 흔들리는 애절한 자태는 필설筆舌로 형언할 수 없는 절경이자 한 폭의 그림이다. 게다가 이 강은 태봉국의 왕 궁예가 타고 다니다가 가라앉은 돌배가 지금도 비쳐 보인다고 할 만큼 맑게 굽이쳐 흐르는 물은 하늘색보다 더 짙푸르다.

잔잔하게 흐르는가 하면 갑자기 급한 낭떠러지를 만나 물안개처럼 부서져 폭음으로 천지를 뒤흔들기도 한다. 물줄기를 따라 내려가다 보면 다시 평화스럽게 큰 호수를 이루며 맴돈다. 발길에 차이는 건 수석 水石이요 보이는 게 기암괴석이다.

예부터 한탄강은 경치가 아름다워 문인, 묵객들이 많이 찾아들었던 곳이며 지금도 관광객들이 끊임없이 찾아들고 있다.

한탄강이라 하면 우선 그 이름에서 많은 사람들이 저도 모르게 얼핏 '한恨'을 떠올린다. 그러나 이 강은 억울함과 안타까움이 응어리진 한과 아무런 관계가 없다. 『동국여지승람』에서는 이 강의 이름을 대탄大灘이라고 했다. 큰 여울이라는 뜻이다. 그런데 '대'는 크다라는 뜻의 우리말인 '한'으로 바뀌었으나 '탄'은 아름다운 우리말이 있음에도 불구하고 한자 그대로 남아 '한탄'으로 굳어졌다.

그렇지만 해방 후로 이 강은 그 이름이 주는 인상과 다를 바 없이 한탄스러운 강이 되었다. 38선이 한탄강의 남쪽을 가로질러 그어지자 이 강이 남과 북의 경계선이 되었기 때문이다. 그래도 해방 직후에는 양쪽 사람들이 모여 이 강가에 시장 같은 것을 이루어 얼굴을 맞댈 수도 있었고 때로는 건너다닐 수도 있었지만 한국전쟁이 터지자 한탄강이 남쪽과 북쪽의 사람들이 싸우는 싸움터가 된 것이다. 휴전 협정에 따라 이 한탄강은 모두 대한민국의 땅으로 들어오고 휴전선은 그보다 훨

씬 위쪽을 지나게 되었다.

이 강에 얽힌 전설이 있어 한 토막 소개한다. 한탄강의 곰보 돌은 후 삼국 시대에 궁예를 몰아낸 돌이라고 한다. 궁예가 점차 성격이 거칠 어지자 이를 견디다 못한 백성들이 마침내 들고 일어났고, 그는 백성 들 앞에 나타나 한탄강가의 돌에 좀이 슬기 전에는 절대로 물러나지 않겠다고 큰소리쳤다. 그런데 이튿날 사람들이 보니 돌에 구멍이 뚫려 있는 것이 마치 돌에 좀이 슨 것 같아 바로 궁예를 쫓아냈다고 전해지 고 있다.

포천시 명성산의 유래
- 백성을 향한 궁예의 포악이 미친 산 -

명성산鳴聲山의 유래를 알자면 궁예의 통치 시기로 거슬러 올라가야 한다. 궁예는 904년(신라 효공 8) 마진摩震을 세우고 서울을 철원鐵原 으로 정하여 7년간 통치하고 911년(효공 11) 국호를 태봉泰封이라 고쳐 통치하기 시작했다.

궁예는 국력이 신장되자 스스로를 미륵불이라 자칭하며 금색 모자를 쓰고 승복을 입고는 맏아들을 청광靑光 보살, 둘째 아들을 신광神光 보 살이라 불렀다. 외출할 때는 항상 백마를 타고 채색 비단으로 말갈기와 꼬리를 장식하고 동남동녀童男童女를 앞세워 일산日傘과 향화香花를 받 들게 하고, 또 비구 2백여 명으로 하여금 범패梵唄를 부르면서 뒤따르

경기도 포천시와 강원도 철원군을 잇는 명성산

게 하였다. 이렇듯 사치한 생활과 횡포를 자행하고 호화로운 궁궐을 세우고 호탕 방자한 생활로 재정은 궁핍해지고 민생은 도탄에 빠졌다. 또 경문 20여 권을 자술自述하여 강설하기도 했는데, 석총이 그것을 사설邪說이라 지적하자 궁예는 노하여 철퇴로 석총을 때려 죽였다.

궁예가 이렇듯 비법非法을 자행하므로 부인 강康씨가 간하였으나 궁예는 오히려 자신에게 관심법觀心法이 있다 하며, 강씨에게 간통의 누명을 씌워 무쇠 방망이를 불에 달구어서는 그녀를 쳐서 죽이고 두 아들까지도 죽였다.

이처럼 의심이 많고 잔인무도했던 궁예 때문에 여러 보좌관과 장수, 관리는 물론 애매한 백성들도 죄 없이 죽어 갔다. 궁예가 날로 포악해지자 민심은 흉흉해져 마침내 궁예에게서 떠났다. 또한 심복 부하들의 이반이 생기기 시작하여 시중侍中이었던 왕건을 새 왕으로 옹립하자는 소리가 높아졌다. 마침내 태봉 정개政開 5년(918)

신숭겸 묘소. 강원도 춘천시

6월에 홍유洪儒, 배현경裵玄慶, 신숭겸申崇謙, 복지겸卜知謙 등 네 장수가 왕건을 찾아가 궁예를 폐출하고 왕위에 오를 것을 권하였다. 왕건은 처음엔 완강히 거절했으나 장수들과 부인 유柳씨(신혜神惠 왕후)의 간청으로 마침내 거사를 결심하니 따르는 군사와 백성이 구름과 같았다.

한편 궁예는 뒤늦게 이 사실을 알고 평복 차림으로 도망해서 부하 군졸들과 야반에 궁성을 빠져나와 명성산으로 들어가 숨었고 재기의 기회를 노려 산에 성을 쌓았다. 왕건의 군대가 명성산 뒤쪽을 포위하자 궁예는 부득이 산중에서 군사들을 해방하기에 이르렀고, 군사들은 대부분 명성산 앞 절벽에서 떨어져 죽었다. 궁예는 북쪽으로 간신히 도망쳐 부양斧壤(현 평강平康)에 이르렀으나 얼마 후에 그곳 백성들에게 발각되어 죽음을 당하고 말았다.

이때 미처 도망하지 못한 궁예의 군사와 그 일족들은 온 산이 떠나가도록 애절하게 통곡하여 온 산에 메아리쳤다 한다. 그 후에도 산중

복지겸 묘비(좌)와 영정(우). 충청남도 당진군

에서 울음소리가 들렸다 하여 이 산을 명성산(울음산)이라 한다고 전해진다. 이 전설은 『삼국사기』 제50권, 열전 제10 궁예편의 기록들과 관련된다.

경기도 포천시 영북면의 산정호수 전경

궁예의 참담한 애화가 서린 이 산에는 그 유적으로 추정되는 지명들이 남아 있다. 궁예가 왕건에게 항복하였다는 강서降書받골, 치열하게 교전하였다는 야전野戰골, 패주하였다는 패주敗走골, 적의 사정을 살피기 위해 망원대를 세우고 봉화를 올렸다는 망봉望峰 등이 전해진다.

광주산맥에 속해 있는 명성산은 포천시 영북면 산정리山井里에 위치한 산정山井호수의 수원水源이며 강원도 철원군鐵原郡과 경계를 이루고 있는 해발 922.6미터의 산이다. 산형은 기암절벽으로 웅장하며 산정호수의 북쪽을 가로막고 있는 위용은 참으로 장관이다. 명성산의 명소로 폭포수 물안개를 타고 용이 승천하였다는 거대한 암반 위로 수십 길의 등룡登龍 폭포가 있고, 그 밑으로 일대 심연을 이루는 호수가 있으며, 수정같이 맑은 물에 선녀가 놀다 갔다는 비선飛仙 폭포 등이 포천 절승絕勝의 백미로 아름다움을 간직하고 있다.

궁예의 회한이 남아 있는 국망봉과 강씨봉

한편 궁예의 비 강씨의 죽음에 대해 다른 이야기도 전한다. 궁예의 폭정에 대해 부인 강씨가 한사코 왕에게 직간을 하니 궁예는 강씨를 현재의 강씨봉姜氏峰으로 귀양을 보내버렸다. 산중에서 강씨가 생명을 보장받지 못 할 것은 뻔한 일이었다.

얼마 지나지 않아 궁예는 망국의 한을 품고 참담한 모습으로 강씨봉을 찾았다. 부인 강씨를 만나 가혹했던 과거를 참회하려 하였으나 부인은 이미 별세한 뒤였다. 일찍이 찾지 못한 회한에 잠겨 국망봉國望峰 정상에 올라 도성 철원을 바라보니 화광火光이 충천하였고, 궁예는 통곡하며 이 산을 내려와서 명성산으로 들어갔기 때문에 현재의 산 이름이 붙여졌다는 것이다.

국망봉은 포천시 이동면 장암리場岩里 동쪽에 위치한 해발 1천168미터의 산으로 포천에서 제일 높은 봉우리이며, 강씨봉은 일동면一東面 화대리禾垈里 동쪽에 위치한 해발 830미터의 산이다. 한편 이 두 산의 동쪽에는 가평군加平郡 명지산明智山 태악泰岳이 도사리고 있어 산악지대의 실상을 피부로 느끼게 하는 상징적 지대이기도 하다.

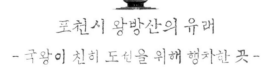

포천시 왕방산의 유래
- 국왕이 친히 도선을 위해 행차한 곳 -

왕방산旺方山은 포천시 서쪽에 해발 737미터의 높이로 우뚝 솟은 우람한 산이다. 이 산은 포천시 남쪽 선단리仙壇里에서 솟아올라 북쪽으로 뻗어내려 어룡리魚龍里에서 주봉을 이루었다가 신북면新北面 심곡리深谷里에 이르러 국사봉國師峰 등의 연봉連峰을 이룬 장장 20여 리에 걸친 맥을 형성하고 있다. 예로부터 가지가지의 전설을 안고 있는 명산이자 포천시의 진산鎭山이기도 하다.

이 산은 신라 말엽인 872년경에 도선 국사가 정업淨業을 닦을 때 국왕이 친히 행차하여 격려하였다 하여 왕방산이라 이름하였고 그 절을 왕방사王訪寺라 했다고 전해진다. 그리고 이후 그 절터에 청해靑海 화상이 현 보덕사普德寺를 복원하였다.

또한 태조가 왕위를 물려주고 함흥에 있다가 서울로 환궁하는 도중 왕자들의 피비린내 나는 골육상쟁의 소식을 듣고 그 아픈 마음을 달래기 위해 이 산에 있는 사찰에서 체류하였다 하여 왕방산王訪山, 절 이름을 왕방사王訪寺라 하였다는 이야기도 있다. 이때 왕이 국수를 드셨다는 큰 봉우리를 국수봉(현 국사봉으로 추측)이라 하고 또한 산 아래 후위 병졸이 야영한 동리를 호병동護兵洞(호병골)이라 하였다는 전설도 구전되고 있다. 『신증동국여지승람』에는

〈왕방산旺方山은 해룡산海龍山 남쪽에 이태조가 잠저로 지내던 때 전장田莊(논과 밭)이 있었다.〉

고 되어 있다.

또한 왕방산은 고려 말 목은 이색이 세속을 떠나 이 산중에 들어와 삼신암이란 암자를 짓고 은신했다 하여 국사봉國師峰이라 했는데 왕이 항상 이색을 생각하며 이 산을 바라봤다 하여 왕망산王望山으로 부른 것이 왕방산王訪山으로 변했다고 한다.

『양주군지楊州郡誌』 칠봉산조七峰山條에는 세조가 말년에 수렵 차 왔다가 칠봉산七峰山에서 왕방산의 주봉을 겨누어 활을 쏘았다 하여

국사봉國射峰이라 이름 지어졌다고 기록되어 있다. 이로 미루어 국사봉國師峰을 두고 말하는 것으로 보인다.

이와 같은 전설을 분명하게 고증할 문헌상의 기록이 없음은 아쉬운 일이나 산세로 보아 예부터 명산이었음에는 틀림이 없다 하겠다.

이 산의 남쪽 선단리 기슭에는 철종의 생부 전계대원군의 묘소가 자리 잡고 있으며, 산 중턱에는 박쥐굴이라는 자연 동굴이 있다. 동굴의 길이는 분명히 측정할 수 없는데, 표면에서 보기에는 높이 1미터, 폭 2미터의 굴이 좌우로 쌍갈래로 되어 있고 사람이 들어갈 수 있는 지점에서 다시 수직으로 뚫려 있는 곳으로 돌을 던지면 물속에 떨어지는 소리가 날 정도라고 한다. 이 굴은 3·1운동 당시와 한국전쟁 당시에 피난처로 이용되었다.

왕방산에는 예부터 야생하는 짐승이 많았고 암석이 적고 나무가 울창하여 경치 또한 아름다웠다고 『견성지堅城誌』에 전하고 있다. 광해군도 일찍이 이 산에 사냥을 나왔었다고 한다. 자작리自作里에는 인공이지만 이 산의 계곡을 배경으로 조그만 호수가 있어 태공太公들의 입맛을 돋우는 명소이기도 하다.

포천시 축석령의 유래
- 부모를 위해 바위에서 축원을 드린 곳 -

포천읍 어룡리魚龍里는 옛날 부사를 지낸 오백주吳伯周라는 사람의 고향이었다. 그는 효성이 지극했던 사람으로 어느 해 벼슬로 고향을 떠나 있는데 고향에 계시는 부친이 중병에 걸려 위독하다는 기별을 받았다. 기별을 받은 그가 고향으로 달려오다가, 어느덧 해가 저물어 지금의 축석령祝石嶺을 밤중에 넘게 되었다. 그런데 뜻밖에도 큰 호랑이가 나타나 앞을 가로막으며 으르렁댔다. 오백주는 호랑이를 보자 큰 소리로 꾸짖었다.

"이 못된 것아, 내가 지금 아버님의 병보病報를 듣고 달려가는데, 감히 네가 어찌 길을 가로막느냐? 썩 물러서지 못할꼬!"

그러자 호랑이는 말귀를 알아듣기라도 한 듯이, 꼬리를 사타구니에 묻고 어디론가 사라져 버렸다. 이리하여 무사히 집으로 돌아온 오백주는 부친의 위독한 병을 근심했으나 당장 어쩔 도리가 없었다. 그런데 그 이튿날이었다. 탁발승 하나가 왔기에 오백주는 시주를 하며 부친의 병세를 이야기하고, 처방이 없겠느냐고 물어 보았다.

"처방이 있긴 해도 좀 어려워서……."

"스님, 그걸 가르쳐 주십시오. 무슨 수로든 스님이 시키시는 대로 해 보겠습니다. 제발 그걸 좀 가르쳐 주십시오."

"그 병에는 생삼에다 바위 구멍에서 친 벌꿀을 구해다 이겨서 드리면 그것이 당약입니다."

오백주가 생각하니 실로 난감한 일이었다. 때는 마침 겨울이라 어디서 생삼을 구하며 또 바위 구멍에 친 벌꿀을 어찌 구할 수 있단 말인가? 그러나 오백주는 그것을 구해 보려고 깊은 산속으로 들어가 이 골짝 저 산 등을 헤매어 다녔다. 그런데 이게 웬일인가? 뜻밖에도 간밤에 만났던 그 큰 호랑이가 오백주 앞에 나타나더니 쭈그리고 앉아 등에 타라는 시늉을 했다. 참으로 이상한 일이었다.

이리하여 오백주가 그 호랑이의 등에 타자 호랑이는 쏜살같이 달려 지금의 축석령에 이르러서는 그를 내려놓고 어디론지 가 버렸다. 오백 주는 하도 이상한 일이라 사방을 휘둘러보니, 꿀벌 한 마리가 바위 구 멍으로 들어가는 것이었다.

"옳지! 저 사이에 벌집이 있는 것이로구나! 이건 필시 하늘이 도운 것이다."

오백주는 몹시 기뻐했으나, 워낙 큰 바위라 어쩔 도리가 없었다. 그 는 하는 수 없이 바위 앞에 꿇어 앉아 벌꿀을 점지해 달라고 그 바위에 게 축원을 드렸다. 얼마 후에 참으로 신기한 이변이 일어났다. 바위 구 멍으로부터 벌꿀이 줄줄 흘러내리는 것이었다. 눈이 휘둥그레진 오백 주가 아무리 보아도 어김없는 벌꿀이었다. 그는 바위를 향해 몇 번이 고 절을 하고는, 벌꿀을 받아 모아 집으로 돌아왔다. 또한 수소문하여 생삼을 가진 사람을 찾아내어 생삼도 사 왔다.

오백주가 탁발승이 시키는 대로 벌꿀에다 생삼을 이겨 부친에게 드 리자 과연 큰 효험이 나타났고, 얼마 후에 그의 부친은 중병을 털고 거 짓말같이 자리에서 일어나게 되었다.

이런 일이 있은 후로 주엽산注葉山 서녘 기슭에서 오백주가 바위에 서 축원을 드린 곳이라 하여, 그곳을 축석령이라 부르게 되었다. 이는 『여지도서』에 나오는 이야기에서 연유한 듯하다.

파주시의 지명 유래
- 세조의 비 정희 왕후의 고향 -

세상 모든 사물은 그 특성에 따라 각기 이름이 지정되기 마련이다. 파주는 신라 경덕왕 때 파평坡平이라 불렸고, 고려 명종 때는 서원현瑞原縣으로 불리다가 1398년(태조 7) 파평현과 서원현을 통합하여 '原원'자와 '平평' 자를 따라 원평군原平郡으로 불렀다. 이후 1460년(세조 6)에 세조의 비로서 덕종德宗, 예종睿宗, 의숙懿淑 공주를 낳은 정희貞熹 왕후(신헌神憲 왕후) 윤尹씨의 고향이라 하며 목牧으로 승격되면서 오늘의 이름이 되었다.

파평의 옛 이름인 파해평사坡害平史의 뜻을 풀이하면 뱃벌(선원船原), 서원瑞原의 고 지명인 술이홀述尒忽은 수릿골로 해석할 수 있다. 그러므로 파주는 파해평사의 '坡파' 자와 큰 고을이라는 뜻의 '州주' 자를 합해 파주라 이름 한 것이다.

성염조의 유택이 자리한 내포리

성염조成念祖와 순흥順興 안安씨의 유택이 자리한 내포리內浦里는 파주 내에서 가장 넓고 큰 강이라 하는 광탄천에서 옥돌내를 거쳐 내려오는 냇물이 길게 이어지고 깊숙한 안쪽에 위치한 포구라 하여 내포리라 불리었다. 1973년 7월 1일 대통령령 제6542호로 월롱면에서 문산읍으로 편입이 되었으며 현재는 몇 안 되는 주민들이 살고 있다.

백성들의 아우성, 답답 고개와 소리치 다리

금촌동에는 '고자새말'과 '답답 고개' 그리고 '소리치 다리'가 있다. 이는 탐관오리의 횡포에 숨죽이며 살아온 백성들의 소리 없는 아우성으로 생긴 이름이다. 새말은 조선 시대에 고자(내시)가 집단으로 살던 곳인데 어찌나 권세를 부리며 사람들을 괴롭혔던지 백성들은 그 마을을 고자새말이라 불렀고, 백성들이 그 고개를 넘을 때면 횡포에 가슴이 답답해 오므로 고개를 답답 고개라 불렀다. 또 무사히 다리만 건너면 마음 놓고 소리를 질렀다고 하여 소리치 다리(순달교)라 했다 한다.

율곡리 멸왜천

파주군 파평면 율곡리에는 멸왜천이라는 특이한 이름의 하천이 있다. 임진강의 지류인 이 하천은 화석정花石亭 남서쪽에 있는데, 임진왜란 때 도원수 김명원金命元이 신할申硈과 유극량劉克良 등에게 임진각을 지키게 하여 9일 동안이나 왜적이 강을 건너지 못했던 곳이다.

경기도 파주시에 있는 화석정   김명원 묘비

그러자 왜군은 막사를 불 지르며 짐짓 물러간 것처럼 꾸미고 매복했는데 이를 알지 못한 신할이 유극량의 말을 듣지 않고 강을 건너 왜군을 추격하다 복병의 습격으로 크게 패해 전사했다. 이런 일이 있은 후 이곳을 멸왜천이라 불렀다.

유극량은 무과에 급제한 훌륭한 장수였으나 천민 계급의 자식이라 푸대접을 받고 경기 감사 권징權徵의 무리한 진격 명령으로 패할 줄 알면서 임진강 전투에서 장렬한 죽음을 맞았다.

이외에도 파주는 많은 전설과 실화가 생생히 전해 오는 역사의 고장으로서 서울에서 1시간 남짓 거리에 위치한 관계로 전략적으로도 중요한 안보의 둑이라 할 수 있다.

여주군 고달사지의 유래
- 아내의 혼을 달래며 불도를 닦은 곳 -

도봉원道峰院, 회양원曦陽院과 더불어 고려 삼원 중 하나인 고달원高達院(고달사지高達寺址)은 그 규모가 대단해 원종元宗 대사와 같은 국사의 주석駐錫 사원으로 손색이 없는 거대 사찰이었다. 또한 이곳에는 고달사와 버금가는 취암사鷲巖寺, 상원사上院寺 등이 혜목산慧目山에 있었다. 승려들이 얼마나 많았던지 개사리천이 쌀뜨물로 뿌옇게 물들어 흘렀다고 전래되는 옛 이야기에서 가히 거찰의 면목을 짐작케 한다. 고달사지로 들어오는 길목 오른편으로는 신털이봉이라는 나지막한 등

성이가 보이는데 이것은 바로 스님들이 시
주를 나갔다가 돌아올 때 신발에 붙어있는
흙을 털어서 쌓인 봉우리라 한다.

　고래산 왼편으로 뻗어내린 곳에는 죽바
위가 있는데 마치 가축이 죽을 먹는 형국에
서 비롯돼 마을 이름 또한 주암리注岩里라
는 곳이 있다. 이 주암리에서 산모퉁이를 돌
아 들어가면 여인이 미려한 자태로 앉은 듯
한 옥녀봉玉女峰이라는 명산이 있다. 예로

고달사지의 원종 대사 혜진탑.
경기도 여주군

부터 옥녀봉에는 금맥이 많아 금광이 있는 산이기도 한데 이곳에서 흘
러나간 사금砂金이 개울 바닥에 깔려 있어 개울 이름이 금당천金塘川이
다. 옥녀봉에는 유난히 바위가 많은데 말을 타고 사냥을 한다는 뜻의 안
장바위, 매바위 등의 바위들이 있다. 또한 여인의 살림도구 를 대표하는
농바위, 장구바위, 또 거문고 줄을 뜻하는 줄바위가 북쪽 등성이로 넘어
간 끝자리에 거문고를 상징하는 거문동이라는 동리가 있다.

　옥녀봉에 이런 이름들이 즐비하게 생기게 된 내력은 이러하다. 고달
사의 공사가 한창일 때 국공國工으로 와서 불사에 정성을 다하는 한 석
공이 있었다. 고달이라는 이름을 가진 이 석공은 남달리 혼신의 힘을
다해 정을 쪼며 돌에다 아름다운 무늬를 조각해 나갔다.

　석공은 멀리 두고 온 가족이 그리울 때가 한두 번이 아니었다. 산바
람을 타고 울창한 숲새로 돌 다듬는 정 소리는 마냥 튀고 그러한 나날
이 어언 3년이 지났다. 어느 날 집을 다녀올 기회가 생긴 석공 고달은

짐을 챙겨 그토록 그리던 고향집을 찾았으나 마음이 천 갈래 만 갈래 찢어지는 듯한 비보만이 기다리고 있었다. 노모는 병환으로 오래전에 세상을 뜨고 마음씨 고왔던 아내는 남편을 찾아 길을 떠난 뒤 소식이 없다는 것이었다. 고달은 동리 사람들의 이야기를 뒤로 하고 아내를 찾아 길을 나섰다. 여러 곳을 수소문한 끝에 알아낸 사실은 그리던 남편을 찾아 고달사로 찾아오던 아내는 산 도적을 만나 그만 참변을 당하고 세상을 버렸다는 애절한 사연뿐이었다.

그 후 고달은 승려가 되어 한평생을 고달사에서 애달프게 죽은 아내의 넋을 위로하고 명복을 빌며 불도를 닦는 훌륭한 스님이 되었다고 한다. 또한 고달의 아내가 가엾게 죽은 사연을 알게 된 사람들은 고혼이 되어 천상을 쓸쓸히 떠돌 것을 위로하고 달래기 위해 농바위, 장구바위, 거문고 줄바위가 내려다보이는 곳에 사당을 지어 제사를 지내주었다 한다. 이 무렵부터 이곳을 옥녀봉이라 부르기 시작한 것이 수백 년을 전해 오게 되었다.

성남시 분당구 판교동의 유래
- 일제에 의해 왜곡된 이름 -

땅 이름에는 우리 민족의 애환과 전설, 그리고 역사가 함축되어 있는 경우가 많다. 그러나 당연하게 받아들이던 땅 이름 중에는 일본이 우리 국토를 유린하면서 그들의 입맛대로 또는 악의적으로 창지개명創

地改名한 사례 또한 이루 헤아릴 수 없다. 그 일제의 찌꺼기들이 광복 65년의 세월이 지난 오늘까지도 남아 있고, 창지개명한 땅 이름들을 그대로 사용하고 있는 것은 심각한 문제이다.

일제에 의해 우리 선조들은 창씨개명創氏改名을 당한 적이 있다. 그러나 오늘날 이 땅에서 일제가 강요한 성姓을 갖고 있는 사람은 없다. 신도시 개발로 이루어진 판교板橋의 경우를 살펴보자. 그곳에서 오래도록 살았던 토박이들은 절대로 '판교'라는 땅 이름을 쓰지 않았다. 그들은 판교가 아니라 '너드리'라고 부르는데, 너드리라고 쓰느냐 판교라고 하느냐에 따라 토박이와 외지에서 들어온 이를 구별할 정도였다.

너드리는 '넓은 들(고을)'의 뜻을 가진 이름이다. 지금은 비록 경기도 광주가 남한산성 너머 경안慶安에 거점을 두고 있지만, 옛날에는 탄천 유역권인 잠실, 송파, 성남, 분당은 말할 것도 없고 멀리 의왕시 지역까지 뻗쳐 있었다. 그러던 것을 일본이 우리 국토를 유린하면서 행정구역 개편이다, 토지 조사 사업이다 하면서 너드리를 널다리로 자의적인 해석을 하여 얼토당토 않게 판교(이다바시)라는 국적 불명의 창지개명을 한 것이다.

또 노태우 정권 때 주택 2백 만 호 건설로 생겨난 신도시 가운데 중촌中村, 산본山本, 일산一山과 같은 땅 이름도 한번쯤 심도 깊게 검토해 명명했어야 옳았다. 역사 바로 잡기 차원에서 과거사 청산도 좋지만, 일제에 의해 자행된 창지개명은 이제 바로 잡아야 하지 않겠는가. 판교 대신에 감히 낙생樂生으로 할 것을 제의한다.

시흥시의 유래

- 정조가 사도세자의 능행을 위해 만안교를 놓다 -

경기도 안양시에 있는 만안교

본래 고구려 영토였던 시흥始興은 475년(장수 63) 잉벌노현仍伐奴縣으로 불리던 것이, 신라 시대인 757년(경덕 16)에 곡양현, 고려로 넘어 온 940년(태조 23)에는 금주衿州로 불리게 되었다. 조선 시대에는 1416년(태종 16)에 다시 금천衿川으로 불렸으며, 1795년(정조 19) 정조가 부왕인 사도 세자의 능행을 위해 안양에 만안교를 짓고 고려 성종 때 금주의 별호명을 취하면서 시흥현이라고 하였고, 그것이 지금의 지명 이름으로 굳어지게 되었다.

지금은 인천과 수원을 잇는 수인산업도로와 서해안고속도로를 따라 마을이 들어서고 수도권의 주거지역으로 아파트촌이 자리하고 있다.

옛날에는 지역이 넓어 서울 노량진 근처까지 시흥에 속했으며, 이곳 수암봉 정상에는 마치 호랑이가 어슬렁거리며 가는 듯한 형상의 바위가 있다고 해서 호암산虎岩山으로 불리고 있다.

애절한 눈물에 소나무도 시들다 – 충신 백촌 김문기 후손의 사연

영산인 호암산 부근 시흥시 화
정동에는 오정각五旌閣이 있다.
오정각은 백촌白村 김문기金文起
선생의 충절을 기리기 위해
1870년(고종 7)에 건립한 사당이
다. 지금은 그의 아들인 김현석

오정각. 경기도 안산시

金玄錫의 충신정문忠臣旌門과 손자인 김충주金忠柱, 증손자인 김경남金
景南, 현손 김약전金約前의 효자정문孝子旌門이 함께 보관되어 오정각
이라 부른다.

산자락을 배경으로 아담하게 자리 잡고 있는 사당은 박공愽栱 지붕[2]
에 오정각이란 편액이, 문 위에는 오세충효五世忠孝라고 쓴 다른 현판
이 빛이 바랜 채 걸려 있다. 사당 안에 모신 김문기의 영정은 경상남도
함양에 사는 김두진金斗鎭이 대대로 집에 모셔왔던 것이다.

의장에 앉은 김문기의 하얀 수염과 빛나는 눈동자에서 강직한 성품
을 엿볼 수 있고 검은 관복에 오사모烏紗帽[3]는 위엄을 한층 느끼게 한
다. 영정 아래쪽에는 그의 관직명을 적은 현판이 놓여 있고 좌우에는
나머지 비분에 대한 정려문이 있다.

그러나 김문기와 함께 희생된 아들 김현석에 대한 기록은 없다. 이

---

2) 박공愽栱 지붕: 건물의 모서리에 추녀가 없이 용마루까지 측면 벽이 삼각형으로 된 지붕을 말한다.
3) 오사모烏紗帽: 고려 말에서 조선 시대에 걸쳐 벼슬아치들이 관복을 입을 때에 쓰던 모자로 검은
   비단으로 만들었다. 지금은 전통 혼례식에서 신랑이 쓴다.

탄옹 김충주 묘비. 경기도 안산시   경기도 안산시에 있는 고송정

곳에는 선생의 후손들이 뿌리를 내린 사연이 고송정枯松亭에 얽혀 전한다. 김문기의 내력은 생략하기로 하고 고송정과 효자버섯에 대해 살펴보기로 한다.

김문기의 손자인 김충주는 계유정난癸酉靖難으로 인해 하루아침에 할아버지와 아버지를 잃고 역적으로 몰려 경상도 상주尙州로 배소가 정해진다. 일행이 삼수점三水店에 도착했을 때 어린 김충주는 밤중에 도주를 하여 태백산에 숨어 살게 되었다.

그러나 신분이 탄로나 그는 또다시 피신하여 이름을 김철주金哲柱라 바꾼 뒤 이곳 마하산(시흥시에 있는 나지막한 산)에 숨어 살았다. 숯을 구워 팔아 생계를 유지했던 김충주는 호를 탄옹炭翁이라 하고 항상 억울하게 가신 할아버지와 아버지를 생각하여 고기와 술을 일절 금한 채 삼베옷에 상민이 쓰는 평립만 쓰고 살았다.

슬픔에 복받치면 망월암望越岩(영월을 향한 바위)에 올라 단종이 계신 영월寧越을 바라보고 애절한 눈물을 뿌려 주위의 소나무가 모두 시들었다 한다. 지금도 오송정 왼쪽엔 망월암이 그대로 있어 그 당시 심정을 헤아릴 수 있다.

1851년(철종 2) 효행을 기려 동몽교관童蒙教官이란 낮은 벼슬이 내려졌으며, 고종은 이곳에 정려를 내려 문을 세웠지만 지금은 남아 있지 않다. 다만 김충주가 남긴 다음과 같은 애절한 시 한 수가 전해진다.

炭翁採薇詩　탄옹채미시

畏約殘生無所歸　외약잔생무소귀
西山日暮採殷薇　서산일모채은미
廿川霜剝龜頭落　입천상박구두낙
三水風寒鶺翅飛　삼수풍한척시비
慷慨心腸弸斗血　강개심장붕두혈
飄零身世弊麻衣　표령신세폐마의
慇懃寄語雲仍輩　은근기어운잉배
忠孝相傳愼暮違　충효상전신모위

두려워라 남은 여생 돌아갈 곳이 없어
날 저무는 서산에서 고사리를 캐네.
스무내의 모진 서리 귀두에 떨어지고
삼수의 찬바람에 할미새가 날으네.
애 끊은 내 심정 피를 말로 토하고

떠도는 나의 신세 헤진 베옷을 입었구나.

은근히 자식에게 말을 전하니

충효로 서로 어김이 없으리.

김충주의 맏아들 김경남도 효성이 지극하였다고 전한다. 그의 어머니는 버섯을 아주 좋아했는데 경남은 그러한 어머니를 위해 항상 버섯을 따다 드리곤 했다.

하늘도 이러한 김경남의 효심에 크게 감동했는지 버섯을 딴 다음날 같은 곳에 가면 또 버섯이 돋아나 있어 매일 따서 올릴 수 있었다고 한다. 그래서 사람들은 그 버섯을 효자버섯이라 불렀다. 그러나 어머니가 세상을 떠나자 그 자리엔 더 이상 버섯이 나지 않았다 하니 김경남의 효성이 얼마나 지극했었는지 미루어 짐작해 볼 만하다. 지금은 버섯이 났던 자리엔 기념비가 서 있고 버섯을 따면서 불렀다는 〈채균시〉도 전해진다.

김충주의 충절을 기리는 고송정

오정각에서 나와 산 쪽으로 약 300미터 가량 올라가면 논 위쪽에 아담한 정자 고송정枯松亭이 있다.

이 정자는 김문기의 손자 김충주가 억울하고 비통함을 참지 못하고 주야로 눈물을 뿌려 주위의 소나무가 죽자, 효행과 충절을 기려 김충주 9대손인 김처일金處一이 세운 것이다. 정자 옆에는 그가 심었다는 향나무가 고태스럽고, 축대를 쌓은 돌에는 '탄옹고지炭翁古址'라 새겨진 돌이 그 사실을 말해준다.

고송정은 정면 2칸에 팔작지붕으로
나무 마루가 깔려 있고 정면 처마에는
고송정이라는 현판이 걸려 있다. 지금의
정자는 김처일이 세운 정자가 비바람에
훼손되자 후손이 1992년에 다시 지은 것
이다. 내부에는 중수기重修記와 여러 선
비들의 시詩가 걸리고 앞뜰 연못에는 기
화요초琪花瑤草가 무성하다.

김문기 영정

평주平州 신작申緯이 지은 고송정의 명銘과 서序 번역문

고송정은 탄옹炭翁의 유허이다. 탄옹은 휘가 충주忠柱로 판사서判史書이다. 증
직은 상상上相이고, 시호는 충의공인 김문기의 손자이다.

단종이 임금의 자리에서 쫓겨나자 충의공忠毅公이 육신六臣의 옥사에 연좌되
어 부자父子가 죽게 되매 탄옹이 그 형 충립忠立과 함께 영읍嶺邑의 종이 되어 삼
수점에 이르러서 밤에 형에게 이르기를, 부조父祖가 충절로 생을 마치고 후세에
말을 남겼으니, 다만 지금의 엎어진 둥지 밑에는 온전한 알을 얻기가 어려울 것
이니 죽음을 피하여 부조의 대를 잇는 것이 옳겠다 하며 미리 길 북쪽에서 갈려
먼저 태백산에 이르러 두곡杜谷에 거하였다.

두곡의 거민들이 의심하기에 다시 안산安山의 마하산으로 옮겨 마의麻衣와 패
랭이로 숲속에 몸을 숨기고 숯을 팔아서 살았다. 거민들은 그 성명을 알지 못하

고 그를 탄옹이라 불렀다. 탄옹은 술을 마시지 않고 고기도 먹지 않으며 심히 슬퍼하셨다. 층암層岩 아래에 띳집을 마련하고 매양 바위에 올라서서 동쪽을 바라보며 소리를 내지 않고 훌쩍훌쩍 울었다.

소나무가 뒤에 있어 길게 뻗친 그늘이 해를 기리었고 때때로 한적하여 외로운 가운데 그 아래를 배회하면서 선인先人의 비명과 형제가 서로 헤어져 있음을 애통해 하매 마음은 슬퍼 목이 메었다. 눈물을 뿌리매 소나무에 떨어져 소나무가 모두 말라 죽으니 마치 진왕부晉王裒의 반백지의攀栢之義와 같았다. 뒷사람들이 그곳을 이름하여 고송枯松이라 하였고 그 바위를 망월암望越巖이라 하였다.

정해년丁亥年(1827) 봄에 내가 광릉廣陵의 두촌杜村에 있는데 어떤 나그네가 문을 두드렸다. 바로 석처石處 김태金泰의 말로 충의공의 사실을 말하며 「고송유적枯松遺蹟」을 꺼내 보이는데 충의공 양세兩世의 증직 단향壇享과 사시賜諡요, 윤사胤嗣 소종紹從은 종을 면제하고 적몰한 재산을 환급하였으니 모두 탄옹 선조께서 후손을 계우啓佑하신 공이나 고송의 유지遺址가 폐허되어 풀숲만 무성하니 자손으로서 어찌 사소한 일이라 하겠는가.

이에 여러 종인宗人과 더불어 의논하여 그 위에 정자를 짓고 나에게 기문記文을 지어 주기를 원하였다. 대저 타 죽은 잣나무에도 아직껏 이전의 발자취가 남아 있고 작은 오얏나무도 옛 기록을 증빙한다는데, 분백焚栢과 단이短李도 없어지고 주학舟壑도 아주 옮겨졌으니 이에 기술해 두지 않는다면 내세에 어찌 알려지겠는가. 내 발자취를 따라서 이같이 글로써 그 사실을 서술하고 다음과 같이 시를 지었다.

마음은 경송勁松같이 꿋꿋하여 사자士子는 고절苦節을 드러냈네.

나무 말랐으나 사람 발라 빗돌에 공열功烈을 새겼네.

아! 탄옹은 집안에 재앙이 거듭 겹쳐

부조의 충성과 필의로 죽음을 불러들였네.

종과 두 손자 뉘와 더불어 절사絶嗣를 이을 건가.

하늘도 그 앙화殃禍를 뉘우쳐 쓰러진 나무에 싹 돋기 바랐네.

이에 경권經權으로 추찰推察하여 밤에 형을 피하도록 일렀네.

두곡에서 피리 불고 안능安陵에서 노숙하며

상복喪服으로 동쪽에 가니 마음은 망월望越에 아팠네.

바위에 서까래 걸쳐 오르내리며 홀로 슬퍼했네.

아득히 푸른 하늘 어찌 나를 불쌍히 여기지 않나.

오직 여기 고송孤松만이 곤궁하고 외로움 감싸 주네.

줄기 곧아 바람을 밀치니 뿌리는 넘어지고 돌 갈라졌네.

대부大夫의 영화 부끄럽고 처사處士의 고결함 닮았네.

어찌 침실을 마련치 않았으리, 덧없이 무너지게 되었네.

동정하는 사람 있어 끌어 어루만져 감격해 울었네.

눈물 닦아 뿌리니 많은 상처 온몸에 퍼졌네.

왕성한 원기는 나의 고갈枯竭 위함인가

철의鐵衣(소나무) 깎이고 동가銅柯(강한 줄기)도 벗겨졌네.

부러진 고목은 이미 썩어 없어지고

지난 사실을 주워 모으니 훈향薰香과 연기는 사라졌네.

선인의 발자취를 더듬어 띳집(정자)을 새로 엮으니

이는 화려함 뵈고자 함이 아니라,

고진古雅함을 귀히 여겨 질박質朴함을 숭상하네.

구름과 연기로 울타리를 삼고 높은 절벽 문설주 삼았네.

사손嗣孫은 조업祖業을 이어받아 감히 무너뜨리지 말도록

여기에 명銘과 시詩 드러내 보이니 오랜 세월 끊임없이 이어 다오.

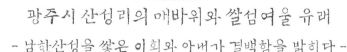

광주시 산성리의 매바위와 쌀섬여울 유래
- 남한산성을 쌓은 이회와 아내가 결백함을 밝히다 -

　지금으로부터 약 380년 전인 조선 인조 때의 일이다. 경기도 광주 유수 이서李曙는 남한산성의 축성 공사를 둘로 나누어 남쪽은 부하 이회李晦에게, 북쪽은 승려 벽암碧巖에게 각각 분담시켰다.

　이회는 그날부터 낮과 밤, 일심 단성丹誠으로 오로지 축성에만 노력하여 돌 하나, 흙 한줌에도 정성을 들여 침식을 잊다시피 몰두하였다. 그러는 중에 축성 자금이 부족하게 되자 마침내 자신의 사재까지 사용하기에 이르렀다. 그렇게 해도 공사를 준공하기에는 자금이 부족하여 하루 이틀 공사는 지연되었다. 그 반면 벽암의 공사는 착착 진행되어 기일 안에 준공하였을 뿐만 아니라 관가에서 받은 공사비 중에서 남는 금액까지도 관가에 반납하였다. 일이 이렇게 되자 정직한 이회는 점점 의심을 받게 되었다.

　"이회가 사리사욕을 탐하고 주색에 빠져서 공사를 게을리 한다."
는 벽암의 터무니없는 모함에 의해 관가에서는 벽암의 말만 믿고 이회를 서장대西將臺에서 참수시켰다. 형을 집행하기 전에 이회는 조금도 슬픈 기색이 없이
　"신이 죽기는 합니다만 죽은 순간 한 마

이서 묘비. 경기도 의정부

리의 매가 날아올 것이니 매가 날아오지 않으면 신의 죄는 죽어 마땅하되 매가 날아오면 죄가 없는 줄 아십시오."
라고 말하였다. 그러나 윗자리에 앉은 이서는 들은 척도 않고 빨리 처형하라고 명을 내렸다. 곧이어 번쩍이는 칼날에 비참하게도 이회의 목은 땅에 떨어졌다. 그때 목숨이 끊긴 이회의 위로 한 마리의 매가 날아와서 이회의 시체를 맴돌고 수어장대 근처 바위 위에 앉아 무서운 눈초리로 군중을 흘겨보고 있다가 갑자기 자취를 감추었다. 이것을 본 군중들은 이상히 여겨 매가 앉아있던 바위를 쫓아가 보니 매는 없고 다만 발자국만 남아 있었다. 이 뒤부터 이 바위를 매바위라고 부르게 되었다고 한다.

그 뒤 관가에서는 꿈에서 깨어난 것처럼 실지 조사를 한 결과 벽암이 쌓은 성은 한 곳도 정성들인 곳이 없이 허술하였으나 이회가 쌓은 성은 금성철벽같이 견고하였다. 이를 알게 된 관가에서는 많은 돈을 하사하여 서장대 근처에 사당을 세워 청량당清凉堂이라 하고 그의 영혼을 위로하였다.

남한산성 내에 있는 매바위 표석

한편 이회의 부인 송씨는 남편이 축성비가 부족해서 고심하는 것을 보고 하루는 남편에게
"제가 돌아다니며 기부금을 받아 축성비에 보태겠습니다."
하고는 집을 나간 지 여러 달 만에 많은 양의 기부금을 얻어서 배에 신고 세밭나루(삼전도三田渡)에 다다랐다. 그런데 뜻밖에도 남편이 참형을 당했다는 슬픈 소식을 듣자 통분하여 싣고 온 쌀을 모두 강물에 던져버리고 자신도 한강에 몸을 던져 남편의 뒤를 따랐다. 이 뒤부터 이 강을 쌀섬여울(미석탄米石灘)이라 불렀다.

이상한 일은 송씨가 강에 뛰어들어 죽은 뒤부터 안개가 낀 날이나 어두컴컴해질 무렵 사람들이 배를 타고 쌀여울을 지날 때면, 머리를 풀어헤친 여인이 곡성을 하였다. 사공들이 여인의 모습에 홀려 배를 몰다보면 삼성동 앞 어린애같이 생긴 무동도에 부딪혀 파선하여 익사하곤 하였다. 삼전리 사람들은 이 같은 불행한 일이 자주 발생하는 것은 송씨 부인의 원혼 때문이라고 판단하여 상의 끝에 쌀섬여울에서 1백 미터 동쪽 강변에 부군당을 세워놓고 송씨 부인을 제사 지내기로 하였다. 그 뒤부터 배가 파선되는 일이 없어졌다고 한다.

관가에서는 그 부인의 충의를 가상히 여겨 강가 언덕 위에 사당(하주당)을 세워 영을 위로하였다고 한다.

여주군 왕대리의 유래
- 세종의 능 이장과 영릉가백년 -

세종과 소헌昭憲 왕후를 합장한 영릉은 본래 고아주군 대모산(현 서울 강남구 개포동)에 있었다. 그런데 불행히도 예종이 발에 난 종기 때문에 왕위에 오른 지 1년도 못되어 죽자 어머니 정희 왕후는 급히 영릉

을 태종의 비 원경 왕후의 고향인 여주
군 능서면 왕대리 북성산北城山으로 이
장하고 신륵사神勒寺를 재건하여 명복을
빌었다.

북성산은 영릉을 향하여 신하가 부복
하고 있는 듯한 형상으로서, 북으로 치
닫던 산세가 뚝 끊겨 한 자락 봉우리를
솟구친 뒤 남으로 방향을 돌려 주산인
북성산을 감싸고 있어 마치 꽃봉오리를
에워싼 듯한 목단반개형牧丹半開形의 명
당이다.

신륵사 사적비. 경기도 여주군 신륵사 내

일설에 의하면 본래 이곳에는 광주 이씨의 묘가 있었는데 지관은 처
음 묘를 쓸 때 이렇게 말했다 한다.

"어떤 일이 있어도 봉분이나 비각을 만들지 말라."

그러나 세도가였던 이씨 집안은 이 말을 귀담아듣지 않은 채 봉분을
만들고 큰 비석을 세웠다. 그 후 영릉을 옮길 장소를 물색 중이던 지관
이 소나기를 피해 근처에 왔다가 그 묘가 천하의 명당임을 알아보고
영릉을 이전할 장소로 정했다. 그리고 대왕의 능을 명당으로 옮긴 덕
분에 영릉가백년英陵加百年 즉, 조선왕조가 1백 년을 더 유지하게 되었
다고 한다.

한편 어쩔 수 없이 묘를 옮기게 된 이씨 집안은 이장할 때 연鳶을 날
려서 묏자리를 잡았는데, 그때 연이 떨어진 곳을 연하리鳶下里(현 연라

세종대왕기념관 내. 서울 동대문구 청량리동

리煙羅里)라 불렀다. 또 영릉이 있는 땅 이름이 왕대리旺垈里 즉 왕의 터이니 땅 이름과 역사적 사건은 실로 밀접한 관계가 있음을 다시 한 번 보여주고 있다.

1338년(고려 우왕 14) 6월에 제32대 우왕이 이성계에게 쫓겨 이곳에 머물러 있다가 1394년(태조 3) 4월 피살된 데서 왕터 또는 왕대라 부르다가 현재의 왕대리라는 이름이 유래한 것이다.

영릉은 민족의 긍지와 문화 업적을 기리는 장소로 지정되어 대대적인 성역화 작업을 벌였으며, 노송과 굴참나무에 에워싸여 도시민의 휴식처로 많은 사랑을 받고 있다.

세종의 신도비는 현재 서울 동대문구 청량리 세종대왕기념관에 있는데, 1469년(성종 즉위) 여주로 능을 옮길 때 매몰된 채 버려졌던 것을 근래에 옮겨 세웠다. 그러나 조선 초기 석비石碑 양식인 이 비의 이수螭首와 비신碑身은 본래의 것이나 귀부龜趺는 현지에서 발견되지 않아 자연석으로 대용했으며 비문은 마멸이 심해 글자 판독이 어렵다. 이수 아래쪽 가운데에는 '世宗英陵之碑세종영릉지비'라고 전액篆額이 쓰여 있다.

능을 만드는 제도에 가장 충실하게 따른 영릉은 합장릉이다. 2개의 혼유석에 봉분 둘레로는 돌 난간을 둘렀으며, 난간 지주에는 십이지를

세종대왕 기념관 내에 있는 자격루(좌)와 수표석(우)

글자로 새겨 넣었다. 혼유석을 받치는 4개의 고석鼓石과 장명등은 팔각으로 되어 있으며 능 앞쪽에는 석양, 석마, 문인석, 무인석을 배치하고 뒤쪽으로는 나지막한 곡장을 둘렀다.

능 아래로는 정자각을 지어 제사를 지내고, 앞쪽에는 제사 음식을 마련하는 수복방守僕房과 동쪽에는 능비陵碑를 세웠다. 비록 철책 때문에 능 앞까지는 가볼 수 없지만 계단에 서서 능의 이모저모를 살펴볼 수는 있다.

영릉에는 세종의 위대한 업적을 살펴볼 수 있는 여러 기념물들이 산 교육장으로 한몫을 하고 있다. 입구 오른쪽으로는 거대한 동상이 있고 세종전 옆에는 비록 모형이지만 앙부일구仰釜日晷(해시계)를 올려놓은 일구대日晷臺를 비롯하여 앙부일구와 자격루自擊漏(물시계)의 모형이 있다. 기념관 안에는 한글 창제와 학문 창달, 음악의 정리와 과학의 진

홍, 외치와 국방에서 혁혁한 공적을 세운 세종의 여러 면모를 살펴볼
수 있는 그림과 기구들이 진열되어 있다.

왕릉에서 홍살문을 조금 지나면 배위拜位라는 장소가 있는데 보통 1
평 남짓으로 네모지게 돌을 깔았다. 이곳은 제사를 지내는 제관이 드
나들면서 4번 절하고 참배 오는 신하들이 능을 바라보며 절하던 곳으
로, 능을 가장 잘 바라볼 수 있는 장소이다.

참고문헌

송파구, 『송파의 이모저모』, 1999.
성북문화원, 『사연이 깃든 성북의 유래』, 1998.
송파문화원, 『송파설화집』, 1997.
도봉문화원, 『도봉』, 1997.
내무부, 『한국지방행정구역 요람』, 1996.
관악구청, 『관악 20년사』, 1996.
경기도, 『향토사료집』.
경기도, 『경기금석대관』.
이재곤, 『서울의 전래 동명』, 백산출판사, 1994.
송파구, 『송파구지』, 1994.
성북구, 『성북구지』, 1993.
과천향토사편찬위원회, 『과천 향토사』, 사단법인 과천문화원, 1993.
관악구청, 『관악의 어제와 오늘』, 1991.
강동구, 『강동의 연혁』, 1991.
서울특별시사편찬위원회, 『동명연혁고洞名沿革攷』, 1989.
한글학회, 『한국 지명 총람』, 1986.
박경용, 『서울사화』, 정음문화사, 1986.
이종익 편저, 『진관사 연기 비화津寬寺緣起秘話』, 1980.
한글학회, 『한국지명총람』, 1966.
김주용 선생 기념비, 1941.
정원용, 『경산집經山集』, 1896.
『과천읍지果川邑誌』, 1891.
『연천읍지』, 조선.
홍양호, 『이계집耳溪集』, 1843년(조선 헌종 9).
『호구총수戶口總數』, 1789.
『여지도서輿地圖書』, 조선 후기.
이긍익, 『연려실기술燃藜室記述』, 조선 정조.
채홍원, 『영남인물고嶺南人物考』, 조선 정조.
『국조인물고國朝人物考』, 조선.
김육 엮음, 『해동 명신록海東名臣錄』, 조선 효종.
차천로, 『오산설림五山說林』, 조선 선조.
박동량, 『기재잡기寄齋雜記』, 조선 인조.
이행 등 개정, 『신증동국여지승람新增東國輿地勝覽』, 1530년(조선 중종 25).
『조선왕조실록』, 조선.
『국조기사國朝記事』, 조선.
『국조방목國朝榜目』, 조선.

도서출판 타오름 한국사 시리즈

문밖에서 부르는 조선의 노래 이은식 저/ 12,000원
노비, 궁여, 서얼... 엄격한 신분 사회의 굴레 속에서 외면당한
자들의 노래하는 또 다른 조선의 역사.

불륜의 한국사 이은식 저/ 13,000원
베개 밑에서 찾아낸 뜻밖의 한국사!역사 속에 감춰졌던 애정
비사들의 실체가 드러난다

불륜의 왕실사 이은식 저/ 14,000원
고려와 조선을 넘나들며 펼쳐지는 왕실 불륜사!
엄격한 왕실의 장막 속에 가려진 욕망의 군상들이 적나라하게
그모습을 드러낸다.

이야기 고려왕조실록 (상),(하) 한국사연구원 편저/ 上)15,500원 下)18,500
고려사의 모든 것을 한눈에 살펴볼 수 있는 최고의 역사해설서!
다양하고 풍부한 문헌 자료를 바탕으로 재미있고 쉽게 읽히는 새로운
고려 왕조의 역사가 펼쳐진다.

우리가 몰랐던 한국사 이은식 저/ 16,000원
제한된 신분의 굴레 속에서도 자신의 삶을 숙명으로 받아들이지 않고 꿈을
이루기위해 노력한 선현들의 진실된 이야기.

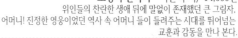

모정의 한국사 이은식 저/ 14,000원
위인들의 찬란한 생애 뒤에 말없이 존재했던 큰 그림자.
어머니! 진정한 영웅이었던 역사 속 어머니 들이 들려주는 시대를 뛰어넘는
교훈과 감동을 만나 본다.

읽기 쉬운 고려왕 이야기 한국사연구원 편저/ 23,000원
쉽고 재미있게 읽히는 새로운 고려왕조의 역사!
500여년 동안 34명의 왕들이 지배했던 고려 왕조의 화려하고도
찬란한 기억들.

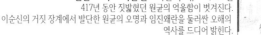

원균 그리고 이순신 이은식 저/ 22,000원
417년 동안 짓밟혔던 원균의 억울함이 벗겨진다.
이순신의 거짓 장계에서 발단한 원균의 오명과 임진왜란을 둘러싼 오해의
역사를 드디어 밝힌다.

신라 천년사 한국사연구원 편저/ 13,000원
고구려와 백제를 멸망시킨 작은 나라 신라!
전설과도 같은 992년 신라의 역사를 혁거세 거서간의 탄생 신화부터
제 56대 마지막 왕조의 이야기까지 연대별로 풀어냈다.

풍수 한국사 이은식 저/ 14,500원
풍수와 무관한 터는 없다. 인문학과 풍수학은 빛과 그림자와 같다.
각각의 터에서 태어난 역사적 인물들에 얽힌 사건을 통해
삶의 뿌리에 닿게 될 것이다.

도서출판 타오름 한국사 시리즈

기생, 작품으로 말하다 이은식 저/ 14,500원
기생은 몸을 파는 노리개가 아니었다. 기생의 어원을 통해
그들의 역사를 돌아보고, 예술성 풍부한 기생들이 남긴 작품을
통해 인간 본연의 삶을 들여다본다.

여인, 시대를 품다 이은식 저/ 13,000원
제한된 시대 환경 속에서도 자신들의 재능과 삶의 열정을 포기하거나
방관하지 않았던 여인들. 조선의 한비야 김금원과 조선의 힐러리 클린턴
동정월을 비롯한 여인들이 우리 삶을 북돋아 줄 것이다.

미친 나비 날아가다 이은식 저/ 13,000원
정의를 꿈꾼 혁명가 홍경래와 방랑시인 김삿갓 탄생기.
시대마다 반복되는 위정자들의 부패, 그 결과로 폭발하는 민중의 울분.
역사 속 수많은 인간 군상들이 현재 우리를 되돌아 보게 한다.

지명이 품은 한국사-1,2,3,4,5,6 이은식 저/ 19,800원
지명의 정의와 변천 과정, 지명의 소재 등 지명의 기본을 확실히 정리하고. 1천여 년 역사의 현장을
도처에 남긴 독특한 고유 지명을 알아보자.

핏빛 조선 4대 사화 첫 번째 무오사화 한국사연구원 편저/ 19,800원
사림파와 훈구파의 대립은 부조리한 연산군 통치와 맞물리면서 수많은
희생자를 만들게 된다. 사회, 경제적 변동기의 상세한 일화를 수록함 으로써
혼란의 시대를 구체적으로 그려냈다.

핏빛 조선 4대 사화 두 번째 갑자사화 한국사연구원 편저/ 19,800원
임사홍의 밀고로 어머니가 사사된 배경을 알게된 연산군의 잔인한 살상.
그리고 왕의 분노를 이용해 자신들의 세력을 확고히 하려던 왕실 세력과
훈구 사림파의 암투!

핏빛 조선 4대 사화 세 번째 기묘사화 한국사연구원 편저/ 17,000원
조광조를 필두로 한 사림파가 급진적 왕도 정치를 추구하면서 중종과
쇠외받던 훈구파는 반발하게되고, 또 한 번의 개혁은 멀어져 간다.

핏빛 조선 4대 사화 네 번째 을사사화 한국사연구원 편저/ 19,000원
4왕실의 외척 대윤과 소윤은 권력을 차지하기 위해 극렬한 투쟁을 벌였다.
이때 그 정권에 참여하지 못했던 사람들도 대윤과 소윤으로 갈리면서,
조선 시대붕당정치의 시작을 예고한다.

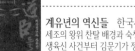

계유년의 역신들 한국사연구원 편저/ 23,000원
세조의 왕위 찬탈 배경과 숙청되는 단종. 왕권의 정통성을 보전하려던 사육신과
생육신 사건부터 김문기가 정사의 사육신인 이유를 분명히 밝힌 역사서!

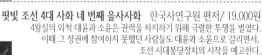

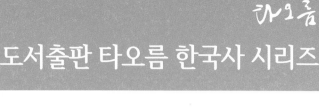

도서출판 타오름 한국사 시리즈

한국사의 희망 부모와 청소년 이야기 이은식 저 / 19,800원

우리는 인간됨의 씨앗을 줄기차게 뿌려야 합니다.
문제 청소년 뒤에는 반드시 문제의 가정과 부모가 있다는 사실을
우리 모두 자각해야 할 것이다. 따라서 전인적 교육의 필요성은
매우 시급하다. 전인적 교육의 장으로 가정만한 곳은 없다고 본다.
누가 이 세상에서 제일 어려운 것이 무어냐고 묻는다면 본인은 단연코
자녀 교육이라 답하고 싶다.

피바람 인수대비 상,하 이은식 저 / 각 권 19,800원

세상의 모든 원리는 질서와 양보와 용서를 요구하고있다. 오직 자기 중심으로 되어주길
바라는 것은 결코 그 열매가달지 못하듯, 정해진 선을 넘나드는 사람은 참인격자라
평가하지 않는다. 장독안에든 쥐를 잡기위해 그독을 깨었다면 무엇이
남았겠는가 한사람의 지나친 욕망으로 인하여 피바람의 역사는
기록되고 있다. 이는 바람직한 역사도 유산도 될수없다.

불신라왕조실록-1,2,3,4권 한국인물사연구원편저 / 각 권 19,800

신라사의 모든 것을 한눈에 살펴볼 수 있는 최고의 역사 해설서!
다양하고 풍부한 문헌 자료를 바탕으로 재미있고 쉽게 읽히는
신라 왕조의 역사가 펼쳐진다.

역사용어해설사전 한국인물사연구원편저 / 33,000

한국사를 이해하려는 모든 사람들을 위한 지침서!
난해한 용어와 낱말을 이해하기 쉬운 내용으로 풀이했다.
<자字 일람표 / 호號 일람표 / 시호諡號 일람표>등 찾기 어려운 자료가 수록되어있다.

발간중 | 청백리실록 37권

청백리실록1
고구려 / 백제
을파소 · 성충 · 홍수 · 계백

한국인물사연구원 편저
도서출판 한글

가격 | 각권 25,000원

진정한 청백리 淸白吏란

청백리란 청렴한 관리라는 뜻이다. 조선왕조는 새 왕조 개창 후 유교의 민본정치를 표방하고 나섰다. 백성을 위한 정치를 한다는 뜻에서 청렴하고 깨끗한 정치를 하고자 했던 것이다. 고려의 몰락 원인은 원의 간섭 후에 권문세가의 부패한 정치에 두고 있다. 그러므로 새 왕조 개창 후에는 관리의 임명에 가장 큰 역점을 두고 있었다. 청백리 제도가 역사적으로 중요시되었다. 그러나 제도적으로 처음부터 법제화 한 것은 아니었던 듯 하다. 세종 때에는 도덕적 기강이 바로 잡혀 청백리 재상이 많이 배출되었다. 동대문 밖의 비새는 초가에서 살았다는 정승 유관柳寬, 고향에 내려갈 때 검은 소를 타고 다녔다는 맹사성, 평생을 근검절약하며 가난하게 살면서도 부끄러워하지 않고 많은 일화를 남겨 오래도록 세인의 칭송을 받았던 황희 정승 등이다. 이들이 언제부터 청백리라는 이름으로 불리고 청백리가 제도화되기까지는 어떤 과정을 밟았는가를 알아보고자 한다. 사람들의 청백한 심성은 인류 역사가 시작됨과 함께 존재했다. 고구려 백제 신라 고려 조선조를 망라하여 청백한 관리가 악정관리보다 더 많았기에 오늘날까지 우리의 역사는 존재하였다. 각종 문헌을 참고 열람하여 그들의 행적을 가감없이 밝혀놓은 책 〈청백리 실록〉

내용 인물은 336위 37권으로 엮어진 책을 세상에 밝힌다.

고구려 · 백제 · 신라 · 고려 · 조선조 청백리 상 336위
高句麗 · 百濟 · 新羅 · 高麗 · 朝鮮朝 淸白吏 像 336位

고구려 을파소 백제 성충 홍수 계백 신라 박문량 석강수 녹진 고려 강감찬 정문 위계정 김부일 최홍사 유록숭 정항 최척경 양원준 유응규 함유일 전원균 이지명 이공로 김지대 권수평 손변 허공 설공검 주열 윤해 최수황 권단 전신 윤택 유석 왕해 김지석 배정지 박효수 최해 훈균 최석 김연수 정운경 이공수 안보 윤가관 최영 박의중 정몽주 조선 안성 서견 우현보 심덕부 유구 길재 경의 최유경 이지직 이원 김약항 박서생 이백지 최사의 금유 하경복 신유정 정척 맹사성 홍계방 허조 최만리 유겸 박팽년 유엄 황희 이석근 이정보 김장 유관 민불탐 이지 옥고 노숙동 기건 정문형 곽안방 박강 김종순 이언 한계희 성삼문 유응부 이맹전 황효원 정성근 허종 허침 이훈 양관 이신효 임정 박열 이현보 박처륜 이순 성현 윤석보 김겸광 조지서 이약동 구치관 안팽명 민휘 류헌 정매신 김무 김전 이화 류빈 손중돈 김연수 이언적 신공제 조사수 조치우 강숙돌 김종직 이숭원 표빈 박상 김정 김양진 최명창 오세تان 이선장 정갑손 류희철 조원기 윤사익 유찬 전팽령 권빈 송흠 정창손 김혼 양지손 이철균 한형윤 박한주 유언겸 정붕 조광조 어영준 상진 임훈 원유남 정연 안현 임보신 이몽필 윤춘년 김팽령 김우 김언겸 김몽좌 이탁 정이주 이이 윤부 박수량 홍섬 윤담 류혼 강윤권 이중경 변훈남 이준경 이세장 김순 이명 성세장 박영준 오상 안중전 박민헌 주세붕 정종영 임호신 이영 윤현 우세겸 신잠 김화 이중영 김개 이황 김약묵 송익경 송찬 노진 신사형 안잠 김취문 이인충 심수경 이원익 백인걸 안자유 이광정 허엽 허욱 이기설 허세린 허잠 류성룡 이제신 이후백 이기 이유중 오억령 이호민 장현광 정기룡 곽제우 이덕형 나급 이행원 박우 송영구 변양걸 이항복 최응원 류후 정곤수 심희수 최여림 김행 김성일 김충선 이우직 이직언 장필무 김수 성영 김장생 조언수 김경서 남이흥 김상헌 김덕함 이시백 김신국 김시양 이명준 홍명하 정충신 정언황 민여임 성하종 신경직 임광 목장흠 이안눌 최진립 구곤원 민성휘 조익 권대재 이해 양척 이민서 이상진 류경창 성이성 홍우량 강세구 윤지인 조경 박신규 이후정 강열 윤추 이제 강백년 최관 조속 이태영 강유후 정도복 이형상 오도일 이종성 조석윤 이지은 홍무 이세화 최경창 임숙영 유하익 이희건 신임 류상운 김두남 송정규 이하원 강석범 오광운 정옥 정간 이명준 허정 정형복 이겸빈 이병태 최유현 이태중 한지 유용 윤득재 고유 김종수 박문수 한덕필 이태중 이의필 이단석 이방좌 정만석 황정 채제공 남이형 서기순 한익상 심의신 박규수 이시영 변영태